《中国蒙古族系列丛书》编写委员会

主　任：阿迪雅
主　编：孛儿只斤·苏和
编　委：王建华、孛儿只斤·苏日娜、班布日、娜仁高娃、珊丹、刘静、褚振莉

图书在版编目（CIP）数据

蒙古三大部 / 孛儿只斤·苏和，孛儿只斤·苏日娜．娜仁高娃编著．—呼和浩特：内蒙古人民出版社，
2011．11（2017.9重印）
　（中国蒙古族系列丛书）
　ISBN 978-7-204-11284-5

Ⅰ．①蒙… Ⅱ．①孛…②孛…③娜…Ⅲ．①蒙古族-民族历史-中国②蒙古族-民族文化-中国 Ⅳ．①K281.2

中国版本图书馆CIP数据核字(2011)第237509号

蒙古三大部

作　　者	孛儿只斤·苏和　孛儿只斤·苏日娜　娜仁高娃
责任编辑	王世喜
装帧设计	徐敬东
出版发行	内蒙古人民出版社
地　　址	呼和浩特市新城区中山东路8号波士名人国际B座5层
印　　刷	内蒙古爱信达教育印务有限责任公司
开　　本	720×1000　1/16
印　　张	22
字　　数	480千
版　　次	2012年1月第一版
印　　次	2017年9月第二次印刷
印　　数	8001－11000册
书　　号	ISBN978-7-204-11284-5 / K·599
定　　价	55.00元

如出现印装质量问题，请与我社联系。
联系电话：（0471）3946230　3946120
网址：http://www.impph.com

前 言

　　蒙古族曾经是一个有过辉煌历史的民族。在蒙古圣主成吉思汗的统帅下，建立了横跨欧亚大陆的蒙古大帝国，使蒙古民族的历史载入人类历史史册。在中国，由于蒙古民族建立了中国历史上空前统一的大元王朝，结束了中国自唐朝以来364年的分裂局面，也使蒙古族成为了中华民族中的佼佼者和举足轻重的一员。从成吉思汗的蒙古帝国时期到近代长达700多年的漫长岁月里，蒙古民族叱咤风云前仆后继，为中华民族做出了突出的贡献，这体现在中国的国家版图、政治体系、哲学、宗教、科技、战争、商业、文化等诸方面。

　　蒙古民族在历史的进程中走过了一条独特的道路，蒙元帝国时期是她最辉煌灿烂的时期。到了明朝，蒙古族退居漠北史称北元，初期大汗的统治衰落，蒙古族内部进入纷争之中并形成各部落割据状态。达延汗再度统一蒙古，成为"蒙古中兴英主"，他把蒙古各部分封给诸子，形成了成吉思汗黄金家族一统天下的统治局面。但是随着时间的延续、黄金家族亲缘关系的逐渐远离、游牧地域的扩展和游离，使蒙古各部落的关系渐行渐远，形成了事实上的部落割据状态。但不管怎么样，蒙古北元政权对漠北的统治一直维持到1636年清王朝建立时为止。这其间形成了蒙古左右翼六万户、科尔沁及阿鲁蒙古、兀良哈三卫、四卫拉特等蒙古诸部以及滞留在中国内地隐居下来的蒙古族。蒙古族近现代各部落和群体就在这个时期基本形成了雏形。

　　在这以后，蒙古民族对中国的影响不再是以整体民族出现，而是体现在蒙古各部落之中。这是由于达延汗以后的北元蒙古大汗对蒙古族整体的统治权随着各部落的崛起和割据而逐渐趋于弱化，一些崛起的部落纷纷进入了各自的历史角色，这些蒙古部落的政治和军事活动的结果从不同的程度和角度上对中国的政治历史产生了重大影响。这个时期的蒙古族历史更突出了部落的独立性。

　　我们举例来说明这种影响。在明朝，其实际疆域不含明长城以北、以西的蒙古高原和西域（现新疆）地区，对青藏地区也影响甚微。而蒙古族各部落正是这一地区的实际统治者和控制者，蒙古族作为中国元朝的统治民族和曾经担任过中国皇帝的民族，他们对这一地区的控制实际上起到了防止这一部分国土从中国分裂出去的危险。察哈尔部是北元大汗的直属部落，达延汗的蒙古中兴使蒙古族对这一地区的控制得到了加强。土默特部的阿勒坦汗缓和了明蒙矛盾并引进了农业、手工业经济，使蒙古地区与明王朝和睦相处了几十年。到了清朝，科尔沁及其漠南蒙古诸部作为清朝统治者的同盟军，为清朝巩固北部边疆和开疆扩土做出了重大贡献。西部卫拉特蒙古所起的作用更不容忽视，准噶尔部在西域建立了疆域广大的准噶尔汗国，和硕特部在青藏高原建立了和硕特汗国，他们归并了清朝以后使这一地区继元朝以后重新纳入了中国的版图，土尔扈特部在欧洲伏尔加河建立土尔扈汗国，后因不堪忍受沙俄的统治毅然东归故土，这一举动起到了巩固国家和增强民族凝聚力的作用。

再比如，蒙古族接受藏传佛教以后，利用其威势巩固了藏传佛教——黄教在青藏高原的统治地位。1578年，土默特部首领阿拉坦汗赠封青海藏传佛教格鲁派领袖索南嘉措为"达赖喇嘛"称号。1645年，和硕特部首领固实汗加封西藏扎什伦布寺寺主罗桑却吉坚赞为"班禅博克多"的称号，从此确立了藏传佛教"达赖"、"班禅"佛教体制。事隔一百多年以后的1653年（清顺治十年），这一封号才得到了清朝政府的承认。

现在中国蒙古族聚居地区的很多地名都来源于蒙古族的部落名称。但是由于历史的变迁，很多人不十分清楚这些地名的历史沿革，这些地名本身就隐含着一部蒙古部落的历史。蒙古族的民俗文化博大精深世人皆知，她除了继承蒙古族的主体文化以外，各部落还独具特色。这是由于蒙古族各部落的历史、居住地域广阔以及与周边不同民族接触和影响所造成的，因此蒙古各部落的民俗文化也各具特点。

综上所述，这些蒙古族鲜为人知尘封多年的历史文化，在不同的蒙古族部落里不尽相同。要真正了解蒙古族的历史文化，必须从蒙古各部落和群体的角度来加以研究，才能清晰地勾画出来龙去脉而展现其历史的本来面目。

孛儿只斤·苏和先生经过多年对蒙古族历史文化的倾心研究，把他的研究成果以《中国蒙古民族系列丛书》的形式展现在读者面前。该书系统介绍了中国境内蒙古部落和群体。相信这部系列丛书与读者见面以后，能够起到在广大读者中普及蒙古民族历史文化的作用，为落实中央关于推动社会主义文化大发展大繁荣以及为我们内蒙古自治区文化大区建设做出贡献。

内蒙古民族事务委员会主任

目 录

蒙古族源流 ……………………………………………… 001

蒙古大汗的直属部落——察哈尔部 ………………… 027

一、察哈尔部历史 …………………………………… 027
1. 察哈尔的由来 …………………………………… 030
2. 北元初期察哈尔部的形成 ……………………… 034
3. 达延汗统一蒙古各部后的察哈尔部 …………… 044
4. 北元中后期的察哈尔部 ………………………… 049
5. 蒙古末代大汗林丹汗时期的察哈尔部 ………… 053
6. 察哈尔部的衰亡 ………………………………… 063
7. "布尔尼事件" …………………………………… 068
8. 清朝统治蒙古的盟旗制度 ……………………… 070

二、察哈尔各鄂托克（旗）沿革和概况 …………… 073
1. 清朝时期划入昭乌达盟的原察哈尔部三鄂托克 …… 075
(1)克什克腾部 …………………………………… 075
(2)敖汉部 ………………………………………… 078
(3)奈曼部 ………………………………………… 080
2. 清朝时期划入锡林郭勒盟的原察哈尔部三鄂托克 …… 083
(1)浩齐特部 ……………………………………… 083
(2)苏尼特部 ……………………………………… 085
(3)乌珠穆沁部 …………………………………… 089
3. 清朝时期组建的察哈尔八旗 …………………… 094
(1)现属内蒙古锡林郭勒盟的原察哈尔左翼四旗 …… 097
(2)现属内蒙古乌兰察布市的原察哈尔部右翼三旗 …… 102

赵如意 摄

三、察哈尔部蒙古族民俗民风 ············ 107
1. 婚姻礼仪习俗 ············ 107
2. 察哈尔服饰 ············ 116
3. 那达慕大会 ············ 121

历史悲壮的部落——土默特部 ············ 127

一、土默特部历史 ············ 127
1. 土默特部的由来 ············ 129
2. 土默特万户的形成和达延汗的蒙古中兴 ············ 131
3. 阿勒坦汗时期的土默特部 ············ 135
4. 东土默特部的形成 ············ 147
5. 清代的土默特部 ············ 152
6. 民国时期的土默特部 ············ 157

二、东西土默特各鄂托克（旗）沿革和概况 ············ 161
1. 属于内蒙古自治区的土默特地区 ············ 161
(1)呼和浩特市 ············ 161
(2)土默特左旗 ············ 166
(3)土默特右旗 ············ 168
2. 属于辽宁省的东土默特地区 ············ 170
(1)辽宁省阜新蒙古族自治县 ············ 170
(2)北票市 ············ 172
(3)朝阳县 ············ 174

三、土默特部风俗习惯 …………………………………… 177

成吉思汗二弟哈撒儿的部落——科尔沁部 …………………… 185

一、科尔沁部历史 …………………………………… 185
1. 科尔沁始祖哈撒儿 …………………………………… 189
2. 哈撒儿的儿子们 …………………………………… 197
3. 北元时期的科尔沁万户 …………………………………… 203
4. 科尔沁部与女真的抗衡与交往 …………………………………… 214
5. 科尔沁与林丹汗的关系 …………………………………… 219
6. 清朝时期的科尔沁部 …………………………………… 227
7. 近、现代的科尔沁部 …………………………………… 239
二、科尔沁及分支鄂托克（旗）历史沿革和概况 …………… 251
1. 嫩科尔沁各鄂托克 …………………………………… 252
(1)科尔沁右翼前旗 …………………………………… 253
(2)科尔沁右翼中旗 …………………………………… 255
(3)扎赉特旗 …………………………………… 257
(4)科尔沁左翼中旗 …………………………………… 258
(5)科尔沁左翼后旗 …………………………………… 260
(6)杜尔伯特蒙古族自治县 …………………………………… 261
(7)前郭尔罗斯蒙古族自治县 …………………………………… 264
2. 阿鲁科尔沁各鄂托克 …………………………………… 266
(1)阿鲁科尔沁旗 …………………………………… 267

(2)四子王旗 …………………………………… 270
(3)达尔罕茂明安联合旗 ……………………… 271
(4)乌拉特前旗 ………………………………… 274
(5)乌拉特中旗 ………………………………… 276
(6)乌拉特后旗 ………………………………… 278
三、科尔沁各部风俗习惯 ……………………… 281
1. 内蒙古、东北科尔沁民俗文化区 …………… 282
(1)科尔沁服饰 ………………………………… 280
(2)科尔沁婚俗礼节 …………………………… 286
(3)狩猎活动 …………………………………… 290
(4)科尔沁的崇拜和祭祀 ……………………… 292
(5)居住 ………………………………………… 296
(6)乌力格尔艺术 ……………………………… 298
2. 内蒙古中、西部科尔沁分支部落民俗文化区 …… 300
(1)服饰 ………………………………………… 301
(2)婚俗礼仪 …………………………………… 306
(3)饮食文化 …………………………………… 313
(4)礼节 ………………………………………… 318
(5)哈撒儿祭奠仪式 …………………………… 321

附录：元上都博物馆蒙元时期精品文物 ………… 328
本书参考资料 ……………………………………… 341
后记 ………………………………………………… 343

赵如意 摄

成吉思汗像（1162~1227）（摄于内蒙古博物馆国宝巡回展览）

蒙古族源流

　　蒙古族是一个伟大的民族，她具有悠久的历史和灿烂的文化。根据历史学家考证已经有三千多年的历史，其中有文字记载的历史亦有一千多年了。蒙古族曾经为中华民族的历史和文化做出过突出的贡献，也对人类历史的发展产

生过深远的影响。在漫长的岁月中,蒙古民族曾经在历史上建立过横跨欧、亚两洲的蒙古大帝国,建立过中国历史上前所未有的统一的多民族国家——元王朝。蒙古民族对中国历史及世界历史的发展所起的作用和影响是十分巨大的。

蒙古族形成以前,地处北亚的蒙古高原、大漠南北地区先后出现过匈奴、东胡、乌桓、鲜卑、柔然、突厥、回鹘、契丹、室韦—鞑靼等北方游牧民族。他们的活动对蒙古族的历史发展产生过深远的影响。

蒙古族的族源问题,是多年来学术界争论、探讨的重大题目,截至目前,还没有取得一致意见。现在多数学者认为,蒙古族出自历史上的东胡—鲜卑—室韦一系。

东胡,是包括同一族源、操有不同方言、各有名号,历史上居住在今内蒙古自治区境内西拉木伦河、大凌河、老哈河等诸河流域的大小部落的总称。由于他们

蒙古族(照片由森吉德玛服饰提供)

"在匈奴东，故曰东胡"（《史记·匈奴列传》），公元前209年，东胡被匈奴冒顿单于击败，东胡各部受匈奴人统治达3个世纪之久。

公元1世纪末2世纪初，汉朝击败匈奴，匈奴举部西迁，这个时候，东胡人的一支鲜卑人逐渐占据了匈奴人的土地，鲜卑至此便强盛起来。其中起源于大兴安岭北部的鲜卑人的一支拓跋鲜卑走出草原入主中原，建立了北魏王朝，统治中国北方148年，鲜卑也是第一个从草原走出来入主中原的民族。专家确认，拓跋鲜卑人所使用的是一种古代的蒙古语方言，他们是蒙古民族的先民。

蒙古族先民(铜版浮雕壁画，摄于科尔沁博物馆)

公元3世纪后半叶，北魏登国三年（公元388年），鲜卑宇文部的一支，从鲜卑联盟中分离出来，单独游牧于潢水与土河（今内蒙古西拉木伦河及老哈河）流域一带，自号契丹。500年后，契丹新贵族耶律阿保机崛起，建立了大辽王朝，统治中国北方209年，契丹也是第二个从草原走出来的民族。

公元4世纪中叶，居住于兴安岭以西（今额尔古纳河与大兴安岭东西一带）的鲜卑人的一支则称"室韦"。蒙古，是室韦人的一支，始见于《旧唐书》，称作"蒙兀室韦"，它是成吉思汗家族所属蒙古部的直系祖先。在历代汉籍中对"蒙古"一词有种种不同译写,如,萌古、朦骨、萌骨等等。至于写作"蒙古",最早见于《三朝北盟汇编》所引《烁王江上录》。这些蒙兀室韦部落被当时的突厥人称呼为"塔塔尔"(汉籍为达怛,鞑靼)人。史学家们认为,室韦、鞑靼这两个名称在汉籍中可以互通互易。所以,可以称他们为室韦——鞑靼人。他们是原蒙古人,他们的语言保持着东胡后裔语言和方言的特点,这种语言和方言,应当叫做原蒙古语。《蒙古秘史》中保留的一些原蒙古语的词汇和语法现象可以证明,这种原蒙古语与后来经过突厥化的古蒙古语有很大差别。据波斯人所著《史集》,"蒙古"是"质朴无力"的意思。"蒙古"刚开始形成氏族部落时,大概是个弱小的部落,后来随着他的强大,逐渐成为闻名于世的蒙古民族共同体的名称。

额尔古纳森林中的蒙兀室韦部落(《蒙古历史油画长卷》,王延青等创作)

根据《蒙古秘史》和《史集》记载，蒙古部最初只是包括捏古斯和乞颜两个氏族的小部落，他们被突厥人打败后只剩下两男两女。这两家人为了逃避敌人，逃到今呼伦贝尔的额尔古纳河流域生息繁衍。大约经过400年时间，部落才兴盛起来，从原氏族中分出若干氏族部落，形成蒙古民族共同体。

"蒙古部的部落生活"（铜版浮雕壁画，摄于科尔沁博物馆）

公元9世纪中叶，强盛一时的蒙古高原上的回鹘汗国在吉利吉思（吉尔吉斯）人的打击下顷刻瓦解，回鹘部众四散逃走，蒙古高原陷于无主状况。原先居于大兴安岭地区的许多操蒙古语的各部落，包括成吉思汗家族所在的蒙古部逐渐开始迁徙，他们从原居住地额尔古纳河流域西迁，移居于今蒙古国肯特省土拉河（土剌河）、鄂嫩河（斡难河）与克鲁伦河（怯绿连河）三河的源头——不儿罕山一带，成为蒙古高原新的主人。

蒙古高原北起贝加尔湖，南与华北相接，东至大兴安岭，西抵阿尔泰山，平均海拔1500米。在地理上分为漠南（大致为我国内蒙古）与漠北（今蒙古国）两个单元，相互隔大漠而南北相望。大漠即戈壁，而漠北史称瀚海。蒙古高原历来就是草原民族逐鹿的舞台。在成吉思汗之前，东胡、匈奴、突厥、辽、金、西夏等游牧民族都曾在这片辽阔、富饶的草原上演绎了各自的英武史篇,在这个重要的历史时期,蒙古民族跨入了这个历史舞台,成为了主要角色。

蒙古高原(摄于锡林郭勒大草原)

蒙古部从额尔古纳河流域迁徙到蒙古高原的斡难河源头肯特山一带居住后,由狩猎经济逐步过渡到游牧经济。据《蒙古秘史》记载,孛儿帖赤那的第十二世孙朵奔篾儿干死后,其妻阿兰豁阿又生了三个儿子,蒙古人传说,他

蒙古部从额尔古纳河迁徙到斡难河源头肯特山一带居住
(摄于科尔沁博物馆)

们是感光而生的"天子"。他们是从阿兰豁阿洁白的腰里出生的。所以他们的后裔被称为"尼伦蒙古",被称为出身纯洁高贵的蒙古人。尼伦蒙古中,以孛端察儿为始祖的乞颜·孛儿只斤氏最为著名。一些不属于阿兰豁阿夫人后裔的蒙古人,被称作"迭儿列斤",其意为一般出身的沿着山岭居住的蒙古人。据此,尼伦可能是指住在山岭上的蒙古人,而迭儿列斤可能是指住在沿着山岭下的蒙古人。蒙古人逐渐形成了尼伦蒙古和迭儿列斤蒙古两大部落集团。

到了12世纪,尼伦蒙古已经有了很多氏族和部落,其中有乞颜、孛儿只斤、巴阿邻、别勒古纳惕、不古纳惕、哈答斤、萨勒知兀惕、沼兀列亦惕、那牙勒、巴鲁剌思、不答阿惕、阿答儿斤、兀鲁兀惕、忙忽惕、失主兀惕、朵豁剌惕、泰亦赤兀惕、别速惕、雪你惕、合卜秃儿合思等等,他们都是阿兰豁阿的后代,这些氏族是蒙古部的同族集团。

迭儿列斤蒙古人的氏族部落也繁衍很快,其中有捏古斯、弘吉剌、兀良哈、亦乞列思、斡勒忽纳惕、火罗剌思、燕只斤、嫩真、许兀慎、逊都思、伯岳兀等大小氏族部落。他们之中有的被尼伦蒙古征服,如阿鲁剌惕、斡罗纳儿、雪你惕。在上述迭儿

突厥石人(摄于蒙古高原)

列斤氏族中,除弘吉剌人自成一独立而强大的集团之外,其他多数是蒙古贵族的附属民。

从地域民族部落分布来看,在10至12世纪的蒙古高原上,从杭爱山以东直到今大兴安岭都属于蒙古部落的牧场。当然,西迁的蒙古各部或多或少吸收了留居当地的突厥语族人口,因而蒙古人自身的语言、习俗、生产生活等方面也受到突厥人的影响,发生了很大变化,使蒙古部落融入了突厥人的血统和文化成分,因此,有些学者也把突厥语族人作为蒙古族的族源之一写入著作中。

尼伦蒙古和迭儿列斤蒙古合在一起被称作"也克蒙古"(大蒙古)或合木黑蒙古"一切蒙古人"。除此之外还有许多原蒙古人,如札剌亦儿人、塔塔儿人、篾儿乞人、外剌人、八儿忽人、秃马惕人等。自9世纪以后直到13世纪初,在蒙古高原西半部还有克列、乃蛮和汪古等三个强大的突厥语系部落。他们信奉景教(基督教聂思脱里派)。

13世纪以前,蒙古诸部落各有各自的名称和活动地域。他们的社会发展不平衡。有的部落已经进入阶级社会,有的则处在原始氏族社会发展阶段。各部落的经济状态和生产力发展也不相同,有的从事游牧业,有的从事狩猎业,有的则从事农业。各部之间的语言也有差异,据《蒙古秘史》

蒙古高原各部之间发生无休止的战争(《蒙古历史油画长卷》,王延青等创作)

记载,成吉思汗建国后,还有九种不同方言,宗教信仰也互有区别,有的信仰景教,有的则信仰萨满教,有的部落已经开始使用文字,有的则刻木记事。自12世纪开始,在蒙古高原形成几大部落集团,为了争夺统治全蒙古的权力,他们之间发生了无休止的战争。蒙古地区形成了《蒙古秘史》所描述的"天下扰

成吉思汗出生(《蒙古历史油画长卷》,王延青等创作)

攘互相攻劫,人不安生"的混乱局势。

公元1162年,在蒙古乞颜部孛儿只斤氏贵族家庭里出生了一位男孩,这就是闻名全世界的伟大人物——蒙古圣主成吉思汗。其出生地在斡难河(今蒙

统一蒙古高原的战争(《蒙古历史油画长卷》,王延青等创作)

古国境内鄂嫩河)畔的草原上。当这位男孩出生时,他的父亲也速该正率领蒙古部众与塔塔儿人打仗,战争中俘获了塔塔儿人首领铁木真而凯旋。按蒙古人古老的习俗,以所战胜对手的头人之名为自己的儿子命名,遂取名为铁木真。铁木真的家族中,其直系四世祖合不勒、曾叔祖俺巴孩均为蒙古联盟的大汗。合不勒是蒙古尼伦部的第一任可汗,他组成了蒙古部最初的国家政权。汉文史籍称他为"太祖元明皇帝"。铁木真的父亲也速该因多次参战而英勇无敌,拥有"巴图儿"(勇士)称号,他们在蒙古部落中均有很高的威望。

成吉思汗9岁那年,父亲也速该被塔塔儿部下毒致死。幼年丧父使成吉思汗的童年时代非常艰辛,全家10口人的财产只有9匹银合马,一家人过着颠沛流离的生活,长年处于半饥半饱状态。然而童年时代所经历的生活变迁和苦难在其心灵中留下了深刻的烙印,锻炼出了他不屈不挠的坚强性格和毅力,使他具备了改变悲惨命运,重振民族和家业的强烈动力。

成吉思汗通过与其父也速该生前好友克烈部首领王罕和他的"安答"(结拜兄弟)蒙古部札答兰氏札木合结盟,摆脱了破落贵族的身份,重新掌握了蒙古部落统率大权。1189年,铁木真以其祖先的荣耀以及个人的智慧和勇敢被乞颜氏贵族们拥戴,成为蒙古部大汗。

12世纪,众多的部落逐鹿蒙古高原。乃蛮、克烈、蔑儿乞、塔塔儿、蒙古,并称五大兀鲁思,即五个部落联盟或初步形成的五个国家。还有汪古、弘吉剌诸部落。成吉思汗经历了塔塔儿部害其父、蔑儿乞部掠其妻、遭泰亦赤兀惕部囚禁等劫难后,经过十三翼之战、斡里札河之战、阔亦田之战、达兰涅木格思之战、合兰真沙陀之战、纳忽崖之战等重大战役,先后击败蔑儿乞部、塔塔儿部、札答兰

1206年"也可·蒙古·兀鲁思"成立(蜡像模型,摄于内蒙古博物馆)

部、克列部、乃蛮部等部落,结束了蒙古高原的混乱局面,终于统一了北亚蒙古草原上的诸部。

1206年春,在斡难河源头召开全蒙古贵族参加的大忽里台(聚会),树

九旒白纛，建立"也可·蒙古·兀鲁思"，汉译为"大蒙古国"，铁木真加号"成吉思汗"。成吉思汗以也克蒙古为核心，将族属不同、社会发展不平衡、方言各异的各部统一在一个汗权统治下，形成了具有共同地域、共同经济生活、共同语言和共同心理素质的民族共同体——蒙古民族。从此，"蒙古"由部落名称变成了民族的名称。当时蒙古汗国控制了东起兴安岭，西至阿尔泰山，北连贝加尔湖，南接金朝与西夏的广大地区，结束了北亚蒙古高原长期以来的部落纷争状态，这在蒙古民族发展史乃至全中国和世界历史上都是一件大事。

《史集》中说："由于成吉思汗及其宗族的兴隆，由于他们是蒙古人，于是各有某种名字和专称的各种突厥部落，如札剌亦儿、塔塔儿、斡亦剌惕、汪古惕、克列亦惕、乃蛮、唐兀惕等都自称蒙古人"。从此，"蒙古"由原来蒙古高原的一个部族名称变成了一个北亚草原上游牧封建大帝国的名称，一个以"蒙古"之名播扬天下的民族共同体便在欧亚大陆这个大舞台上叱咤风云几百年。

大蒙古国成立之后，成吉思汗组织多次远征，其铁骑深入到中亚、西亚和欧洲，征服了征途中若干个强国，先后有40多个国家、700多个民族都归附于他。其疆域东起太平洋，西到地中海之滨与西欧为邻，北及北冰洋，南临印度洋，建立了人类历史上领土面积空前的日不落蒙古大帝国。

蒙古大帝国示意图（摄于内蒙古博物馆）

几乎整个亚洲和欧洲的大部分都成为了帝国的领地,其版图之大可谓前无古人,后无来者。这时候的蒙古民族已经变成了横跨欧亚大陆而居的世界性民族。欧亚大陆和蒙古高原上原有的民族、部落被成吉思汗统一在一个汗权统治之下,他成为了欧亚大陆上的千古一帝。

成吉思汗为了管理这遥遥万里的疆土,他根据蒙古人的传统习惯,实行了领地和属民的分封制——千户、万户与诸王制。他将获得的领地和属民分封给了自己的儿子、兄弟和功臣,组成了各自的兀鲁思、万户、千户这种行政、军事、经济、生产合一的政体。他把在西方的土地分封给了自己的三个儿子术赤(长子)、察合台(次子)和窝阔台(三子),后来幼子拖雷的儿子旭烈兀在另一次西征中获得了中亚、西亚的大片领地。史学家们就把这些分封在西方的成吉思汗的后王们称为"西道诸王"。他把蒙古的故土留给了幼子拖雷,拖雷之子忽必烈建立了"大元王朝"。他又把蒙古故土东方的土地分封给了自己的弟弟们,他们和他们的后王们史称"东道诸王"。忽必烈和东道诸王的子孙及其属民的后裔发展成为了今天的中国蒙古民族。

成吉思汗分封诸子诸弟(《成吉思汗》电视剧剧照)

由此可见成吉思汗军事领土的扩张和分封制度使蒙古民族和他的后裔在历史的长河中分流成两部分,即走向西方的蒙古族和留在东方故土的蒙古族。

来到西方的蒙古民族走过了这样一条道路:成吉思汗把西方的土地分封给自己的儿孙以后,西道诸王们带领自己的军队和属民经营这远离蒙古故土的西方领地。最初这些土地是大蒙古帝国不可分割的一部分,但是自13世纪60年代以后,蒙古帝国在西方的领地逐渐分裂为金帐汗国、窝阔台汗国、察哈台汗国、伊儿汗国四大汗国。蒙古大汗成为中国历史上元朝的皇帝,在名义上四大汗国与元朝仍保持着宗主关系,但各汗国宗王所推戴的君主有权处理本国的大事,他们逐渐脱离于蒙古大汗,成为远离蒙古故土,而又各自独立的国家,这些国家

金帐汗国（《蒙古历史油画长卷》，王延青等创作）

延续了几百年历史。

成吉思汗长子术赤的兀鲁思——金帐汗国：1223年，成吉思汗西征，蒙古铁骑从中亚进入东欧的俄罗斯顿河草原地区，他把新征服的额尔齐斯河以西蒙古铁骑所能到达之处的广大土地封给长子术赤。1236年至1241年，术赤长子拔都与大将速不台等奉窝阔台大汗之命发动第二次西征（也叫长子西征），1240年占领基辅，1243年在伏尔加河下游地区建立了金帐汗国。其版图西到多瑙河下游，东到今额尔齐斯河，南达高加索，北到今俄罗斯保加尔地区，建都萨莱（今伏尔加河下游），成为当时蒙古帝国的四大汗国之一。拔都将西北亚之地分封给其长兄斡儿答，建立白帐汗国，将南乌拉尔封给其弟昔班，建立蓝帐汗国。使蒙古人统治俄罗斯地区达3个世纪之久。14世纪末叶，由于内讧及遭到莫斯科大公和另一蒙古政权帖木儿汗国的双重打击，国势渐衰。15世纪时，汗国陆续分裂出西伯利亚、喀山、克里米亚、阿斯特拉罕等汗国，1502年汗国灭亡。白帐汗国的后人建立了哈萨克汗国，蓝帐汗国的后人陆续建立了浩罕汗国、希瓦汗国、布哈拉汗国等蒙古政权，其中希瓦汗国、布哈拉汗国直到上世纪20年代才被俄国十月革命所推翻。金帐汗国的蒙古人经过与周边民族几百年的密切接触，发生了民族涵化现象，产生了众多的部落、民族和国家。这些民族包括鞑靼（600万）、诺盖（21万）、乌兹别克（1600万）、哈萨克（1400万）等民族，他们有的已经建立了自己的国家，如乌兹别克斯坦共和国和哈萨克斯坦共和国，有的成为了俄罗斯联邦的民族自治体。鞑靼人分布在俄罗斯鞑靼斯坦共和国、俄罗斯巴什基尔共和国，少部分分布在乌克兰等东欧国家。诺盖人主要分散在

国外蒙古族和蒙古涵化民族在世界上的分布示意图

俄罗斯、罗马尼亚、土耳其等国家，这些金帐汗国的后裔发展到现代，其总人口数已经达到3600多万人。

成吉思汗次子察合台的兀鲁思——察合台汗国：1226年，蒙古铁骑灭掉西辽和花剌子模后，成吉思汗将中亚土地分封给次子察合台，建立了察合台汗国（1227～1680年）。其封地从畏兀儿地起，西至河中地区的撒马尔罕、不花剌。包括今天的我国新疆天山南北及阿姆河、锡尔河之间的中亚地区。建都阿里麻里（今新疆霍城县水定镇西北），其后在帖木儿汗国和中亚陆续崛起的各政权的打压下其领地略有变动，但察合台后王统治这一地区达四百多年，17世纪被另一蒙古政权准噶尔汗国所灭。巴鲁剌思、札剌亦儿和克烈三部是该汗国中蒙古族的主体，近代这些蒙古部落已经融入到了周边的维吾尔、哈萨克及其他民族中去了，在新疆的维吾尔族中，可以找到蒙古姓氏的维吾尔族人，在哈萨克族中，直至近代仍然保留有克烈部落，这就是很好的佐证。

蒙古军队作战图（网上下载）

成吉思汗三子窝阔台的兀鲁思——窝阔台汗国：成吉思汗的第三子窝阔台得到按台山（今阿尔泰山）之西及叶密立（今新疆额敏县附近）与霍博（今新疆和布克赛尔蒙古自治县），额尔齐斯河上游与巴尔喀什湖以东地区的诸地。窝阔台在位时,叶密立地区为长子贵由的封地,次子阔端则封于河西一带。在窝阔台封地的基础上建立了窝阔台汗国(1225~1309年)。窝阔台系中曾经有两位出任最初的蒙古大汗,这就是窝阔台本人(在位1229~1241年)和他的儿子贵由(在位1246~1248年)。1301年窝阔台后王海都侵犯元朝边境,被元军击败,部分窝阔台汗国后王归附元朝,但是窝阔台汗国的领地大部被察合台汗国大汗也先不花吞并,窝阔台汗国亡。窝阔台汗国所属的蒙古部落一部分归附元朝,另一部分并入到察合台汗国中去了。

成吉思汗之孙旭烈兀的兀鲁思——伊儿汗国: 成吉思汗幼子拖雷的后代也在西道诸王中占有重要的一席之地,这就是拖雷之子旭烈兀。他在1251年奉蒙古大汗蒙哥之命统兵进行蒙古第三次西征,灭木剌夷及报达(今伊拉克巴格达)等国家和地区,杀末代哈里发(伊斯兰教主的名称),并以帖必力思(今大不里士)

伊儿汗国的大汗(《蒙古历史油画长卷》王延青等创作)

为中心建立了伊儿汗国(1253~1388年)。其疆域东起阿姆河,西临地中海,北界里海、黑海、高加索,南至波斯湾。今伊朗、阿富汗、伊拉克、南高加索的阿塞拜疆、格鲁吉亚、亚美尼亚、土库曼斯坦都是伊儿汗国的领地。1388

所属国家	民族名称	汗国形成时间	人数	人种肤色	宗教信仰	语言文字	传统经济	同中国的关系
俄罗斯罗马尼亚土耳其	诺盖人	13世纪建立金帐汗国	21万	以白种为主、有少量黄种人特点	伊斯兰教、东正教	阿尔泰语系突厥语族	农业工业	蒙古帝国时离开
俄罗斯联邦	鞑靼人	13世纪建立金帐汗国	600万	以白种为主、有少量黄种人特点	伊斯兰教、东正教	阿尔泰语系突厥语族	农业工业	蒙古帝国时离开
	卡尔梅克人	17世纪建立土尔扈特汗国	20万	黄种人	藏传佛教	阿尔泰语系蒙古语族	牧业农业工业	元朝时属于中国
	阿尔泰人	17世纪建立准噶尔汗国	7万	黄种人	藏传佛教、萨满教	阿尔泰语系突厥语族	牧业农业	元朝、清朝属于中国
	图瓦人	13世纪为蒙元帝国一部分	25万	黄种人	藏传佛教、萨满教	阿尔泰语系突厥语族	牧业农业	元朝、清朝、民国属于中国
	布里亚特人	13世纪为蒙元帝国	45万	黄种人	藏传佛教、萨满教	阿尔泰语系蒙古语族	牧业农业工业	元朝、清朝属于中国
阿富汗	哈扎拉人	13世纪建立伊儿汗国	200万	以黄种为主有少量白种人特点	伊斯兰教	印欧语系伊朗语族	牧业农业	蒙古帝国时离开
乌孜别克斯坦	乌孜别克人	15世纪建立乌孜别克汗国	1600万	黄种和白种兼具	伊斯兰教	阿尔泰语系突厥语族	农业工业	蒙古帝国时离开
哈萨克斯坦	哈萨克人	15世纪建立哈萨克汗国	1400万	黄种人	伊斯兰教、萨满教	阿尔泰语系突厥语族	牧业农业工业	元朝、清朝属于中国
蒙古国	喀尔喀蒙古人	13世纪为蒙元帝国一部分	265万	黄种人	藏传佛教、萨满教	阿尔泰语系蒙古语族	牧业农业工业	在元朝、清朝、民国属于中国

世界蒙古涵化民族基本情况对照表

年，伊儿汗国被帖木儿汗国所灭。伊儿汗国内的蒙古部落大都融合在西亚、中亚的各民族中，唯独在现在的阿富汗、巴基斯坦、伊朗保留有当年蒙古驻屯军的后代哈扎拉人，他们现存人数约有200多万人。

到了17世纪初叶，蒙古族的土尔扈特部也曾游牧来到了他们祖先曾经到过的地方，欧洲的伏尔加河流域建立了土尔扈特汗国。后来，沙皇俄国势力迅速扩张，为摆脱俄国的控制，在渥巴锡汗的率领下，大部分土尔扈特人离开伏尔加河畔，东归回到了东方故土，但仍然有部分人留在了当地，组成了现在的俄罗斯卡尔梅克共和国，变成了现代的卡尔梅克人。他们目前约有18万人。

作为蒙古族故土的蒙古高原，在蒙古帝国以后的若干世纪里几经变动，尤其是在近代沙皇俄国侵略中国西北部边疆以后，中国丧失了大片领土，很多当地土著居民也被裹携到境外，因而从蒙古民族中又分离出了阿尔泰人（7万）、土瓦人（25万）、布里亚特人（45万）和喀尔喀蒙古人（265万），使蒙古民族名副其实地成为了跨国甚至跨洲而居的世界性民族。

综上所述，从蒙古帝国建国开始的若干世纪里，蒙古民族开疆扩土相继来到了中亚、西亚和欧洲，他们在经营管理领地的同时与周边民族持续接触，导致双方经济、文化互相渗透，发生了民族和文化的涵化现象，拉开了人类全球化的序幕。时至今日，蒙古四大汗国的后续国家、成吉思汗的子孙广布于亚洲和欧洲，形成了欧亚大陆许多重要国家，产生了源于蒙古族的蒙古涵化民族（此段历史可见本书作者所著《成吉思汗蒙古帝国的后人》内蒙古人民出版社2009年8月）。

留在东方故土上的蒙古民族的发展变化状况：成吉思汗把蒙古高原东部的土地分封给了自己的四个兄弟，史称东道诸王。其中哈撒儿（长弟）分得额尔古纳河与呼伦湖间的领地，形成"科尔沁"部；哈赤温（次弟）分得近金源边堡的领地，形成"察罕"部；斡赤斤（三弟）分得大兴安岭以东到最远地区的领地形成"山阳"部；别里古台（同父异母弟）分得克鲁河下游流域领地形成"也可"部。成吉思汗弟弟们在各自的封地上建立了自己的部落，史书称这些部落为"往流"、"罔留"、"翁牛特"，意思是"王属"，往流诸部又称"阿巴嘎"（叔父）。东道诸王所属各部在历史发展的过程中经历了很多变故，如蒙元时期哈赤温只剩下现在的翁牛特部（现赤峰市翁牛特旗）。别里古台后裔为现在的阿巴嘎部和阿巴哈纳尔部（现在的锡林郭勒盟阿巴嘎旗和锡林浩特市）。斡赤斤后王几经叛乱，屡遭镇压，所部被并入到其他蒙古部落中去了，现在很难找到其后裔的踪影。在东道诸王中，唯有哈撒儿的后人人丁兴旺，形成了科尔沁部及其分支部落，其总人数已经占到中国蒙古族总数的一半以上，达到了近400万人。

成吉思汗根据蒙古部落历史上的"幼子守灶"传统，留下最小的儿子守

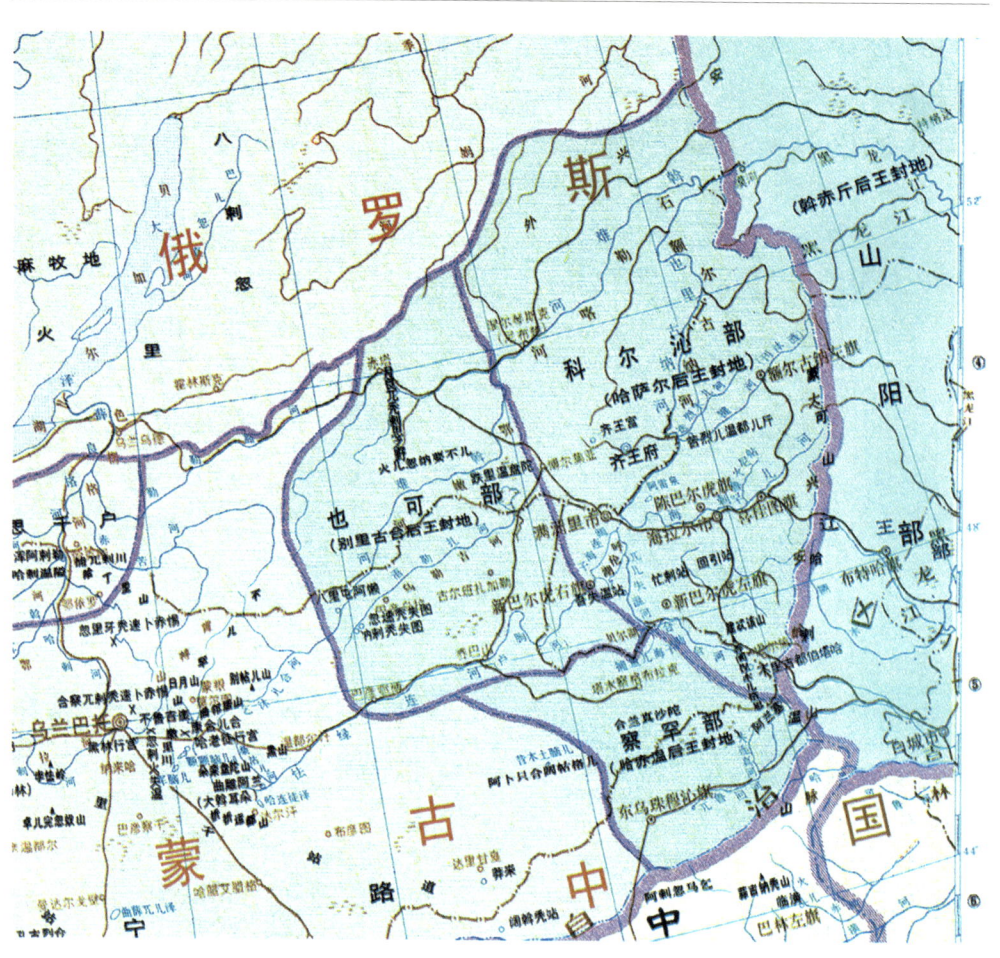

东道诸王领地示意图（根据《中国历史地图集》绘制）

家并可以继承祖产，因此成吉思汗把蒙古本部的土地留给了自己的幼子拖雷，拖雷就封有鄂嫩河至克鲁伦河地区的大翰耳朵（原成吉思汗旧地）。蒙古汗权自1250年由窝阔台系转入拖雷系，先后有拖雷之子蒙哥汗（在位1251～1259年）和忽必烈汗（在位1260～1294年）担任蒙古大汗。后来忽必烈入主中原建

立了中国历史上空前统一的元王朝。

元朝政权的建立打开了中国大一统局面，为现代中国国家版图和政治制度奠定了基础。忽必烈为了适应汉地的生产力发展水平，逐渐采用汉法，加强中央集权并建立行省制，使国家机构日益完备起来，同时把蒙古原有的统治法纳入到元朝的国家制度，进行了蒙古皇帝的封建专制统治。元朝是中国历史上最为开放的时代之一，元朝政府积极促进东西方文化的交流和科学技术的发展。在蒙古地区保留原有的制度，限制移民，实行屯田。由于元朝统治者执行保护民族文化、经济的政策，使蒙古族的经济、文化生活得以保存和发展，这是蒙古民族与入驻中原建立政权的其他北方民族所不同之处。

元朝政府促进东西方文化交流和科技发展（《蒙古历史油画长卷》王延青等创作）

1368年，朱元璋领导的农民起义军推翻了元朝的统治，以妥懽帖睦尔为首的蒙古统治者退回蒙古高原，使蒙古地区重新成为他们的活动中心。蒙古大汗退回了漠北以后，根据历史资料记载，这时尚未跟随大汗返回漠北留居内地的蒙古族人数多达40万，他们大多是蒙古军队的将领、蒙古贵族及其随从，分布在全国各地区，其中尤以中原和西南地区为最多，他们是现代留居河南、山东、云南、贵州、四川的蒙古族同胞的祖先。

蒙古族退居漠北之后史称"北元"。蒙古分裂为东西两大部，分属两大政治集团，这就是明朝称为"鞑靼"和"瓦剌"（鞑靼为东部蒙古，瓦剌为西部卫拉特蒙古），蒙古人自称为"四十万"和"四万"蒙古。蒙古统治者退出中原后，为了恢复元朝统治，与明朝进行了数十年的战争。明朝洪武、永乐皇帝多次进军蒙古地区，但仍未达到消灭北元势力的目的，这期间也发生过明军被蒙古瓦剌部打败，明英宗皇帝被俘的"土木堡事件"。这样就形

明蒙连年战争（摄于明皇宫蜡像馆）

成了明朝与蒙古以明长城为界各自为政，形成南北对峙260余年的局面。

15世纪中叶开始蒙古汗权旁落，封建领主各自为政，形成封建割据局面。蒙古大汗成为领主们争权夺利的工具，封建领主们按照自己的利害关系废立大汗或以太师（丞相）的名义掌握实权，围绕汗权问题，蒙古各部内部发生了尖锐的矛盾和斗争，甚至引起内讧，这一局面一直到巴图孟克达延汗（1460～1504年）时期。达延汗用武力镇压各封建领主的反叛，剥夺异姓贵族的政治权力，把蒙古六万户（兀鲁思）分封给诸子，形成了成吉思汗黄金家族一统天下的政治制度。达延汗消除封建割据，重新统一蒙古，被称为"蒙古中兴英主"，蒙古政权对蒙古高原的统治一直维持到1636年清王朝建立为止。这其间形成了蒙古左右翼六万户、科尔沁及阿鲁

蒙古、兀良哈三卫、卫拉特等蒙古诸部，蒙古族近现代各部落就在这个时期基本形成了雏形。

在北元后期蒙古封建割据加剧之际，1616年女真族首领努尔哈赤建立后金王朝。后金的建立对蒙古的政治局势产生了巨大影响。女真族由最初蒙古族的附庸一举成为东北亚的强大政治军事力量，后金政权改变了200多年来的明朝与北元的对峙局面。同时，也改变了蒙古内部的关系，努尔哈赤和他的继承人皇太极采用联姻、封爵等手段拉拢邻近的蒙古部首领，从而在蒙古内部引发了争斗。努尔哈赤的长远战略目标是消灭明朝入主中原，他看到昔日蒙古的强盛，图谋把蒙古作为战略后方和军事力量，为了达到这一政治目的，努尔哈赤和皇太极利用蒙古内部的矛盾，联合科尔沁等部攻击拒不与之合作的蒙古林丹汗。林丹汗在与后金的战斗中失利，于1634年率部败走青海，在青海大草滩病故。1636年，漠南蒙古16部49个大小领主齐聚沈阳，承认皇太极为汗，并奉上"博格达彻辰汗"的尊号。同年，皇太极在盛京（沈阳）即位，改国号为"大清"。后金统一漠南蒙古并建立大清王朝，成吉思汗黄金家族的400余年的统治到此结束。

在清朝统一全国的事业中，蒙古民族客观上为中华民族大一统又一次作出了重大贡献。首先蒙古族各部承认了清朝为中华民族的正统传承政权。因此，蒙古铁骑成为清朝的重要军事力量，为清廷开疆扩土并巩固和守卫北部边疆，立下了汗马功劳。这其中尤以出身蒙古族的清朝国母孝庄文皇后、蒙古御前大臣僧格林沁、两江总督兼钦差大臣于谦等人，对巩固和捍卫清朝统治，功勋卓著。另外，蒙古族先后建立的和硕特汗国、准噶尔汗国的领土被清朝所继承，从而使青藏高原和西域的广袤国土继元朝以后再一次回到了祖国的怀抱，使清朝的国土面积成为中国历史上仅次于元朝的重要历史时期，为中华民族的生

蒙古中兴英主达延汗

存环境创造了良好的条件。

　　清廷一方面依靠蒙古族巩固其统治，另一方面又惧怕蒙古强大，造成对清朝统治的威胁，清廷根据蒙古各部归附清廷的时间和忠顺程度，把蒙古分为"内属蒙古"总管旗、"外藩蒙古"札萨克旗和喇嘛旗三大类，并在外藩蒙古札萨克旗举行会盟制度。通过盟旗制度对蒙古民族采取了分而治之的办法。另外，提倡喇嘛教，推行愚民政策。采用封官晋爵、联姻等手段拉拢蒙古王公。执行封禁政策，严禁蒙古人与汉人的接触。所以，清朝前、中期蒙古族处于互不来往并与外界隔绝的闭关自守的封闭状态，使蒙古族的社会发展受到了严重阻碍。

　　1840年鸦片战争以后，帝国主义列强瓜分中国，清廷被迫割地赔款，国内各种矛盾尖锐化。清廷为了增加财政收入，放弃了禁边政策大量开垦蒙地。清廷统治层内部的力量对比也发生变化，开始依仗以曾国藩、左宗棠、李鸿章为首的洋务派人物，蒙古王公贵族势力逐渐削弱，形成"蒙王不足倚，蒙兵不足恃"的局面。原来有蒙古贵族参与的统治，逐渐被满汉

蒙古族各部承认了清朝为中华民族的正统传承政权（摄于科尔沁博物馆）

官僚的联合统治所代替。清廷从1901年在全国推行"移民实边"新政，从而使蒙古地区大片的肥沃牧场变成农田。蒙古牧民无奈，有的弃牧务农，有的则迁

居荒无人烟的贫瘠地区。此举严重损害了蒙古王公和牧民的利益。导致了清朝末年和民国初年的一系列蒙古族的抗争斗争的发生。

综观蒙古族的历史,她从最初额尔古纳河流域的一个弱小部族,发展成为蒙古高原上强大的部落集团,在一代天骄成吉思汗横空出世以后,称雄于北亚草原并建立起蒙古大帝国,蒙古铁骑又以摧枯拉朽之势跨入欧洲,冲击了中世纪的黑暗,点燃了欧洲文明的圣火,碰撞出欧亚两大文明交锋的火花。他所建立的蒙古大帝国,对世界历史的进程产生了巨大影响。800多年的峥嵘岁月,使蒙古族成为一个富有传奇色彩的民族,也使她成为世界性跨国而居的民族,更成为中华民族中56个民族的重要一员。其族人也同其历史的风云一样,分布于欧亚大陆和中国各地。

中国境内的蒙古族主要居住于内蒙古自治区,其余则分布于新疆维吾尔自治区的巴音郭楞蒙古自治州、博尔塔拉蒙古自治州、和布克赛尔蒙古自治县,青海省海西蒙古族藏族自治州、河南蒙古族自治县,辽宁省阜新

那达慕大会(达木登苏荣创作)

蒙古族自治县、喀喇沁左翼蒙古族自治县,吉林省前郭尔罗斯蒙古族自治县,黑龙江省杜尔伯特蒙古族自治县,甘肃省肃北蒙古族自治县,还有一部分散居

于河北、河南、云南、贵州、四川等省。由于历史的发展和地域分布的差异等原因,蒙古族的总体发展是不平衡的,在蒙古族的主要集中居住地,自北元以来分属于蒙古左右翼六万户等蒙古各部,入清以后他们又分属于各个旗,形成人所共知的相对独立的蒙古各部落。要想详细了解蒙古族的历史,就要了解蒙古族各部落的历史。

本丛书各卷将逐一介绍中国蒙古族各部落的历史和文化。除本卷所介绍的蒙古族源流、察哈尔、土默特、科尔沁外,在以后各卷里将陆续介绍居住于内蒙古自治区的鄂尔多斯、喀喇沁、内喀尔喀、阿巴噶、阿巴噶纳尔、翁牛特、巴尔虎、布里亚特等各部;现居住于新疆、青海、内蒙古阿拉善地区,曾经建立过卫拉特三大汗国辉煌历史的准噶尔、土尔扈特、和硕特部;散居于中国内地各省的蒙古族状况;鲜为人知的特殊的蒙古族群体,包括新疆蒙古族图瓦人、阿拉善信仰伊斯兰教的蒙古族、青海蒙古族托茂人、青海藏化的蒙古族、四川大凉山四个蒙古族乡的蒙古族、云南蒙古族等。

身着艳丽服装的蒙古族(文慧、陆荣 摄)

蒙古大汗的直属部落——察哈尔部

一、察哈尔部历史

察哈尔部是蒙古族最著名的部落之一，历史上号称蒙古中央万户，在北元时期是蒙古大汗的直属部落。察哈尔部的历史是一部悲壮的历史。其各鄂托克的领主历来都由"黄金家族"达延汗的长子图鲁博罗特（大部分鄂托克）和六子斡齐尔博罗特（克什克腾鄂托克）的子孙承袭。到了清代以后，苏尼特、乌珠穆沁、浩齐特、克什克腾、敖汉、奈曼等鄂托克脱离察哈尔部成为独立的蒙古部落。但

达延汗1474~1517（画像源于《蒙古大汗传略》）

是历史上他们源于察哈尔部,其领主都是察哈尔部的后裔,他们仍然是察哈尔部派生出来的部落。1675年(康熙十四年),清廷将察哈尔部众从辽西义州边外迁徙到宣化、大同边外安置,按满洲八旗建制,设置左右两翼察哈尔八旗。至此,察哈尔部就特指两翼察哈尔八旗了。但是站在蒙古历史的角度上看,不论是后来脱离出来的诸部还是察哈尔八旗,都应该属于历史上的察哈尔部。

在全国范围内,察哈尔部蒙古族现主要分布在内蒙古的镶黄旗、正镶白旗、正蓝旗、太仆寺旗、东乌珠穆沁旗、西乌珠穆沁旗、苏尼特左旗、苏尼特右旗,察哈尔右翼前旗、察哈尔右翼中旗、察哈尔右翼后旗、集宁区、卓资县、凉城县、兴和县、敖汉旗、克什克腾旗、奈曼旗等旗县。在内蒙古自治区以外的河北省张北县、康保县、沽源县、丰宁县、围场县也有少量察哈尔部蒙古族居住,另外在新疆维吾尔自治区的博乐市、温泉县、额敏县、和布克赛尔蒙古族自治县也有部分察哈尔部蒙古族居住。全中国察哈尔部蒙古族人数接近80万,

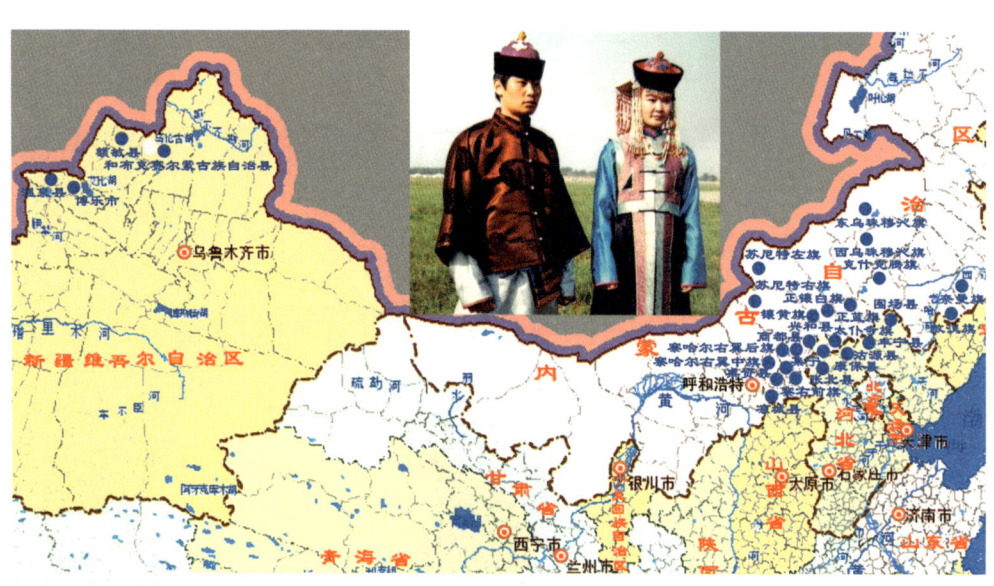

察哈尔蒙古族在中国的分布示意图

人数排在科尔沁部之后,位居第二位。

历史上,察哈尔部最初是由非血缘关系的蒙古族组成的特殊军事集团,是当年成吉思汗从蒙古各部落抽调的精兵强将所组成,负责汗廷金帐的卫戍任务,是蒙古帝国的"怯薛"(蒙古语护卫军)劲旅。成吉思汗临终之际,按照

蒙古人古老的传统把自己直属的怯薛军作为遗产留给幼子拖雷继承，同样把自己贴身仆人留给拖雷之妻继承，从而形成了拖雷家族管理下的军队和属民。约在北元时期起，这支由怯薛军和大汗贴身仆人组成的队伍就逐渐转化成蒙古大汗直属的察哈尔中央万户。它在蒙古各部落中就成为举足轻重的部落集团。

在历史上，不论是在蒙古帝国时期，还是在北元时期，察哈尔部都立下了不朽的功勋。它在早期是成吉思汗身边的卫戍部队，也就是说，平时作为大汗金帐的护卫军，战时成为大汗亲自统领的作战力十分强悍的精锐部队，而且在那个时代就有着勇敢、坚韧的英雄美名和传统。在《蒙古秘史》中写到，成吉思汗凭借手中这支威慑力量，用以加强汗权，强化国家机器。这支威慑力量在成吉思汗死后，为其子孙代代继承，成为成吉思汗"黄金家族"蒙古大汗政权的支柱。

达延汗时代是历史上再次使蒙古族中兴的一个重要时期，这个时期护卫军所在的察哈尔部落很活跃。作为

察哈尔部最初由非血缘关系的蒙古族组成的特殊军事集团（摄于内蒙古博物馆）

汗廷依靠的主要军事力量，他们南征北战，力挫群雄，使一度分崩离析的蒙古众部重新得到统一，从而又立下汗马功劳。

察哈尔是个崇尚威武的"部落"集团，其士气高昂，具有不惜抛头颅、洒热血，冲锋陷阵的勇武剽悍的尚武精神。所以，17世纪初的史书和在鄂尔多斯

流传下来的成吉思汗祭词中赞誉察哈尔部"利剑之锋刃,盔甲之侧面"的英雄美名。

1616年,东北地区的女真族建立后金政权。后金统治者为了入主中原取代明朝,对蒙古各部采取了政治联合和武力征服的策略,但他们遇到最顽强的对手就是蒙古末代大汗林丹汗统辖的察哈尔部。以林丹汗为代表的察哈尔部为维护蒙古的独立和统一,与清军交战近30年。由于蒙古各部相继归附清廷,察哈尔部又因力单势薄,策略失误,最终以失败告终。然而,察哈尔部为"蒙古正统"的名望也造就了察哈尔部强烈的反叛精神。他们仍以"大元之后"自居,对自己的沉落很不甘心。30年后(即1675年),察哈尔部亲王布尔尼发动事变,坚决走上了抗击清朝的道路。事变后,察哈尔部被彻底击败,元气大伤。

清廷镇压布尔尼之后,为防范察哈尔部东山再起,采取种种措施,进一步削弱察哈尔部的势力,同时对蒙古各部加以肢解,化大为小,画地为牢。将察哈尔蒙古由王公札萨克旗制改为总管八旗制,直属清廷管辖。

1. 察哈尔的由来

据史料和成吉思汗祭词记载,"察哈尔"这一名称最早出现在成吉思汗建国初期。成吉思汗于1211年对金朝发动战争,其中派往金朝传达檄文的使臣名

《黄金史纲》《武备志》《登坛必究》《国榷》等书籍

叫"察哈尔火者"。另外成吉思汗生前把以"察哈尔"命名的自己一部分家人和贴身仆人赐给幼子拖雷之妻。以后,"察哈尔"一词又见于蒙古文史书《黄金史纲》、《黄史》中。在汉文史籍中见于《皇明九边考》、《武备志》、《登坛必究》、《国榷》等史籍中。在这些汉文史籍中"察哈尔"一词有几种不同的译写:察罕儿、擦汗儿、叉罕儿、插汉等。在蒙古族历史史诗《江格

尔》中，"察哈尔"一词频繁出现，目前的汉文"察哈尔"一词从清代开始沿用至今。

对"察哈尔"一词，一般史学界认为源于波斯语，其意为"家人"、"奴仆"、"卫士"、"宫殿卫队"之意。蒙古军队西征以后把这个名词带到蒙古高原，再转入蒙古语后，仍具有上述之意。无论从察哈尔部的出现及

1206年成吉思汗称汗，蒙古帝国从此建立（摄于科尔沁博物馆）

其成为历届大汗维持统治的强大支柱来看，还是从史书中被称颂为"利剑之锋刃"的形象来看，察哈尔人确实是名副其实的卫士，并演变成察哈尔部落集团。

察哈尔部落集团是何时形成的呢？查阅蒙古历史文献，"察哈尔"有其久远的历史。1206年铁木真称汗，蒙古帝国从此建立。成吉思汗在赐封了各位功臣之后，首先扩充了号称"怯薛"的万人护卫军。无论是功臣或百姓的子弟，只要身体强壮、武艺精湛、相貌端正者，皆可入选。因为怯薛军是最受大汗恩宠的，无论是与敌交战时，还是日常生活中，怯薛军都是大汗的近卫军，所以人们都视之为最光荣、最神圣的队伍，蒙古民众争相竞选。

成吉思汗把这一万名护卫，分成10个千户。每1000名为一个集体，各有他们不同的职责。其中第一个千户分担宿卫职务。也就是负责夜间警卫的职责。第二个千户为带弓箭的"箭筒士"，也就是弓箭手，号称"云都赤"。这是最接近大汗的护卫。成吉思汗有明文规定：如无"云都赤"

元朝继承怯薛军制度，由皇帝或亲信大臣直接节制（《蒙古历史油画长卷》，王延青等创作）

蒙古三大部

护卫允许，任何人不得入大汗金帐。第三个到第九个千户，全属于侍卫。号称"护卫散班"。第十个千户，是经过精选的勇士。他们平时做护卫，在战时，尤其是成吉思汗亲征时，他们则必须率先冲锋陷阵。

成吉思汗亲自为这一万名怯薛军制定了明确的分工和规则。尤其对第一个"宿卫"千户，给予了很大的权力。宿卫负责夜间警卫，责任重大，规章严格。任何人不得越过宿卫擅自接近大汗住宿的金帐。如有人擅自闯入，轻者逮捕审问，重者格杀勿论。

察哈尔部旗帜（本书作者设计）

在怯薛军各千户中，无论是"箭筒士"，还是"护卫散班"，都包括各种专职人员，如厨师、守门人、看马的、管车的、掌酒的、供衣服的、放羊的、牧骆驼的和捕盗、奏乐的等各种专业职务人员。这支怯薛军是成吉思汗保障自身安全和巩固其政权的一个重要支柱。成吉思汗为这支军队制定严密的护卫制度的同时也给予他们种种特权,并使他们直接归属于自己掌管和在嫡系亲信控制之下。

成吉思汗之后的窝阔台汗,照例继承了成吉思汗的怯薛军制度。元朝建立以后,也始终继承着这一制度,怯薛军由大元皇帝或亲信大臣直接节制。其军队数额都保持在万人以内。据史料记载,在元朝时,有部分西域的钦察人、康里人、阿速人、唐兀人被编入护卫军内,这说明在怯薛军内还融入了西方人种。元朝灭亡,蒙古人退回漠北以后,蒙古人仍保留着其旧制,特别是到了北元达延汗时代,这一点更为明显。达延汗再度统一蒙古,在重新划分各万户时,依照成吉思汗的旧例,建立了自己的护卫军——中央察哈尔万户。

这样,成吉思汗的怯薛军也就延续到了察哈尔中央万户。察哈尔万户是一支战斗力极强的蒙古大汗贴身护卫军,它始终保持对历届蒙古大汗的忠诚,无论跟随历届大汗转战南北,还是汗位虚悬时期,都始终誓死捍卫大汗的正统地位,成为17世纪史书所赞誉的那种大汗身边的如宝剑和钢盔般可信赖的战士——"利剑之锋刃,盔甲之侧面",这是历史对集结在大汗身边的察哈尔战士的形容,其职责就是护卫大汗和守护汗廷,同时负责汗廷的日常生活给养。察哈尔万户就同时具备了军事和生产双重任务。

元朝灭亡,元廷北迁后,北元军队继续与明军作战,形成了北元与明朝的南北对峙局面,蒙古社会进入了一个动荡的历史时期。在这个时期,明朝对蒙古进行了为时半个世纪之久

怯薛军曾经佩戴使用的头盔(摄于内蒙古博物馆)

的战争。蒙古内部内讧时有发生，大大削弱了中央汗庭和黄金家族的权力和地位，使他们的权威逐渐衰落，蒙古异姓王领主的势力乘机崛起，兼并领地，并企图篡夺蒙古大汗之位。从此蒙古陷于长时期无休止的战乱、分化和重组之中。蒙古族人民，包括领主，对自己所处的这个时代各部政治力量之间的激烈争斗深感失望。他们缅怀着祖先的辉煌业绩，更渴望巩固昔日大汗的正统地位。

鉴于上述历史背景，当时寻求安定局势的蒙古部众急需要有一支强大的武装力量和部落集团，来保证成吉思汗黄金家族的正统统治地位，以改变这种混乱的局面。在这时，人们为了增强蒙古大汗身边的护卫军的崇高地位和激励士气，开始使用成吉思汗时代就已经出现的"察哈尔"之词来命名护卫军和大汗的直属中央部落。

从此"察哈尔"一词名扬天下，使蒙古大汗直属部落又添加了一个神圣的光环，使得"察哈尔"部在蒙古各部中与众不同。

从此以后，察哈尔部的传统特殊的地位，如同成吉思汗直系后裔被后人尊奉为"黄金家族"一样，继续被后人确认，一直居于蒙古宗主部的地位，成为北元大汗政权的重要组成部分，甚至有时与大汗后裔相提并论，成了蒙古政权的代名词。

达延汗时代蒙古六万户重新划分的方式是完全按照成吉思汗时期的惯例进行的。达延汗把六万户分成左翼三万户和右翼三万户，大汗驻帐于察哈尔中央万户中。在察哈尔万户内部也划分为左右两翼，大汗驻帐于居中的老察哈尔营。这种划分与成吉思汗的中军及左右两翼的军事行政划分非常相似。

2. 北元初期察哈尔部的形成

元朝末年，全国爆发了农民大起义，动摇了元王朝的统治。1368年朱元璋在建康（今江苏南京市）建立了明王朝，同年8月攻克元大都（今北京）。元朝政权与辽、金、西夏等少数民族政权不同，元惠帝率领着黄金家族和所剩的军队撤退到了自己祖先曾经兴起的故地——蒙古高原，在中国完成了一次元朝政权从中原全身而退的"奇迹"。这要归功于从成吉思汗开始的扩张，使得蒙古帝国幅员辽阔，而元朝的中原版图只算蒙古帝国的一部分，元朝的皇帝又是蒙古帝国的大汗，对于蒙古各大汗国和部落享有宗主权。元朝的灭亡，只是使蒙古帝国失去了中原的领土，而蒙古帝国依然存在。蒙古贵族退出中原后，仍保持着对蒙古高原大漠南北的统治，与明王朝相抗衡，这个政权史称"北元"。

蒙古贵族退出中原后其政权称为"北元"(《蒙古历史油画长卷》,王延青等创作)

元廷北迁后,元惠宗仍然企图重新入主中原,不断进行收复大都的军事反攻。而明朝则打算乘胜消灭北元势力,统一全国,于是他们之间不断有战争爆发,双方势均力敌,谁也无法取胜。这样北元蒙古与明朝两个政权对峙局面维持了长达二百余年。明王朝为了防御北元的南下,从明洪武到永乐年间,修筑了东起鸭绿江,西至嘉峪关,绵亘万余里的明万里长城,抵御蒙古军队的入侵。沿长城一线还设置重镇,派驻重兵。然而北元方面由于对明战争的失利,以及统治层内部的斗争,使蒙古的实力大大削弱,难以恢复昔日元王朝的辉煌。明初以北元大汗为中心的蒙古各部,居住在漠北、漠南的蒙古高原上,与西部卫拉特蒙古相区别称为"东蒙古"。北元大汗是成吉思汗黄金家族的后裔,被视为蒙古的正统。但是元亡之后,北元大汗再也无力实现对各部的控制,西蒙古卫拉特部获得了更大的发展空间。

明朝修筑了绵亘万余里的长城

1388年西蒙古卫拉特领主与阿里不哥的后裔也速迭儿相勾结，在土剌河杀害了大汗脱古思帖木儿，又拥立也速迭儿为蒙古大汗。在一百多年前，忽必烈之弟阿里不哥曾与忽必烈争夺皇位以失败告终。百年以后阿里不哥的子孙也速迭儿起兵杀死了忽必烈的后代报了前辈一箭之仇，这在蒙古汗统上是一件大事。因为自元朝以来，无论汗廷内部的政治斗争如何激烈，忽必烈家族的汗权从来没有动摇过。这一事件的发生，使西蒙古卫拉特部进一步发展成为与大汗分庭抗礼，与东蒙古并驾齐驱的政治、军事力量，开始了与东蒙古的争霸阶段。蒙古东西部相争，明朝开始插手，形势变得复杂起来。也速迭儿不久死去，从1389年至1415年26年间相继有

脱古思帖木儿（1350～1388年），1378年登汗位（画像源于《蒙古大汗传略》）

六位大汗走马灯般地上任,这其间充满着卫拉特领主与蒙古黄金家族的权利争夺,同时,蒙古军队同明朝军队也进行了多次的战争。

1425年,北元大臣阿鲁台(阿速特部首领)拥立东蒙古科尔沁部首领哈撒儿七世孙阿岱台吉为全蒙古大汗,称阿岱汗,阿鲁台自任太师。蒙古大汗之位在黄金家族内部由忽必烈元裔转到了哈撒儿系子孙,阿岱汗在位期间,与明朝和卫拉特部进行了几次大的战争。

1433年,卫拉特领主脱欢为了进一步加强自己的政治地位并与东蒙古争雄,另拥立黄金家族成员、元裔的脱脱不花为汗,自己以太师名义掌握实权,汗廷出现了太师专制的局面。而东蒙古的贵族们在阿岱汗统领下与

也速迭儿(1358～1391年),1388年登汗位(画像源于《蒙古大汗传略》)

脱脱不花（1416～1452年），1433年登汗位（画像源于《蒙古大汗传略》）

卫拉特部抗衡，蒙古汗廷同时出现了两位大汗同时执政的局势。但是随后在1438年脱脱不花在脱欢的支持下袭杀阿岱汗，但实权掌握在卫拉特领主脱欢手里。于是卫拉特取代了蒙古的实际统治地位，称雄于蒙古高原，成为明王朝的劲敌。脱欢于1439年死去，他曾谋求自己登上汗位的遗愿最终由儿子也先实现了。1449年（明正统十四年）卫拉特部首领也先太师率部南下，对明王朝发动了大规模的战争，明王朝50万大军全军覆没，也先在土木堡俘获了明王朝的英宗皇帝，这就是历史上有名的"土木之役"。在这之后也先暂时统一了东西蒙古。也先得势之后毫无顾虑地将脱脱不花在内的大批黄金家族成员逐一除掉，于1453年自称为汗，称大元天盛汗，

也先(1407~1454年)，1453年登汗位（画像源于《蒙古大汗传略》）

卫拉特部势力达到了鼎盛时代。

1454年，也先称汗后，当时在脱脱不花汗时期任枢密院知院一职的阿剌因谋取太师之位未成与也先反目，遂起兵杀死了也先汗。从此卫拉特部势力瓦解，也先余部退出东蒙古地区。此后，蒙古各部相继争夺蒙古高原上的霸主地位，互相攻杀。在这一时期，蒙古汗位名义上仍由黄金家族占据。但是，实权落入喀喇沁部领主孛来和翁牛特部领主毛里孩（成吉思汗同父异母弟别里古台之后裔）手中。继而称霸蒙古政坛的，是卫拉特部的乩加思兰。他们的相继登台，使全蒙古的统治核心再度多次发生政变和内讧，混乱局面交互出现。不过这个时期最引人注目的现象是成吉思汗黄金家族的权威再度衰落，从元朝灭亡以后开始的百余年的政治风云已将蒙古黄金家族扫荡得所剩无几。

成吉思汗黄金家族的脱脱不花汗死后,留下两个同父异母兄弟的儿子:摩伦与其弟马可古儿吉思,他们成为孛来和毛里孩争权夺利的工具。1455年,孛来起兵攻杀阿剌,拥马儿古儿吉思为汗,自称太师。1465年,与马儿古儿吉思不和,将其杀死,自己也死于毛里孩之手。毛里孩拥摩伦为汗,自为太师,掌握了蒙古的实权。次年,与摩伦汗反目,将其杀死,不久自己也被满都鲁、孛罗忽(巴延蒙克)等合兵诛杀。马儿古儿吉思和摩伦汗都没有子嗣。

摩伦汗死后,汗位空缺八年之久。元室后裔只剩下脱脱不花汗的

马儿古儿吉思(1448~1465年),1454年登汗位(画像源于《蒙古大汗传略》)

幼弟满都鲁和长弟之子哈尔固楚克。哈尔固楚克在亡命他乡途中被惨遭暗害。其妻子是也先的女儿齐齐克，她在丈夫死后，于1452年生下遗腹子巴延蒙克。为免遭也先的迫害，她将巴延蒙克送到斡罗出少师那里。后来巴延蒙克娶斡罗出少师的女儿锡吉尔做了妻子，于1472年生下一子，取名巴图蒙克，他就是后来中兴蒙古的达延汗。

1475年，满都鲁在巴延蒙克和孛加思兰拥戴下，即位称汗，封巴延蒙克为济农（副汗），并给予孛罗忽的称号，世称孛罗忽济农，孛加思兰任太师。但是好景不长，满都鲁汗和孛罗忽济农中了恶人的离间之计，相互猜疑。最终孛罗忽济农在逃亡途中被杀，孛加思兰太师的"族弟"亦思马

摩伦（？～1466年），1465年登汗位（画像源于《蒙古大汗传略》）

满都鲁(1438～1479年)，1475年登汗位（画像源于《蒙古大汗传略》）

因乘机掠取锡吉尔夫人做了自己的妻子。随后亦思马因联合其他领主，将乩加思兰杀死，自己继任太师。满都鲁汗于1479年去世，无子嗣。

我们再看北元时期察哈尔部落的情况。如前所述，察哈尔是世代侍卫蒙古大汗的一支特殊的怯薛军。它不是以血缘关系，而是以职业关系为纽带，由万户、千户、百户等大小贵族子弟和蒙古精英人物混合组成的军事组织。那么，怯薛军何时成为察哈尔部落集团的呢？据1958年从茂明安部发现的哈撒儿《圣主成吉思汗祭祀经文》手抄本中记载：对于成吉思汗的祭祀活动"全部赋役由察哈尔各鄂托克承担"，该祭祀经文形成于北元初期。另据蒙古文史书《黄金史纲》记载，"察哈尔"一名称最早出现于也先太师专权时期。达延汗祖父哈尔固楚克台吉被害后,其妻子(也先之女)生下了遗腹子巴延蒙克,为使儿子免遭也先的仇杀,她把儿子巴延蒙克与家中佣人的孩子以偷梁换柱的形式进行了掉换,裹在摇车中,瞒过了也先派来的侦探,保住了黄金家族的血脉。这名佣人就是出身于"察哈尔呼鲁巴特鄂托克"部的鄂台老媪。由此可见,察哈尔至少作为一个鄂托克此时已经存在了,察哈尔部的形成比此时应该更早一些。

《圣主成吉思汗祭祀经文》存放处(摄于达茂旗新宝力格苏木哈撒儿祭奠堂)

学者一般认为,察哈尔作为万户形成于北元的历史背景之下。即怯薛军跟随元惠宗退到上都城。以后在北元历任大汗的统帅下,履行了守护汗廷、统一蒙古

各部、与明军作战的多重任务。在北元之初的70余年间，大约是怯薛军重组更名为察哈尔部的形成阶段。在这一段时间里，蒙古各部混战、社会大乱，导致部落的重组与分化。在这一形势下，势必冲击北元大汗的怯薛军组织。大汗根据自身发展的需要，自上而下重新把怯薛军按部落形式组织起来，由原来单一的军事组织改变成具有军事、行政和经济三方面职能的大汗直属万户——中央察哈尔万户。

察哈尔万户在满都鲁可汗统治时期逐渐强大起来。黄金家族有了察哈尔万户的这一政治、军事力量，为蒙古的中兴打下了基础。满都鲁可汗去世后，他的夫人满都海继承了察哈尔万户，她出生在土默特汪古部贵族家庭，在元代，汪古部世代与成吉思汗黄金家族通婚。在满都海的统领下，察哈尔万户发挥了决定性的作用，使满都海的地位有了可靠的保障，为达延汗的登位打下了基础。

3. 达延汗统一蒙古各部后的察哈尔部

察哈尔部从14世纪后半期以来一直在克鲁伦河中下游地区，南至西拉木伦河，北至鄂嫩河流域一带广阔草原游牧。

自北元以来100多年间，蒙古草原战乱迭起、汗廷经常发生内讧、民不聊生，黄金家族也面临着断嗣的危险。在这蒙古历史上的危难之际，一代巾帼英雄满都海力挽狂澜，辅佐达延汗扭转了北元王朝近百年的混乱局面，实现了蒙古的中兴。在蒙古历史上，满都海的功绩可以与成吉思汗的母亲诃额仑相提并论。

满都海是怎样呕心沥血的呢？因为满都鲁汗病逝无后，满都海夫人看到孛罗忽济农遇害后，其妻锡吉尔被亦思马因抢走，锡吉尔的儿子巴图蒙克这位成吉思汗黄金家族仅存的嫡

满都海（1448～?）

昔日的古战场，今日的呼和浩特（摄于呼和浩特大青山）

裔受尽磨难。为了延续蒙古黄金家族的汗统，满都海毅然决定把同族年幼的巴图蒙克接到家里抚养。为了蒙古大业，年芳32岁的满都海毅然按照北方草原传统的收继婚习惯，嫁与年仅7岁的巴图蒙克，在1480年辅佐他登上汗位，尊号达延汗（大元可汗的转音）。

为了消除卫拉特部对汗廷的威胁，满都海夫人亲自率领大军，把年仅九岁的达延汗放在自己的坐骑上的袋囊中，随军征战讨伐卫拉特部。经过艰苦卓绝的战斗，终于取得了决定性胜利，开始了达延汗统一蒙古的事业。1481年，卫拉特兵败投降。满都海为树立黄金家族名副其实的统治地位，向卫拉特颁布了臣服蒙古汗廷的训令之后凯旋回师。

威胁汗廷的另一个目标是亦思马因。他在任太师期间曾挑起满都鲁大汗和孛罗忽济农之间的不和，多次干预汗廷政治，又掠走达延汗的生母锡吉尔夫人。1483年，达延汗大败亦思马因，亦思马因西逃。1486年亦思马因联合卫拉特准备进行反扑。达延汗派遣以郭尔罗斯部的托部齐等为首的众臣追杀亦思马因，并夺回生母锡吉尔夫人。

为了加强对蒙古右翼的控制，在16世纪初，达延汗派遣自己的次子乌鲁斯博罗特前往右翼蒙古担任济农。右翼永谢布领主亦卜剌及鄂尔多斯领主满都赉极为不满，并在就职仪式上将乌鲁斯博罗特杀死。达延汗闻讯后大怒，决心平息叛乱。

1510年，达延汗亲自率兵讨伐右翼。第一次战役在土尔根河（今呼和浩特市大黑河）展开，由于战争准备不够充分，中了鄂尔多斯达拉特部人的牛群骚扰之计，战役以失败而告

终。在这之后,达延汗得到了科尔沁部首领鄂尔多固海携其子布尔海联军的强力支持。科尔沁部是成吉思汗之弟哈撒儿的后裔,也是成吉思汗黄金家族的成员,他们在统一和振兴蒙古事业的目标是一致的,为此科尔沁部积极支持达延汗统一蒙古的事业。为了彻底消灭右翼势力的反叛,达延汗又组织左翼军队和科尔沁联军对右翼开展了第二次战役。战役在达兰特哩衮(一说在今呼和浩特城北大青山,又说在今鄂尔多斯市鄂托克旗东北境达楞图鲁湖)之地展开,战斗极为激烈,科尔沁参战联军冲杀在前,战斗中布尔海英勇阵亡,最后联军彻底击败了右翼军队,亦卜剌与满都赉逃往西海地区(今青海省)。在科尔沁部的支持下,达延汗重新统一了东部蒙古各部。

此后,达延汗在八白宫(成吉思

科尔沁部积极支持蒙古大汗的事业(摄于科尔沁博物馆)

汗陵)前隆重举行庆功仪式,向蒙古各部重新宣布自己的大汗称号,奖赏作战有功的人员,使蒙古左右翼重新掌握在成吉思汗黄金家族的统治之下,重振了衰微已久的汗权。

统一东部蒙古各部后,达延汗乘势削弱异姓封建主。他摒弃元朝旧官制,废除异姓领主担任的太师、丞相等官职，他们只能充当普通官吏但不能世袭，而且没有领地。达延汗将左、右翼六万户除兀良哈万户之外的五个万户分封给了自己的子孙。他与长子图鲁博罗特直接掌管左翼，坐镇察哈尔万户，把右翼三万户交给三子巴尔斯博罗特掌管并封为济农。这样，各个万户和各个鄂托克的领主全部由达延汗的子孙充任，剥夺了异姓领主对领地的统治权。

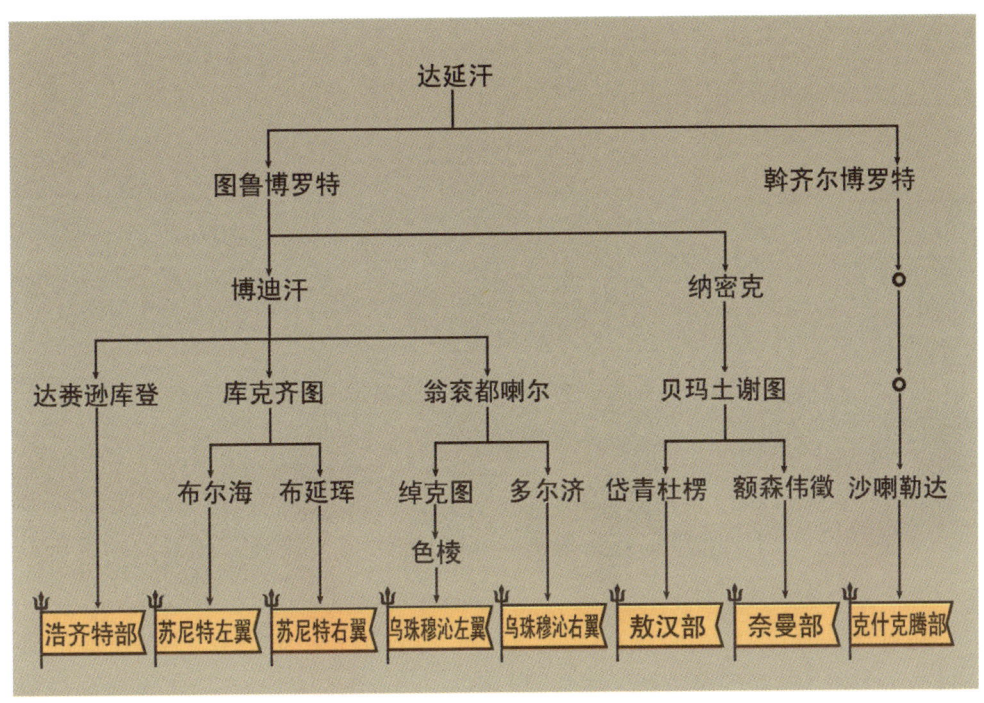

察哈尔世系表（根据《蒙古世系》绘制）

在六万户之外的蒙古各部，还有西北地区的卫拉特部、今呼伦贝尔和蒙古东部地区的科尔沁、辽西地区的兀良哈三卫，达延汗在社会改革和领地划分时，保留了卫拉特的太师制度，允许其领主称太师、丞相；依照成吉思汗旧例，给予卫拉特领主以较大的自主权。另外，达延汗还同卫拉特领主联姻。他娶了脱脱不花汗时期任枢密院知院阿剌的孙女为妃，以保持黄金家族同卫拉特联姻的传统，加强汗廷对四卫拉特的管辖。成吉思汗二弟哈撒儿后裔所属的科尔沁部曾多次在蒙古正统大汗危难之际挺身而出，力挽狂澜。因此，成吉思汗后裔一直对他们很尊重。达延汗重新划分领地时，亦保留了科尔沁部，使之同六万户并立于蒙古。对于兀良哈三

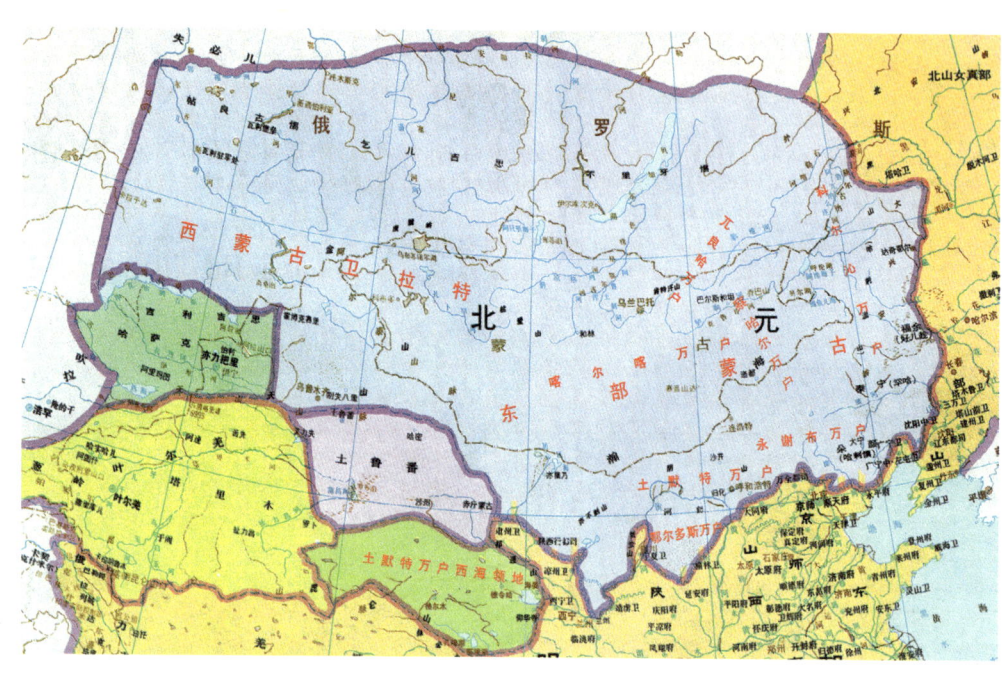

北元时期蒙古各部分布示意图（根据《中国历史地图集》标注）

卫，达延汗也没有将它纳入六万户之中，而是通过联姻、结盟和互访等方式，逐步纳入了自己的统治之下。

达延汗共有11个儿子、1个女儿。分封诸子之初，达延汗及其长子图鲁博罗特一系领察哈尔万户、统领左翼三万户。斡齐尔博罗特封于察哈尔之克什克腾；阿尔博罗特封于察哈尔之浩齐特；格埒博罗特封于察哈尔之敖汉、奈曼；达延汗之孙那林封于察哈尔之察罕塔塔儿鄂托克。其余诸子在左翼喀尔喀部、右翼鄂尔多斯、土默特、永谢布均领有万户和鄂托克领地。后来，图鲁博罗特之孙库克齐图墨尔根、翁衮都喇尔分别领有苏尼特部、乌珠穆沁部，这两部也隶属于察哈尔。对左翼兀良哈万户，达延汗未派自己的子孙去统领，该万户不久因叛乱被击灭，其属民被其他万户瓜分。

达延汗对统治秩序和领地的调整，结束了元亡之后一百多年间异姓领主们在各个领地上专横跋扈称雄称霸的历史。过去居于统治上层的太师们，由封建主的身份转变成黄金家族台吉领主们的僚属。达延汗的分封制度对后世产生了深远的影响，它形成了漠南、漠北的各个蒙古部落，并成为清代在蒙古地区设立盟旗制度的基础，这种格局一直保持到今天。也许，没有达延汗，蒙古社会会在无休止的混战中彻底沉沦，消失在历史长河中。

4. 北元中后期的察哈尔部

1517年,达延汗去世,其长子图鲁博罗特早亡。按照长子继承制,蒙古大汗位应由图鲁博罗特之子博迪台吉继承。当时,巴尔斯博罗特济农以叔父的身份借口博迪台吉年幼,遂自立为蒙古大汗。大约两年以后,博迪台吉在汗廷大臣的支持和拥戴下,迫使其叔父巴尔斯博罗特让出汗位,登上了蒙古大汗的宝座,尊称博迪阿拉克汗。

在博迪汗统治时期,驻牧于不儿罕山的兀良哈万户领主发动叛乱。兀良哈人分为两部分,一部分兀良哈人按照成吉思汗大扎萨的规定,他们世代的神圣职责,就是守护不儿罕山成吉思汗黄金家族的陵寝,他们成为北元时期的兀良哈万户。另有一部分兀良哈人当年被成吉思汗赐给其母亲诃额仑夫人及其幼弟斡赤斤为属民,成为后来的兀良哈三卫,他们没有参加叛乱。不儿罕山兀良哈万户的这种守护陵寝的特殊使命,使他们享有豁免权和各种优厚待遇,在历史发展的过程中逐渐强大起来。因此,不儿罕山兀良哈人往往凭借自己的地位和特权,不服汗廷约束,时常侵扰察哈尔部牧地。从

博迪可汗(1504~1547年),1519年登汗位(画像源于《蒙古大汗传略》)

1524年开始,博迪汗下令鄂尔多斯的衮必里克济农、土默特的阿勒坦汗出征兀良哈,同时,博迪汗也亲自统率察哈尔部大军征讨兀良哈万户。通过四次兴兵征讨兀良哈,于1538年终于将兀良哈万户彻底击灭,其属民大部分被瓜分到其他左右翼万户中去,一小部分兀良哈人沿着杭爱山向西和西北迁移,成为今天活动于唐努山、阿尔泰山一带的乌梁海(现在的俄罗斯图瓦人、中国新疆的图瓦人)人。因此,经过对兀良哈万户的讨伐战争,蒙古左翼实际上只有察哈尔和喀尔喀两个万户了,这样,蒙古六个万户只剩下了五个,但蒙古人仍然按照传统的说法自称六万户。这次战争之后,蒙古贵族领主们给博迪汗敬上了"库登大汗"的尊号。

自达延汗以来,察哈尔万户就是蒙古大汗的直属部落。因此,察哈尔万户逐渐成为蒙古的政治、经济和文化中心,成了蒙古正统的象征。蒙古六万户乃至科尔沁部、兀良哈三卫地区和卫拉特地区的蒙古诸部,均须接受大汗的统一号令。但是,达延汗分封诸子的结果是随着血缘关系的延续日渐疏远,助长了诸子孙在各自的领

北元时期蒙古骑射图

地上相对独立和各自为政的局面，形成了新的封建割据。自博迪汗逝世，大汗的权威迅速消退。缺乏中央集权的蒙古各部都力图扩大自己的势力，特别是右翼蒙古三万户的势力日益强盛，割据独立的倾向更加明显，甚至自己纷纷称汗，与蒙古大汗分庭抗礼，蒙古大汗在某种程度上成了察哈尔一部的大汗。

在这个时期察哈尔万户的组成是这样的，万户下面分属若干鄂托克，明朝人在这一时期的史书上称之为"八大营"。当时流传下来的鄂托克有浩齐特、苏尼特、乌珠穆沁、敖汉、奈曼、克什克腾。其他鄂托克以及属于察哈尔的众多的鄂托克到清初都消失了，例如呼拉巴特、察罕塔塔尔、札固特、克木齐古特等。这些鄂托克，只有浩齐特由大汗亲自统领，其余的或属大汗的弟侄，或属达延汗之子图鲁博罗特、斡齐尔博罗特、等人的后裔统领。

1547年，博迪汗去世。次年，长子达赉逊即大汗位，称达赉逊库登汗。达赉逊即汗位后，率领察哈尔和喀尔喀万户一部向东南迁徙，这部分迁徙后的喀尔喀就成为以后的内喀尔喀。迁徙后的察哈尔万户和内喀尔喀就分布在老哈河以东、辽河以西、西拉木伦河流域及其以北的广袤草原地带。

根据史学家分析，向东南迁徙的原因有三：其一，察哈尔万户迁徙前的驻

达赉逊可汗（1520~1557年），1547年登位（画像源于《蒙古大汗传略》）

牧地大约在今内蒙古呼伦贝尔市西南部、锡林郭勒盟北部以及蒙古国的东方省一带，这里自然条件远不如其后来向东南迁徙到的辽河流域一带，那里水草丰美、物产丰富、相对温暖；其二，随着阿勒坦汗为首的右翼势力的崛起，对大汗的左翼逐渐构成威胁，远离右翼是一种良好的对策；其三，辽河流域地区是兀良哈三卫的牧地，借助兀良哈三卫与明朝的边境贸易关系可以增加供给，满足对汉地农产品、手工业品和各种物资的需求。

察哈尔部自16世纪中叶向东方迁移，到17世纪初，已在那里繁衍生息了70余年。这70余年间，蒙古各部总体上处于散而无统、各自为政的局面。察哈尔部与其他部落的关系，时而联合进攻明朝边境，时而互相攻伐。值得注意的是，在蒙古各部都力图扩大自己势力的过程中，察哈尔部已降到了与其他各部对等的地位。与此同时，历代大汗都在为提高大汗权威而不懈努力。特别是图们汗，为了重振蒙古正统大汗早已旁落的汗权并用和平方法统一蒙古各部，曾采取组阁的办法，选五人担任"执政理事"，吸收各万户领主参与汗廷议政。图们汗还颁布了《图们札萨克图汗大法》，令蒙古各部遵守。这些措施对加强各部之间的联系和协调各部的行动起了一定作用，因此图们汗

图们可汗（1539～1592年），1557年登位（画像源于《蒙古大汗传略》）

被人们称为"札萨克图汗",但是最终没有能够统一蒙古各部政令。1592年图们汗去世,次年,子布延台吉即位,称彻辰汗,汗权再度衰落。布延彻辰汗卒,其长子莽和克先其父去世,汗位遂落到长孙林丹的肩上。林丹汗继位后也曾致力于强化汗权,并为维护蒙古民族的生存与统一,和后金统治者进行了不懈的斗争。

5. 蒙古末代大汗林丹汗时期的察哈尔部

1604年,14岁的少年林丹踌躇满志地登上了蒙古大汗位。林丹汗即位后,在巴林部境内的阿巴噶哈喇山修建了察汉浩特城作为整个蒙古的政治、军事、经济、文化中心。

林丹汗加强了传统的左右翼三万户的地方行政体制,任命右翼永谢布部却热斯塔布囊为特命大臣,率领一支军队驻防今呼和浩特一带,管理右翼三万户,任命左翼乌齐叶特部(属于内喀尔喀)的锡尔呼台吉为管理左翼三万户的特命大臣。察哈尔八大营直属林丹汗统率

林丹汗为了有效地控制蒙古各部和巩固汗权,以察哈尔部为基础,直接控制了内喀尔喀札鲁特、巴林、巴岳特、弘吉剌特、

林丹可汗(1592~1634年),1604登位(画像源于《蒙古大汗传略》)

藏传佛教的佛堂（摄于五塔寺昭）

乌齐叶特等五部，同时也遥控了蒙古其他各部。林丹汗执政前期，漠北喀尔喀部以及漠南喀喇沁的昆都伦汗、阿鲁科尔沁的车根汗、科尔沁奥巴黄台吉、鄂尔多斯土巴济农等，定期前往察汉浩特，朝见林丹汗，并与大汗共同商讨政务大事，参加大汗举行的宴会、围猎等活动。蒙古各部汗、济农、诺颜、台吉，按照《图们札萨克图汗大法》约束各鄂托克，并定期向林丹汗朝贡献物，一时使蒙古北元政权得到了巩固。

这时的藏传佛教的黄教（格鲁派）在蒙古各部迅速传播开来。林丹汗登基不久就意识到黄教对统一蒙古事业的重要精神作用，所以即位后第一件事就是为了扩大自己的影响，扶持黄教，争取黄教势力的支持。在林丹汗的倡导下，黄教在蒙古左翼内得到了普遍的传播。

1618年，林丹汗26岁，西藏红教方面派遣沙尔巴呼图克图喇嘛到蒙古地区传播红教，林丹汗听信了红教喇嘛沙尔巴呼图克图的红教教义，在宗教信仰上从黄教转而皈依了红教。林丹汗遂封他为国师并接受灌顶，沙尔巴呼图克图称林丹汗为"林丹呼图克图汗"。林丹汗下令在察哈尔领地内修建了许多红教寺院、佛塔，传播红教，这一举措触犯了众怒，因为自右翼阿勒坦汗在蒙古地区推崇黄教以来，蒙古右翼和左翼喀尔喀部普遍接受了黄教，对红教持排斥态度。这为林丹汗最后的众叛亲离和失败埋下了伏笔。信奉黄教的漠北喀尔喀部和右翼三万户的各部汗、济农、诺颜、台吉，都因此而与林丹汗逐渐有所疏远，但各方毕竟同为成吉思汗的子孙，尚未形成分道扬镳的地步，各部基本上仍听从林丹汗的统一号令。

16世纪末叶，崛起在东北的女真族由北元时代蒙古的附庸变为蒙古的政治对手和潜在的敌人。在女真族建州部首领努尔哈赤的经营下，女真部实力迅速壮大，努尔哈赤统一了女真各部，于1616年建立起后金政权。当时，后金势力的影响已波及蒙古东部边缘各部。这时，蒙古中央察哈尔万户，地处漠南蒙古各部中心，政治上号称蒙古大汗的直属部落，林丹汗当时驻帐于广宁的正北边（今辽宁省北镇县、锦州市及义县一带），距山海关170公里。其临近的蒙古各部有：内喀尔喀五部驻牧于广宁边外，大小黑山、黄泥洼东北地区，直至开原、庆云（开原县西南四十公里）；科尔沁部驻牧于察哈尔东北，嫩江流域、呼伦贝尔草原，与女真建州部邻近；察哈尔的西边是喀喇沁部（已经从右翼永谢布部脱离出来），他们的驻牧地从宣府、独石边外起，至辽东中卫所（辽宁省北票县）边外止；宣府以西、以北，大同边外以北的地方，是右翼土默特部的驻牧地；在河套地方，仍然是右翼鄂尔多斯部的领地。

科尔沁、内喀尔喀及喀喇沁等部，面对着一个已经逐渐强大起来，并且虎视眈眈、步步进逼的东邻女真族，希望林丹汗众望所归，采取必要的防范措施，以遏制女真对蒙古各部的威胁。1608年，努尔哈赤的长子褚英率领5000人进犯

崛起在东北的女真族

乌拉部。乌拉部为女真族的一个支系，与科尔沁是友邻部落。乌拉部派人向科尔沁部求援。经过林丹汗的同意，科尔沁部翁果岱诺颜携其子奥巴率领科尔沁部大军到达乌拉部境内，与乌拉部联军英勇奋战，打退了来犯的褚英军队。在这以后，属于女真族的叶赫部（驻地在今辽北昌图和开原之间）首领锦太什受到努尔哈赤的军事威胁，又向林丹汗告急求援。林丹汗又命令科尔沁部翁果岱携其子奥巴领兵再次增援叶赫部，杀死了努尔哈赤的大将布扬古等，一度挫伤了努尔哈赤的锐气。在后金天命年间，科尔沁部的首领率军奉林丹汗之令，多次同后金鏖战，保卫了自己的边疆和利益。为了显示蒙古的威慑力量，科尔沁部的明安台吉的三个儿子率领部众曾深入到后金腹地征战，掠夺了很多人马和牲畜，取得了很大的胜利。这些军事行动，暂时遏制了努尔哈赤的气焰。

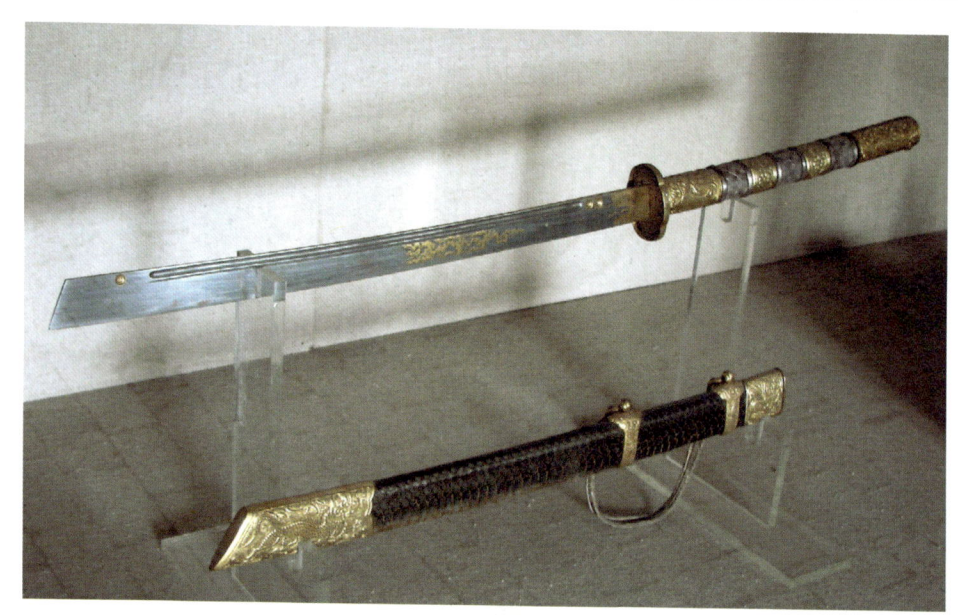

蒙古骑兵中的诺颜当年曾经使用过的战刀（摄于喀喇沁王府）

后金努尔哈赤顾及到林丹汗在蒙古各部的声望与强大的军事实力，最初曾经采取拉拢利诱的手段，向林丹汗宣称："与金合谋共伐深仇之大明，以收复大都（北京），从而成大名立大业"。林丹汗及时识破了这一政治阴谋，不计较与明朝多年的恩恩怨怨，坚决采取了联合明朝抵抗后金的斗争策略，应该说这一举措是明智的。在这之后，与明廷开展了和平互市的关系，并进一步加强了相互之间的政治和军事联系。

最初林丹汗本部与明朝没有直接的贸易往来，得不到内地的生产、生活物资，经济处于困难状态，而女真的兴起又日益威胁着明朝和蒙古的边疆安宁。从1612年开始，林丹汗连年进攻明朝辽东边境，要求建立贸易关系，曾一度攻陷广宁。在战争中他的威望不断提高，被明朝视为蒙古的"名王"。

1617年，明朝一方面迫于林丹汗的压力，另一方面为了不使努尔哈赤与林丹汗联合起来，使明朝东、北两面受敌，不断派人到察汉浩特，竭力讨好林丹汗，希望他与明朝保持友好关系。林丹汗也考虑到，与明朝保持友好，进行贸易，有利可图，同时也可以利用明朝遏制和削弱后金势力。因此，努尔哈赤在攻打辽东地区的初期，明朝北部边境基本上安然无恙。为了表示谢意，明朝每年向林丹汗赠送白银千两，并答应了林丹汗提出的互市要求。从此林丹汗每年可以通过贸易，从广宁得到明朝的大量的生产、生活物资，明朝也得到了相应的马匹等畜产品。建立了这样的经济贸易互惠关系后，双方在政治经济上都得到好处，避免了在军事上大动干戈，使双方边民安居乐业，明蒙双方走上了团结合作的道路。

随着女真族努尔哈赤的迅速强大，其政治扩张野心也与日俱增。当

蒙古骑兵当年使用的铠甲复制品（摄于内蒙古博物馆）

他统一女真各部之后,入主中原便成了他的主要战略目标。努尔哈赤认识到了蒙古在历史上的强大,要想实现入主中原的目的,必须首先征服和笼络临近的蒙古各部,使蒙古地区成为可靠的大后方,并利用强大的蒙古铁骑达到入主中原的目标。努尔哈赤把实现这一政治目标定为国策。为了达到目的,努尔哈赤可谓煞费苦心,千方百计在女真和蒙古两大族之间拉近相互之间的距离并寻求共同点。他曾经对喀尔喀部首领说:"言虽殊,而服发亦相类",竭力表明女真族与蒙古族的相同点。努尔哈赤还在1607年

努尔哈赤像(1559~1626年)

(明万历三十五年)派遣使者到朝鲜,自称"我是蒙古遗种"。在具体行动上,他与蒙古各部实行积极的政治联姻手段,拉近女真与蒙古族的亲缘关系,

以拉拢蒙古各部领主，为日后的创基立业打下基础。

1612年（明万历四十年），努尔哈赤派遣使臣到科尔沁部求婚，明安台吉将女儿嫁给了努尔哈赤，揭开了满蒙联姻的序幕。三年后，努尔哈赤又娶了明安弟洪果尔台吉之女。1616年，努尔哈赤称汗，建立后金政权。此前，努尔哈赤还为其八子皇太极娶了明安兄莽古斯台吉之女哲哲为妻。在短短的四年里，科尔沁首领明安弟兄三人各有一女嫁与清朝最早的两位皇帝。期间还有努尔哈赤的大贝勒代善娶蒙古扎鲁特部钟嫩台吉之女；三贝勒莽古尔泰娶扎鲁特部内齐台吉之妹；努尔哈赤的十子德格类贝勒也娶了扎鲁特部额尔济格台吉之女。从此，后金与科尔沁等部蒙古贵族之间建立起的联姻关系，减轻了来自蒙古方面的政治军事威胁，使努尔哈赤能够集中精力去对付明朝军队。

1618年4月起，努尔哈赤指挥后金大军，以八旗精锐之师迎战明军，先后攻克了明朝的辽东重镇抚顺、开原、铁岭，并取得了萨尔浒大捷，歼灭了明朝在辽东地区的有生力量。在1619年7月铁岭进行的战役中，驻守铁岭的明军势单力薄，难以抵挡后金进攻。从此，明朝的力量大衰，不得不由进攻转为防御。于是明朝派使臣到察汉浩特，向林丹汗求援。林丹汗命内喀尔喀五部弘吉剌特鄂托克齐赛诺颜、扎鲁特鄂托克巴克、色本以及科尔沁明安台吉之子桑噶尔等领兵万余，增援铁岭明军。扎鲁特和科尔沁等部的援明参战表明，他们虽然与努尔哈赤的女真部联姻，但关系并不稳固，仍然听从蒙古大汗林丹汗的调遣。林丹汗所派遣的大军乘夜色抵达铁岭城下，此时，努尔哈赤集中优势兵力，已攻克了铁岭。他得知蒙古援军一万余人兵临城下，便指挥诸贝勒出城交战。齐赛诺颜率领的蒙古军队，经不起数量上占优势、斗志旺盛的后金军队的

后金与明朝宁远之战（源于《清实录》）

猛攻，纷纷败下阵来，奔辽河夺路而逃。后金军队紧紧追杀，活捉了齐赛诺颜、巴克、色本、桑噶尔等台吉。1619年10月，林丹汗派遣使臣到达努尔哈赤驻地，以"四十万蒙古之主"自居，藐视努尔哈赤为"水滨三万人之王"，要求努尔哈赤无条件释放内喀尔喀台吉和科尔沁台吉，并警告努尔哈赤不得进犯林丹汗与明朝展开互市贸易的广宁城等地区。努尔哈赤迫于压力，释放了除内喀尔喀弘吉剌特的齐赛诺延以外的所有台吉。独提出内喀尔喀五部用一万牲畜赎回齐赛诺延的要求。林丹汗拒绝了努尔哈赤的要求，准备设法营救齐赛诺颜。

1621年3月，努尔哈赤和诸贝勒率领大军，围攻沈阳，打败明军7万守城部队，占领了沈阳城。努尔哈赤不顾林丹汗的警告，毅然于1622年攻占了广宁城。努尔哈赤留下部分兵力驻守沈阳，指挥其余大部分兵力，准备乘胜攻取辽阳城。林丹汗得知后金占领沈阳并留下少数部队守护的情报后，令管理蒙古左翼三万户的大臣乌齐叶特鄂托克的锡尔呼台吉率领内喀尔喀卓哩克图诺延、达尔汉巴图尔、巴哈达尔汉等2000骑兵前往沈阳营救被禁的齐赛诺延。锡尔呼台吉所率轻骑到达沈阳城下，与守城部队展开激战。但蒙古军队担心努尔哈赤的援兵前来增援，便撤回蒙古本土，营救行动失败。1621年8月，内喀尔喀五部只得送万头牲畜，赎回了弘吉剌特鄂托克齐赛诺延。

1625年后金建都沈阳，完全扫除了明朝在辽宁地区的势力。巩固了辽东的统治后，努尔哈赤根据国策和既定方针，开始解决蒙古问题。为了彻底瓦解林丹汗的政治军事实力，努尔哈赤针对察哈尔的外围蒙古各部，采取了离间、拉拢、威胁等手段，以孤立和削弱林丹汗的势力。首先把与察哈尔部有矛盾的科尔沁、内喀尔喀五部争取过来，继续利用联姻关系和拉拢等手段建立巩固的联盟关系，使这些蒙古部成为后金政权的主要军事力量。1619年11月，内喀尔喀五部部分台吉与努尔哈赤的代表在色特尔黑之地（今兴安岭）举行结盟仪式表示彼此修好，与明朝为敌。1621年11月，内喀尔喀部的古尔布什、莽古勒二台吉率领所属六百户，到辽阳归顺了后

出土的蒙古贵族帽（摄于内蒙古博物馆）

金政权。努尔哈赤举行欢迎仪式并设大宴,把松古图公主嫁给了古尔布什台吉。

内喀尔喀部分台吉与后金通婚、结盟等事件的出现,沉重打击了蒙古末代大汗林丹汗的威信。他严厉指责管理左翼三万户的大臣锡尔呼台吉管束不得力,甚至怀疑他暗中与努尔哈赤已有联系,准备对锡尔呼台吉和其他诸台吉采取必要的惩治措施。这反而加速了蒙古内部的分化。本来从林丹汗信奉红教后,尊崇黄教多年的漠南蒙古诸部以及漠北喀尔喀部,已与林丹汗貌合神离,就已经开始自行其是了。1622年2月,管理左翼三万户的特命大臣锡尔呼台吉与林丹汗发生政见分歧,遂率领所属乌齐叶特部与明安台吉所属乌鲁特部共三千多户,投奔辽阳城,归顺了努尔哈赤。受其影响,1623年正月,内喀尔喀拉巴什希布、索诺木、莽果、达赖等台吉也各率所属五百户投奔了辽阳城。

林丹汗针对这些背叛行为,强行要求内喀尔喀和科尔沁部,已经建立关系的要断绝关系,未建立关系的不得与后金私自往来,若被发现,定要诉诸武力。然而,至1624年2月,经过数年彷徨的科尔沁首领奥巴台吉在后金的威胁利诱下,背弃了林丹汗。努尔哈赤派遣重臣到科尔沁,在伊克唐噶哩坡(今科左中旗花土古拉苏木一带),与奥巴为首的科尔沁诸台吉举行盟誓仪式,建立了对抗林丹汗的联盟关系。此时,又发生了另一事件,林丹汗叔祖岱青台吉与林丹汗不和,遂领所属部众及其六子逃入科尔沁境内,受到奥巴台吉的保护。林丹汗命弘吉剌特的齐赛诺颜领兵追回岱青台吉。齐赛诺颜深入科尔沁,斩杀了前来堵截的奥巴属下六台吉。

林丹汗是绝对不能容忍奥巴这种背叛行为的,讨伐科尔沁只在时日。讨伐科尔沁部,中间还隔着内喀尔喀各部的牧地,必须首先取得内喀尔喀各部的支持。所以延至1625年11月,林丹汗亲自

蒙古军队曾经使用过的火铳(摄于科尔沁博物馆)

蒙古骑兵作战图

率领内喀尔喀部分兵力,前往科尔沁奥巴台吉所在地格勒珠尔根城,兴师问罪征讨科尔沁部。科尔沁急忙向后金求救。努尔哈赤获悉后,命三贝勒莽古尔泰、四贝勒皇太极率领精骑5000,由农安塔前来援助奥巴。林丹汗怕腹背受敌,因而弃围撤兵返回。

随后,后金开始加紧武力征讨游离不定的漠南蒙古各部。1626年5月,努尔哈赤亲统大军,兵分八路进攻巴林部,击斩了该部台吉囊努克,收其畜产班师。巴林部的部分台吉率部逃入科尔沁境,归顺了努尔哈赤。同年10月,后金以札鲁特台吉鄂尔齐图等兵阻前往科尔沁的使臣为借口,由大贝勒代善、二贝勒阿敏率领万余兵将攻打了札鲁特诸台吉,俘虏了巴克为首的十四台吉及人畜。

林丹汗领导的抗击后金的斗争反映了蒙古族人民不甘被奴役、宰割,渴求民族独立与统一的愿望。在当时的历史条件下,符合蒙古族人民的利益，有其积极的意义和作用。但是，由于林丹汗不能团结蒙古各部的领主和策略上的失误，他统一蒙古的计划既得不到大多数蒙古领主的支持，又不具备使各部拥护他的条件，再加上后金对蒙古各部的分化瓦解和拉拢，他的宏伟目标自然很难实现。

6. 察哈尔部的衰亡

1626年8月，努尔哈赤与明军在宁远城下激战中，被明军炮火击伤，在撤退沈阳途中阵亡。努尔哈赤逝世后，其四子皇太极即位。皇太极登基后，继承其父努尔哈赤征服统一漠南蒙古各部的目标，继续贯彻努尔哈赤所制定的积极团结笼络蒙古各部的国策，从而加快了统一漠南蒙古各部的步伐。不久，漠南蒙古的相当一部分已经归附后金，使素来强大的察哈尔部的力量大为削弱。于是皇太极将军事行动的锋芒直指察哈尔部。

自1619年以后的十余年间，林丹汗倚仗大权在握，排除异己，听不得不同意见，对不遵行他号令的漠南蒙古各部发动多次征讨兼并战争，树众部为敌，严重地损害了各部蒙古领主的利益，致使各部怨声载道，众叛亲离。虽然外围各部的叛离削弱了察哈尔部的力量，但它仍拥有相当大的实力。察哈尔部的存在是后金入主中原道路上的严重障碍。初期，皇太极极力避免和察哈尔部的战争，屡次以物质和种种利益引诱林丹汗，劝他和后金缔结同盟，但都遭到林丹汗的拒绝。可是林丹汗执行了一条错误的政策，不能团结蒙古各部与后金作战，壮大自己孤立敌人，而是利用强权兼并兄弟，自恃其强，一味用兵，"伤残骨肉"，使蒙古各部对他丧失了

战场搏杀图

信心，纷纷弃他而去。这种做法客观上帮助了后金。

1626年、1627年，林丹汗先后两次出兵惩罚刚刚败于后金的内喀尔喀之乌齐叶特部、巴林部和札鲁特部。林丹汗对这三部首领有事不请示自己，又与后金暗中联系极为不满，于是乘这些内喀尔喀部元气大伤、尚无恢复之机，进行了残酷的兼并战争。林丹汗的此举引起了各部的不安。特别是察哈尔"八大营"也对他的倒行逆施的行为产生怨恨。

1627年2月，察哈尔之内的敖汉、奈曼两鄂托克的上层开始与后金发生联系，皇太极暗中派人到奈曼属下衮楚克营地，希望衮楚克说服敖汉部首领索诺木杜棱及克什克腾首领索诺木诺颜归顺后金。4月，奈曼和敖汉回信表示，他们曾说服林丹汗与后金讲和，但他们的努力遭到林丹汗的拒绝。6月，奈曼和敖汉派遣乌木萨特绰尔济喇嘛到都尔弼城（后为清朝养息牧场），通知后金两蒙古部来投。

皇太极领诸贝勒渡辽河，隆重迎接了两部归附后金。1627年12月，察哈尔阿喇克楚特部首领多尔济伊勒登等台吉，也先后率部依附于皇太极。

不久，察哈尔阵营内部的厌战情绪日渐增长，乌珠穆沁部多尔济车臣济农与其叔额尔德尼台吉也因与林丹汗不和，率部投奔了漠北喀尔喀部。

蒙古王公议事（摄于内蒙古博物馆）

苏尼特部素塞巴图鲁济农、浩齐特部策凌伊尔登各率所部，也为避战乱而投奔了漠北喀尔喀。此时，林丹汗所率领的察哈尔部所属八大营分崩离析，众叛亲离，极大地削弱了蒙古察哈尔中央万户的实力。至此林丹汗完全丧失了对察哈尔"八大营"和左翼蒙古各部的控制力量。

林丹汗在经略左翼接连失利的形势下，于1627年把军事锋芒转向右翼蒙古三万户,向西推进,以谋求新的发展。右翼蒙古反对他的入侵和兼并,进行了强烈的抵抗。从这年7月起林丹汗进至威宁海子(今内蒙古察右前旗黄旗海),与右翼土默特部、喀喇沁部会战。10月林丹汗得胜,11月乘势攻克归化城(今呼和浩特)。随后林丹汗马不停蹄地袭击拒察哈尔而寻找靠山,投奔后金了。这年9月,林丹汗再与土默特、永谢布、鄂尔多斯诸部在挨不哈(今内蒙古达茂联合旗艾不盖河)决战,将右翼诸部彻底击败,察哈尔军大获全胜。1629年和1631年,林丹汗又去进攻外喀尔喀,击败札萨克图汗部。1631年11月,林丹汗率兵至降附后

现代的艾不盖河畔(摄于内蒙古达茂联合旗百灵庙镇)

永谢布部,吞并土默特的兀慎、摆腰二部。此时右翼诸部虽被击溃,但并未完全臣服,征战还是相当激烈的。1628年4月,林丹汗与右翼及喀喇沁诸部发生了旱落兀素(蓟辽边外的大凌河)之战。但是在这之后,由于林丹汗的主力已集中在宣大边外,使蓟辽边外力量空虚而失利,喀喇沁诸部取得了胜利。但身单力孤的喀喇沁部终究不是林丹汗的对手,不久便为抗金的阿鲁科尔沁达赉楚琥尔牧地,带走了阿巴海的部众。这时声威大振。东起辽西,西到洮河(今甘肃省)的广阔地域,暂时形成了一个局部统一的局面,使蒙古地区长期支离破碎的局势略有好转。

就在林丹汗西征期间,后金却在蚕食留在辽东的察哈尔留守部众,1628年9月察哈尔辽东余部全部被后金收服,被编入蒙古八旗。1632年

大草滩（现甘肃天祝藏族自治县）

3月，皇太极传令归顺后金的蒙古各部率领所属兵马到达约定地点集中，以远征察哈尔林丹汗。4月，科尔沁、扎鲁特、巴林、奈曼、敖汉、喀喇沁、东土默特、阿鲁科尔沁、翁牛特等各部率其所属军队，会师于西拉木伦河岸。总兵力约为10万左右。4月下旬，皇太极亲自率领联军，对林丹汗部突然发动了大规模的攻击。在后金以迅雷不及掩耳之攻势下，毫无准备的林丹汗只好率领所属10万之众，经呼和浩特，渡黄河到达鄂尔多斯，西奔库赫德尔苏。皇太极分兵三路穷追林丹汗41天，5月末追至呼和浩特，隔黄河与鄂尔多斯相望。林丹汗在鄂尔多斯成吉思汗陵前举行庄严的仪式，宣称自己为全蒙古的"林丹巴图鲁汗"，遂带领察哈尔和裹胁的部分鄂尔多斯、土默特部众，西渡黄河至大草滩（现甘肃天祝藏族自治县）。林丹汗经此沉重打击，元气大伤，皇太极得知林丹汗已南渡黄河而去，停止追击，经宣府、张家口返回，途中收拢了林丹汗溃散的部众数万人，也编入了蒙古八旗。

林丹汗在大草滩永固城一带驻扎。此时，一向坚决支持林丹汗事业的漠北喀尔喀确图台吉（土谢图汗部），于1634年初，率所部四万之众，直奔大草滩与林丹汗会合。林丹汗和确图台吉通过与红教的关系，与西藏的藏巴汗和西康地区的白利土司建立了联系，以争取到新的盟友，妄图等待时机，重整旗鼓，准备东山再起。然而林丹汗不幸于1634年病逝于青海大草滩,时年仅43岁。察哈尔林丹汗为维护蒙古民族的独立与统一,坚持抗清斗争近三十年,可以算得上是蒙古民族杰出的英雄。

林丹汗去世后,其夫人苏泰太后携子额哲率领部众自大草滩返回鄂尔多斯。第二年,皇太极命其弟多尔衮等率大军西征,此时苏泰太后和儿子额哲,迫于后金大军的包围和劝降,又见大势已去,不得已率部民千户并携带元朝的传国玉玺降附后金。后金为了征伐最顽强的对手蒙古察哈尔部,前后历时二十余年,耗费了大量兵力、物力和财力。自成吉思汗以来,绵延429年的蒙古帝国、364年的大元王朝、267年的北元汗廷的黄金家族汗统,至此终结。

为了怀柔额哲的归顺,皇太极优加礼遇,封额哲为亲王爵位,居于漠南蒙古四十九旗札萨克王爷之上,并将其次女马喀塔格格下嫁额哲,纳为额驸。将其部众编旗后安置在义州边外(今辽宁省锦县、义县一带)。在改编时将察哈尔一部划为几个旗,将其他拆散,把部众分别并入他旗,予以分割。清朝皇帝唯恐察哈尔部东山再起,又将察哈尔部蒙古以分散驻防等形式,迁居于蒙古各地。清初重编察哈尔八旗,虽仍沿用旧号,"然其间已非尽属林丹遗众"。

1636年4月,漠南蒙古十六部四十九鄂托克领主在后金统治者的示意下,在盛京沈阳集会。会上以林丹

清朝时期的蒙古王公蜡像(摄于呼伦贝尔都统府)

汗之子额哲等为首，拥戴皇太极为蒙古大汗正统的继承权，并奉上"博格达彻辰汗"（宽温仁圣皇帝）尊号。皇太极接受尊号，建国号为大清，改元崇德。不久鄂尔多斯济农所部以及曾为逃避林丹汗的凌压而投奔漠北喀尔喀的察哈尔属部乌珠穆沁、苏尼特、浩齐特等鄂托克也率部归附清朝。这样，在清兵入关以前，漠南蒙古的绝大部分已纳入清朝的统治之下，为清军入关，奠定了牢固的基础。

7. "布尔尼事件"

察哈尔部归顺清朝后，察哈尔汗后裔受到皇太极的优厚待遇，在漠南蒙古四十九旗之中被给予了特别的地位。然而察哈尔汗裔对自己沦为清朝皇室的臣仆还是很不甘心的。1662年，林丹汗长子额哲因病去世，其弟阿布奈袭为亲王，马喀塔格格续嫁阿布奈。但是，阿布奈对其先人的耻辱耿耿于怀，长达八年"不一朝请"，对于清朝公主为自己所生的儿子也不亲自抚养，连皇帝赏赐礼物时，都"不亲身一问"。这种无视皇权的行为，终于让康熙皇帝不能容忍，1669年他被拘押于盛京沈阳。阿布奈有两个儿子，长子布尔尼，次子罗不藏，清廷命布尔尼继承亲王位，统领察哈尔。由于阿布奈的拘禁，布尔尼对清廷更加仇视，表面上表示恭顺，心里却

布尔尼起事

仍然图谋伺机报复，有朝一日复辟蒙古大汗之权。

1673年11月，南方爆发了吴三桂等人掀起的"三藩之乱"。为了镇压叛乱，清廷在蒙古地区也调动了人马，其中包括察哈尔部的大量人马被调往内地打仗。这样，一时京城空虚，布尔尼乘机与其弟罗不藏筹备举事反清，派人联系宣府的察哈尔左翼官兵，还与阿杂里喇嘛、僧额浑津、察哈尔都统晋津、副都统布达里等十余人密谋约定于1675年3月25日起事。布尔尼的行动被下嫁到察哈尔的长史辛柱公主察觉后密报给清廷。康熙帝为了制止察哈尔布尔尼的事变发生，派遣侍卫塞梭到义州，以议事为名，召布尔尼、罗不藏入京。布尔尼知其为计，拒绝赴京，并扣留了塞梭。随后，布尔尼向各旗蒙古王公发出起事通知，号召他们一同参加反清起义。然而，响应布尔尼号召的只有奈曼旗札萨克郡王札木禅和喀尔喀右翼旗的公垂扎布。3月25日，布尔尼亲王、罗不藏等人率领数千人的察哈尔起义队伍直奔张家口，准备与调驻宣府的察哈尔左翼四旗的大臣绰尔济、一等侍卫阿达、参领舒什兰会师。但是，这三人不敢与清廷对抗，而察哈尔左翼四旗官兵不顾绰尔济的阻拦，在宣府哗变，毁长城边墙，去投布尔尼亲王队伍。3月27日，这支义军到达张家口以北，夺取清朝御马场的马群后挺进张家口。

这时，清廷为讨伐布尔尼，临时召集北京城的满洲、蒙古八旗所有随从和家奴，发给武器，以多罗信郡王鄂扎为抚远大将军、大学士图海为副将军的数万人队伍出征镇压察哈尔起义。在出征途中，图海为增强这支队伍的图财欲望和战斗力，每到一地，就命令他们大肆抢劫，快到察哈尔境内时，又以察哈尔自元朝以来积聚的金银财宝不计其数，谁抢到就归谁并能富贵终身等说辞来鼓动利诱鼓舞士气。4月22日，图海的队伍推进至达禄时，布尔尼亲王在山间设埋伏。图海指挥队伍猛烈攻击，布尔尼亲率义军利用火器抗击。图海的队伍冲破了布尔尼的阵地。布尔尼又两次组织人马反击，但势单力薄，没能抵挡住图海的连续进攻，都统晋津投降，公垂扎布逃走，亲王布尔尼和罗不藏等带领三十余骑突围，前往扎鲁特旗境内。此时，科尔沁和硕额附沙津奉清廷之命率领五旗兵马到扎鲁特旗的贵

张家口古战场

勒苏特地区，包围了布尔尼兄弟。罗不藏台吉是沙津的妹夫，因此沙津企图通过他招降其兄布尔尼，但没有成功，沙津最后将布尔尼、罗不藏兄弟二人用箭射死。不久，清廷也绞死了阿布奈。这样，布尔尼事件不足两个月就以失败告终。

8. 清朝统治蒙古的盟旗制度

清廷对蒙古各部的统治，自镇压了察哈尔部布尔尼举事反清事件之后，就基本确立了对蒙古的统治办法，在蒙古地区逐步推行了盟旗制度。盟旗制度的建立，彻底改变了蒙古几百年来一直维持的万户制度。清廷借鉴清朝八旗制，把原来蒙古左右翼六万户、科尔沁万户、卫拉特四部等蒙古各部分成了互不统领的若干蒙古八旗，对蒙古实行了分而治之的政策，这就大大缩小了蒙古各部领主的权利和领地范围。其目的是一方面防止蒙古王公贵族势力坐大，影响清廷对其统治，另一方面又削弱了蒙古内部的联合，达到在蒙古地区维护和巩固其有效统治的目的。

喀喇沁札萨克王爷府大堂（摄于喀喇沁王府）

清朝文官官服上的补子（摄于科尔沁博物馆）

清朝政府设置专门管理蒙古事务的"理藩院"，并根据蒙古各部归附清廷的先后时间和效忠朝廷的程度，把蒙古分为"内属蒙古"总管旗、"外藩蒙古"札萨克旗和喇嘛旗三大类蒙古旗的行政编制，并在"外藩蒙古"札萨克旗举行会盟制度，这一套管理办法称为盟旗制度。

内属蒙古是指在蒙古地区建立的不设札萨克的旗，旗之上不设盟，旗由清廷派驻的将军、都统和大臣直接管理，"官不得世袭，事不得自专"，旗内设由朝廷直接任命的总管、副总管等官员，由将军等直达理藩院，因此这些旗也叫总管旗。总管旗一般都有反叛朝廷的历史，或者是边远地区归附朝廷时间比较晚的蒙古部落，朝廷往往不信任这些部落的原有首领，罢免他们或委以虚职。总管旗包括察哈尔八旗、归化城土默特二旗，以及游牧于热河、呼伦贝尔等地的一些旗。此外，在伊犁、塔尔巴哈台、科布多等地的厄鲁特、扎哈沁、明阿特等部，以及西藏的达木蒙古，都属于总管旗。他们分属察哈尔都统、热河都统、绥远城将军、归化城副都统、乌里雅苏台定边左副将军、科布多参赞大臣、库伦办事大臣、青海西宁办事大臣等官员管辖。另外，在新疆境内的各部蒙古则统于伊犁将军辖下。

外藩蒙古实行札萨克制度。按照此种形式，旗是基本行政组织，也是军事单位。每旗设札萨克一人，管理旗务，因此这些旗也叫札萨克旗。札萨克的选任一般都是原部落首领或该部授有爵位的贵族出任，他们的札萨克职务可以世袭。旗札萨克的顶戴、官服、补子与内地一、二、三、四品官相同。旗下设佐、苏木，其长官叫佐领（苏木章京），承办编审户丁、征收税银、征调人夫，也负责调解民事纠纷等事宜。旗之上设盟，各盟初定每年会盟一次，后改三年一会。届时，清廷派出钦差大臣亲临盟会，并参与检阅军队、审阅各旗丁册、军备和审理狱讼。盟有盟长、副盟长，亦称大札萨克，由理藩院挑选盟内札萨克或闲散王公，奏请皇帝任命而成。外藩蒙古分内、外札萨克。漠南蒙古六盟四十九旗称"内札萨克"，故称内蒙古。余外各盟旗统谓"外札萨克"。内外之别或以地域划分，或以归附之先后，或以亲疏之程度，有其政治含义在内。外札萨克各旗多地处边疆或民族杂居区，清朝政府基于加强国防和镇压人民反抗的需要，规定除阿拉善和额济纳二旗外，所有"外札萨克"没有兵权，兵权分别掌握在乌里雅苏台定边左副将军、科布多参赞大臣、伊犁将军和西宁办事大臣手中。

喇嘛旗的设置是这样的：清廷深知喇嘛教对维护其统治具有特殊作用。因此，对喇嘛教采取扶持与限制相结合的政策，对宗教界的高级喇嘛诸如达赖、班禅以及哲布尊丹巴（外蒙古喀尔喀部宗教领袖）和章嘉呼图克图（漠南内蒙古宗教领袖）等倍加崇敬，以此统治蒙古各部落，

即兴黄教的目的是安抚蒙古部众。在行政建制上，在喇嘛徒众比较集中的地区或有重要喇嘛首领居住的区域内设立喇嘛旗，任命喇嘛为札萨克，在管辖范围内有行政、司法和税收之权。清朝在蒙古地区设有七个喇嘛旗：库伦旗、哲布尊丹巴呼图克图旗、额尔德尼第达呼图克图旗、扎雅班第达呼图克图旗、青苏珠克图诺们罕旗、那鲁班禅呼图克图旗、察汉诺们罕旗等七旗。

清朝统治者在蒙古各部设旗的同时，颁布法令，禁止蒙古各旗越界往来，禁止蒙古人与内地汉民进行经济文化交流。盟旗制度使蒙古族人民不能越旗游牧、耕种及往来、婚嫁。内、外札萨克之间，特别是蒙、汉人民之间的接触更在禁止之列。盟旗制度对稳定蒙古社会秩序起过一定作用，但是从根本上妨碍了蒙古族的进步和发展，使蒙古各部听命于朝廷。

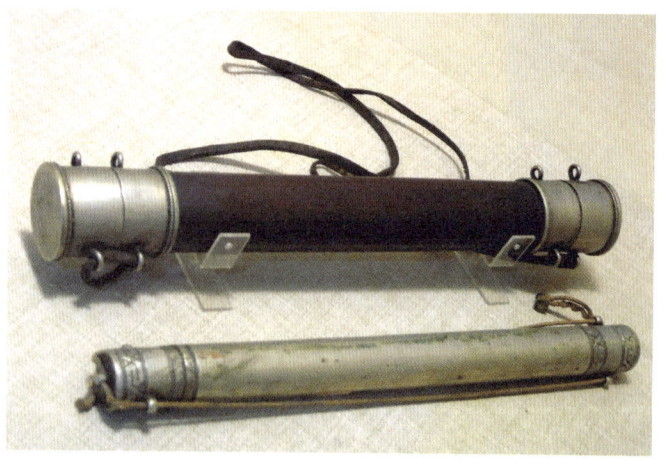

札萨克王府的传信筒（摄于科尔沁博物馆）

二、察哈尔各鄂托克（旗）沿革和概况

北元时期，察哈尔本部有8个鄂托克组成，统称察哈尔8部，明人称之为"八大营"。按《蒙古源流》出现的顺序排列则为：呼拉巴特、克什克腾、浩齐特、敖汉、察罕塔塔尔、奈曼、札固特、克木齐古特等鄂托克。到了北元中后期，乌珠穆沁、苏尼特也成了察哈尔部的成员，说明经过分化、改组的察哈尔8部的成员又有新的演变。

察哈尔8部与清代所设的察哈尔总管八旗完全不同，察哈尔8部各鄂托克由黄金家族的台吉统领。其中，只有浩齐特由大汗统领，其余的或属大汗的弟侄，或属达延汗之子斡齐尔博罗特台吉、格埒博罗特等人的后裔统领。察哈尔总管八旗是清廷把林丹汗兵败后的残部和布尔尼举事失败后的残部组编到一起，以满洲八旗的组织形式组成的蒙古八旗，完全剥夺了黄金家族的统治权，由清廷委派的旗总管统领。是平时生产，战时打仗的军事、生产、是行政合一的蒙古八旗，直接为清廷服务。

16世纪中期，当蒙古右翼以阿勒坦汗为首的军事力量向东方发展的时候，蒙古左翼察哈尔万户和喀尔喀万户中的内喀尔喀的军事力量，在达赉

悠扬的马头琴述说着察哈尔的历史（摄于内蒙古博物馆）

逊库登大汗统率下，向东南方迁移到兀良哈三卫驻牧地区。以鄂托克名称流传下来的有浩齐特、苏尼特、乌珠穆沁、敖汉、奈曼、克什克腾，其他鄂托克以及属于察哈尔的众多的部名到北元末期、清朝初期都消失了，例如呼拉巴特、察罕塔塔尔、札固特、克木齐古特等。

17世纪20年代后的北元末期，林丹汗强权用武力吞并蒙古各部时，因为策略失误，把自己的部属推向了敌方。起初，他把察哈尔8部和右翼土默特、鄂尔多斯中的很多部民据为己有，扩大了自己的力量，使其部众多达10几万（这部分部民是日后清察哈尔八旗的基础）。而克什克腾、敖汉、奈曼、浩齐特、苏尼特、乌珠穆沁等部首领因与林丹汗不和而弃林丹汗纷纷出走，脱离了察哈尔万户。其中敖汉、奈曼两部于1627年，克什克腾部于1634年先期投奔清廷。浩齐特、苏尼特、乌珠穆沁也为躲避战乱而北走漠北喀尔喀部，后来这3部的浩齐特、乌珠穆沁于1637年，苏尼特于1639年也返回漠南归附清廷。清朝对蒙古的统治采取分而治之和分化拉拢的手段，对于与林丹汗不和并附清朝的这6部实行外藩蒙古内札萨克旗制予以安抚。其中把克什克腾、敖汉、奈曼3部编入当时的昭乌达盟，又把浩齐特、苏尼特、乌珠穆沁3部编入当时的锡林郭勒盟，此后，上述察哈尔的6鄂托克已经脱离察哈尔部成为清朝时期独立的蒙古部落。

北元时期的察哈尔部民（摄于科尔沁博物馆）

1632年林丹汗战败，1635年其子额哲降附后金后，封额哲为亲王爵位，将其部众编为札萨克旗后安置在义州边外。1673年察哈尔部首领布尔尼起兵造反，兵败后清廷废止了察哈尔部的王公札萨克旗制，改为总管旗制，将布尔尼的察哈尔遗众从义州迁徙到宣化、大同边外安置，按照满洲八旗建制，设置左右两翼八旗。清廷在组建察哈尔八旗的同时，把其他蒙古部众以苏木形式安插在察哈尔八旗内，其中有巴尔虎、喀尔喀、额鲁特等部众，使后来的察哈尔八旗包含了更多其他蒙古部落的成分。到了清朝中后期，察哈尔部就特指察哈尔八旗了，已经排除了北元时期察哈尔8部的克什克腾、敖汉、奈曼、浩齐特、苏尼特、乌珠穆沁等6部。但是这个事实是由于清廷的干涉结果，从此改写了蒙古族的部落历史。

下面就察哈尔部各鄂托克的演变叙述如下：

1. 清朝时期划入昭乌达盟的原察哈尔部三鄂托克

(1)克什克腾部

"克什克腾"蒙古语"怯薛"之意，蒙古帝国时，克什克腾是大汗的卫戍部队，分班轮流值勤。护卫军成员是来自万户长、千户长的子弟，任务繁重，待遇很高。这一制度一直延续到北元末，克什克腾对北元大汗忠贞不二。达延汗统一蒙古各部后，将该部分封给第六子斡齐尔博罗特，隶属察哈尔中央万户。北元后期（达赉逊库登大汗执政时期）游牧于今西拉木伦河一带。清末在古北口外，至京师810里。东西相距334里，南北相距357里。东为翁牛特及巴林，西为浩齐特及察哈尔正蓝旗牧厂，南为翁牛特，北为乌珠穆沁。后该部成为博迪阿拉克汗时期的五大营之一，林丹汗时期的八大营之一。该部积极维护蒙古正统大汗的权威。1634年林丹汗去世，其子额哲降清，才由其领主沙喇勒达率部归顺清朝，成为漠南最后一个降清的部落。1652年沙喇勒达受清廷札萨克一等台吉之位，始建克什克腾旗，隶属昭乌达盟，驻牧于今内蒙古自治区赤峰市克什克腾旗境内。

克什克腾旗现属内蒙古赤峰市，位于赤峰市西北部。东与林西县、翁牛特旗相邻，南与赤峰市松山区和河北省围场县相连，西部和北部与锡林郭勒盟多伦县、锡林浩特市、西乌珠穆沁旗接壤，面积20673平方公里。总人口247505人（2000年），其中蒙古族28036人。旗人民政府驻经棚镇。民国初年设经棚县，1948年改为克什克腾旗至今。

该旗地处大兴安岭山脉南端与七老图山结合部,地势西高东低。西拉沐伦河发源于西部并横贯全境。属大陆性气候。年平均气温2～4℃,年降水量250～500毫米,无霜期60～130天。

经济以林、牧为主。有20多种矿产资源,其中铁、铝、锌、锡储量较大。水资源丰富,达里诺尔是自治区著名的淡水湖,热水塘温泉是赤峰市

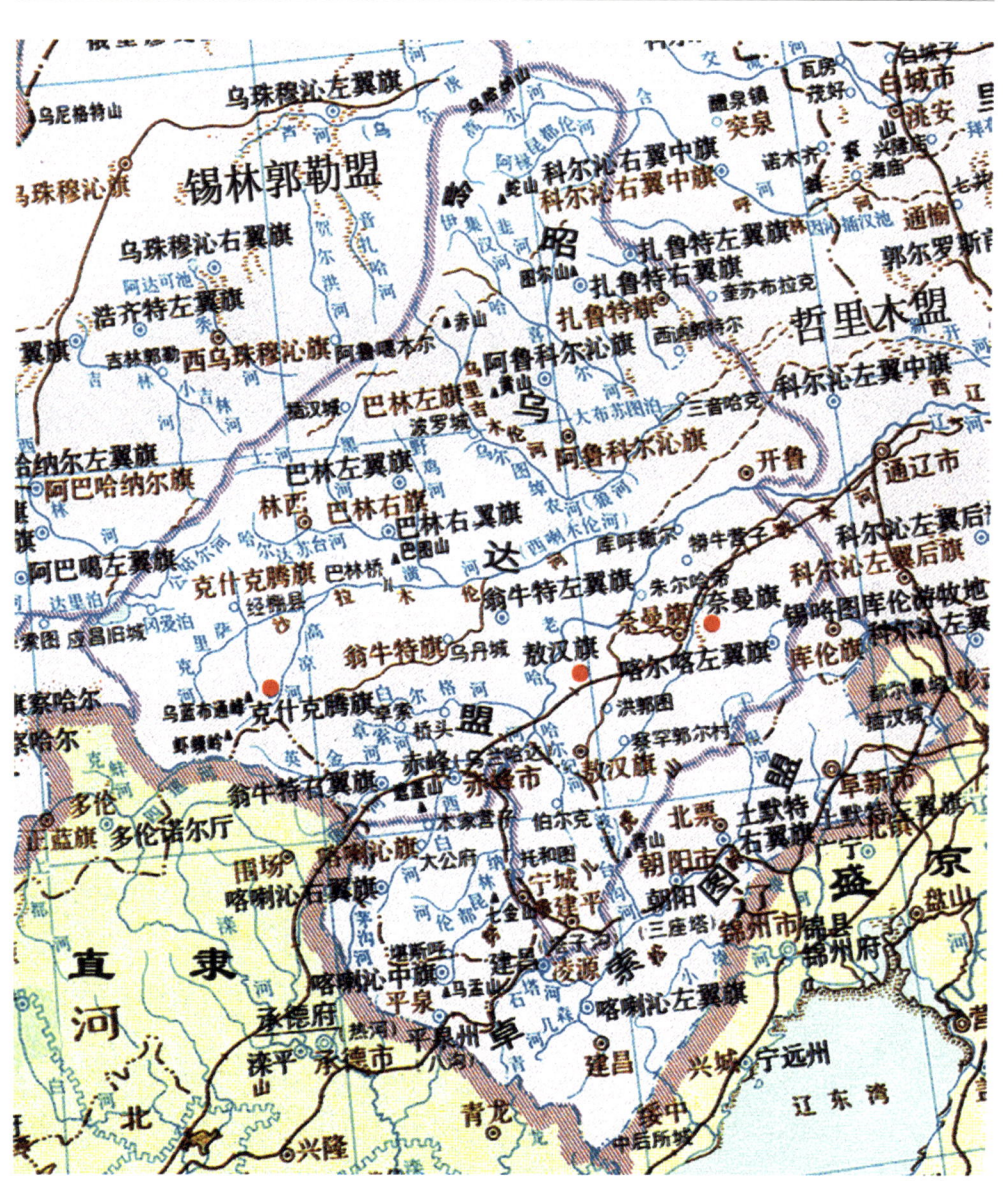

清朝昭乌达盟全图(源于《中国历史地图集》)

克什克腾旗地图（源于内蒙古测绘网）

三大地热资源之一。全旗境内有集通铁路、省际大通道、303国道、306国道以及纵横交错的苏木、乡级公路。

旅游资源十分丰富。在北大山地区有花岗岩石林、黄岗梁地区有第四纪冰臼遗迹、还有达里诺尔火山群和温泉等地质地貌景观，是国家地质公园。另外还有著名的贡格尔草原、达里诺尔湖、沙地云杉、黄岗梁林海、百岔岩画、乌兰布统古战场等名胜古迹，构成了独具特色的草原生态、地质旅游景观。

(2)敖汉部

"敖汉"为蒙古语"力"、"权力"、"年长者"之意。拖雷长子蒙哥大汗，人称"兀干王"，他的一支亲军很有名，称兀干王亲军。这支亲军的番号逐渐演变成"敖汉"。敖汉部原为达延汗第七子格埒博罗特领有，后来，博迪汗之弟纳密克之次子贝玛土谢图的长子岱青杜楞掌管该部，后传于子索诺木杜

索诺木杜棱像

敖汉旗地图（源于内蒙古测绘网）

棱。敖汉部是察哈尔万户八大鄂托克之一。当年敖汉部的驻牧地，位于距义州（今辽宁省义县）西边墙约400里的地方。敖汉部经常在义州西边墙的大康堡地方同明朝进行互市贸易。岱青杜楞统率下的敖汉部，拥有部众5000余骑，实力比较强大。该部驻牧范围是，先在义州西大康堡，后移老哈河，经常活动于大凌河流域。

1627年（后金天聪元年），林丹汗对察哈尔内部进行了兼并战争，此举引起了各部的不安,敖汉部上层开始与后金发生联系,并劝林丹汗与后金讲和,遭到林丹汗的拒绝,还被林丹汗视为降附后金的领头羊。敖汉部领主索诺木杜棱无奈举部降清,1648年(清顺治五年)被清廷册封为札萨克多罗郡王爵位并世袭,遂建立敖汉旗。

敖汉旗 现属内蒙古赤峰市,位于赤峰市东南部。东邻通辽市奈曼旗,南连辽宁省朝阳和北票两市,西与赤峰市松山区、辽宁省建平县相连,北与翁牛特旗隔老哈河相望。面积8294平方公里。总人口593830人(2000年),其中蒙古族29112人。旗人民政府驻新惠镇。

在历史上,辽代时南部属中京大定府,北部属上京临潢府。元朝时属大宁路管辖。北元时期先为内喀尔喀部驻牧,后为察哈尔万户敖汉部牧地,1636年(清崇德元年)建敖汉旗。1937年另建新惠县。1949年新惠县并入敖汉旗。

南部是绵延的奴鲁尔虎山,中部为丘陵地带,北部是沙漠平原区。属大陆性气候。年平均气温6.4℃,年降水量310～460毫米,无霜期147天。境内主要河流有老哈河、教来河、孟克河等,属西辽河水系。

敖汉旗以农业为主。全旗现有耕地面积270万亩。粮食品种主要有玉米、高粱、谷子、水稻、小麦和杂豆等,是国家商品粮基地。是敖汉细毛羊的产地。敖汉人民坚持治山治水植树种草,被联合国环境规划署授予"全球500佳环境奖",被国家授予"再造秀美山川先进旗"称号。旗内交通便利,京通铁路横贯东西,国道111线和305线交叉从新惠镇通过。

(3)奈曼部

奈曼部是一个古老的部落,史称"乃蛮","粘八葛"、"乃亦木德"、"耐曼"等。是13世纪活跃在蒙古高原上的乃蛮部演变过来的,其

奈曼旗王府

首领在成吉思汗时代是"太阳汗"。奈曼部人原居乞儿吉斯地区,辽代时移牧于阿尔泰山和杭爱山之间。其经济和文化比较发达,很早使用文字,早在13世纪以前已经形成为国家类型的集团。据称,"奈曼"一词是数量"八"的意思,因其内分8部而得名。早期的史料多以"乃蛮"二字出现,清初开始使用"奈曼"的写法。1204年乃蛮部被成吉思汗所征服。太

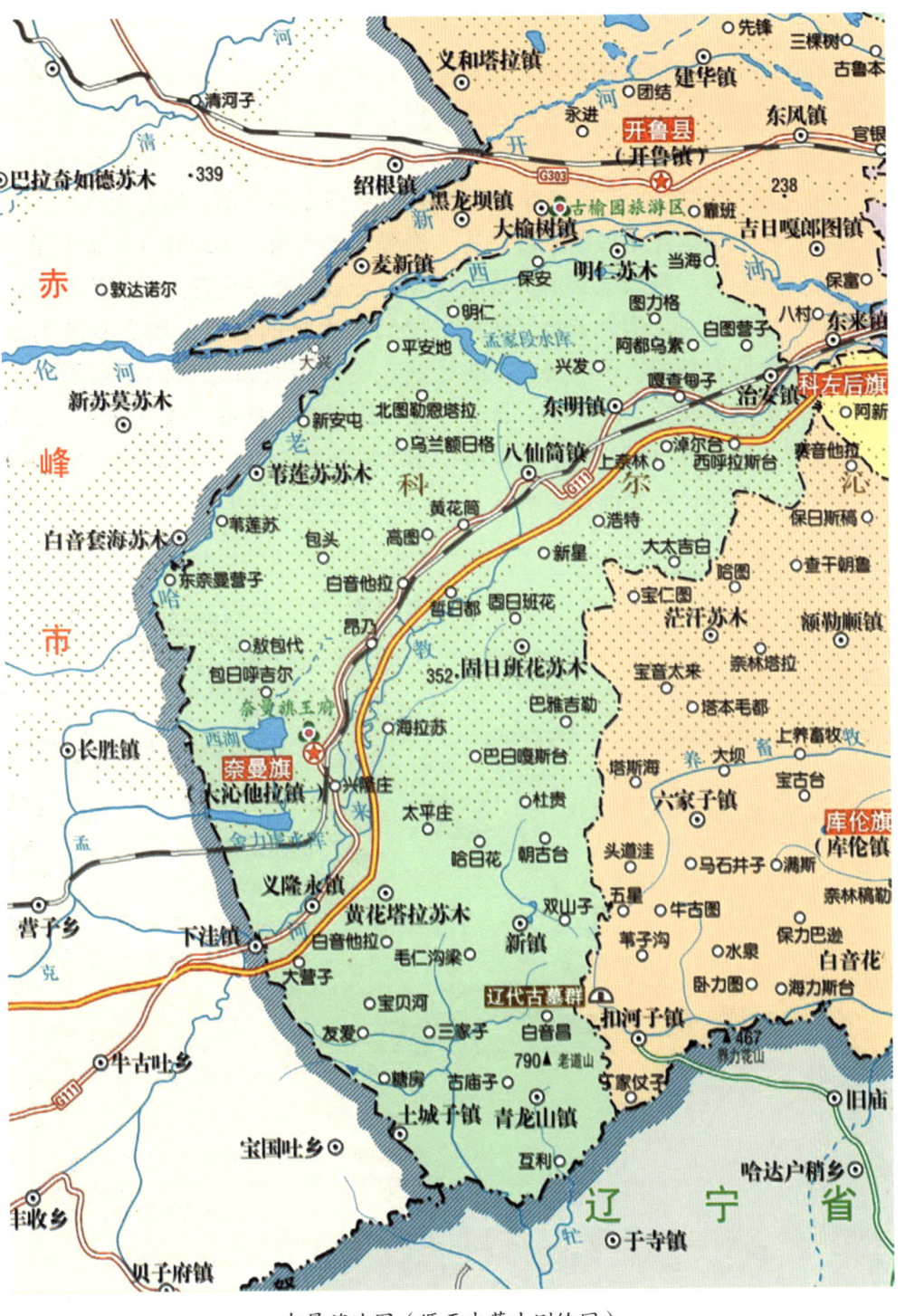

奈曼旗地图（源于内蒙古测绘网）

阳汗之子屈出律逃奔西辽，篡夺西辽政权自立为王。1218年被哲别、速布台所灭。乃蛮部一部分属民被融合在蒙古民族中，成为奈曼部。

北元初期乃蛮部游牧在瀚海北杭爱山一带，达延汗中兴蒙古后，其长子图鲁博罗特，带领该部由杭爱山迁徙游牧通过瀚海，南渡老哈河驻扎下来。图鲁博罗特的次子纳密克，纳密克之子贝玛土谢图生有二子，长子岱青杜楞，统领敖汉部，次子额森伟徵，统领奈曼部。奈曼部是察哈尔万户8大鄂托克之一，拥有部众5000余骑。额森伟徵之子衮楚克统领奈曼部时，北元末代大汗林丹汗对察哈尔内部进行了强行兼并，同时入侵科尔沁、内喀尔喀等部，所行无道，引起奈曼等部不满。1627年（后金天聪元年），衮楚克率全部人马归附后金，受到皇太极的嘉奖。赐之牧地为潢河、老哈河合流之南岸。东界科尔沁，南界东土默特，西界敖汉，北界翁牛特，宽95里，长220里。1634年（后金天聪八年），又明确划定奈曼

清朝锡林郭勒盟全图（源于《中国历史地图集》）

部界。1636年（清崇德元年），依据衮楚克多年的功勋，清朝皇帝皇太极赐授予札萨克多罗达尔罕郡王的爵位，世袭罔替。在奈曼旗札萨克治理旗政的300年中，曾有12世16人世袭多罗达尔罕郡王爵位，充任了旗札萨克职务。

奈曼旗现属内蒙古通辽市，位于通辽市西南部。东接库伦旗，南至辽宁省北票县和阜新蒙古族自治县，西连赤峰市敖汉旗、翁牛特旗，北邻开鲁县。面积8120平方公里。总人口428712人（2000年），其中蒙古族154385人。旗人民政府驻大沁他拉镇。

古时为鲜卑之地。唐属营州都督府。辽金时为兴中府北境。北元时为蒙古所据，后为察哈尔万户奈曼部驻牧之地。清初设奈曼札萨克旗。

自然地貌是南部属低山丘陵，中部为风成沙地，北部为冲积平原。河流有老哈河、西辽河、教来河等。属大陆性气候。年平均气温7.4℃，年降水量360毫米，无霜期140天。

奈曼旗属于半农半牧地区。其中耕地218万亩，天然草牧场150万亩，林地431万亩。畜牧业是奈曼旗的传统产业。享有"绵羊之乡"的美称。粮食作物以玉米、高粱、谷子、小麦、马铃薯等为主。矿产资源丰富，主要有：麦饭石、石灰石、大理石等。111国道、京通铁路横贯全境，通辽至赤峰高速公路从境内经过。

旅游资源独特，各朝代遗迹等约有300余处。奈曼西湖、舍力虎、孟家段水库成为人们旅游、休闲、娱乐的圣地。

2．清朝时期划入锡林郭勒盟的原察哈尔部三鄂托克

(1)浩齐特部

"浩齐特"一词含意是天长日久。达延汗长子图鲁博罗特由杭爱山迁徙游

当年的浩齐特草原（摄于锡林郭勒草原）

牧到瀚海南，他的儿子博迪继承北元大汗位，后来博迪汗又把大汗位传于他的三子达赉逊库登，浩齐特部就是达赉逊库登汗所属鄂托克。另一说，达延汗之后，浩齐特部划给他的七子阿尔博罗特，阿尔博罗特的长子纳楚台吉和次子头喇台吉二人共同治理浩齐特部族。后人认为浩齐特又称"好陈察哈尔"，即旧察哈尔。在蒙古历史上，由于封建世袭关系的中断，导致某一部的领属关系的变迁，是屡见不鲜的事。因而，浩齐特部从最初达延汗第七子阿尔博罗特领有的鄂托克，后又隶属于达延汗长子图鲁博罗特后裔达赉逊库登汗的变化是完全可能的。但是浩齐特部在北元时期历来都是由大汗直接统辖的鄂托克。

达赉逊库登汗以后，察哈尔万户举部东迁，领有浩齐特鄂托克的图们汗同他的9个儿子，都驻牧于今辽宁省北镇县的正北边一带。当时，图们大汗的大帐设于今辽宁省的松岭山脉北边的阿力素地区。在松岭山脉之南，是图们汗叔父埃塔必和其诸子的驻牧地，他们的驻牧地的东南端，距离明朝广宁卫约有700里。埃塔必有10个儿子，其中以长子阿穆岱洪台吉和幼子宫图台吉最著名。他们兄弟10人，拥有部众万骑。宫图台吉的驻牧地位于最南端，其牧地的东南边距锦州西边的边墙约有500里。宫图台吉经常率领部众前往锦州西边墙的大福堡地方，同明朝进行互市贸易。

1632年，林丹汗征服西部蒙古右翼三万户后，受到后金皇太极所率联军的攻击。乌珠穆沁部多尔济济农与其叔额尔德尼台吉也因与林丹汗不和，率部投奔了漠北喀尔喀万户。苏尼特部素塞巴图鲁济农、浩齐特部策凌伊尔登、阿巴嘎部都思噶尔济农各率所部，也投奔了漠北喀尔喀万户。

1637年，浩齐特部在其领主博罗特额尔德尼的率领之下归附清朝。1646年（清顺治三年）博罗特额尔德尼被封为札萨克多罗贝勒，保留额尔德尼号。1650年（清顺治七年）晋升为札萨克多罗郡王，世袭浩齐特左翼旗札萨克。从此浩齐特成为旗名。

浩齐特左翼旗辖域相当于今锡林浩特东北和东乌珠穆沁旗、西乌珠穆沁旗西部各一部分地区。旗札萨克府原驻在图力格胡都嘎王爷庙。1914～1928年（民国三年至民国十七年）属察哈尔特区，1929～1933年（民国十八年至民国二十二年）归绥远省管辖，1934～1944年归属伪蒙疆自治政府。1949年2月中共内蒙古锡林郭勒盟工委决定将乌珠穆沁左翼旗、乌珠穆沁右翼旗、浩齐特左旗合并为东部联合旗，旗政府驻地为乌珠穆沁右翼旗乌兰哈拉嘎庙（现在的西乌旗乌兰哈拉嘎苏木）。1956年7月，撤销东部联合旗建制，分设为东、西乌珠穆沁旗至今。

(2)苏尼特部

苏尼特部是蒙古族早期的部落之一,历史悠久。早在公元8世纪时,已经出现在历史舞台上,当时居住于贝加尔湖南部地区,与巴尔虎、布里亚特等部为邻。"苏尼特"一词的来历有三种解释,一说:苏尼特部落是从北部蒙

苏尼特王府(摄于德王府)

古高原腹地迁来,日行夜宿而得名,"苏尼"指夜,"特"指数量词,表示多;二说:"苏尼特"来源于"苏尼古奇"(古时音:苏尼古德)一词,意为好奇。据说此部落的人好奇心强,善于猎奇;三说:据《蒙古秘史》记载,1206年成吉思汗将整个蒙古汗国分为东西两翼,把人口按兵力划分为十、百、千、万为单位,以十进位方法,共分为95个千户,命名95名立功将领,论功行赏时,把苏尼特首领格鲁根巴特尔排在第五位,为此可以看到苏尼特部落在历史上蒙古汗国时期的重要地位。据历史文献记载第三种解释更接近事实,但仍需考证。达延汗重新统一蒙古各部后,其长子图鲁博罗特之子,是北元大汗博迪,博迪汗之子库克齐图所率领的部众就是苏尼特鄂托克,属察哈尔中央万户八鄂托克之一。

北元初期,苏尼特部落从蒙古高原中部迁徙到南部,即现在的张家口以北地区。达延汗时期,苏尼特部驻牧于南起现阿巴嘎旗库尔查干淖尔北

苏尼特查干葛根纪念馆

到杭盖戈壁,东起浩齐特部西到现在四子王旗的广阔地域。林丹汗时期,因后金侵占北元而无法统领全部蒙古,只能管理察哈尔万户,当时西部右翼三万户不服管制,东部科尔沁、喀喇沁归附后金,政权不稳定。林丹汗征服右翼三万户时,察哈尔部的乌珠穆沁、浩齐特、苏尼特等鄂托克弃林丹汗转而投奔漠北蒙古喀尔喀部,苏尼特部由素塞巴图鲁济农统领,迁址到杭盖地方。苏尼特部于1627年迁往杭盖时已分为左翼、右翼两部。库克齐图有两子,长子为布延珲,次子为布尔海,由布尔海之子塔尔巴海领苏尼特左翼,另由布延珲之子绰尔衮领苏尼特右翼。苏尼特部左右两翼到清朝时最终成为苏尼特左右两旗。

1634年,林丹汗去世后,他的夫人和儿子额哲归附后金,献传国玉玺,从而整个察哈尔部归清朝管辖。1637年,苏尼特左翼首领塔尔巴海之子腾机思与清朝取得联系,并于1639年9月26日经过清朝政府同意建立苏尼特左旗,实行札萨克旗制。《清史稿》载:"天聪九年,其济农叟塞、贝勒滕吉思来朝,后封叟塞郡王,主右翼,滕吉思弟滕吉泰郡王,主左翼,袭封。"从1639年至1946年共约十七代郡王统治了苏尼特左右两旗。

现今的苏尼特蒙古人主要分布在内蒙古锡林郭勒盟苏尼特左旗、苏尼特右旗和二连浩特市,两旗一市共有蒙古族人口为51000多人。

苏尼特左旗现属内蒙古锡林郭勒盟,位于锡林郭勒盟西北部。东连阿巴嘎旗,南接正镶白旗、镶黄旗、正蓝旗，西邻苏尼特右旗、二连浩特市，北靠蒙古国，国境线长316.51公里。面积33469平方公里。总人口38337人（2000年），其中蒙古族人口21280人。旗人民政府驻满都拉图镇。秦汉时为上谷郡属地。金属西京路。元归兴和路。北元为察哈尔部苏尼特部驻牧。清初设苏尼特左旗。

地形南北较高，地貌包含平川、丘陵、戈壁滩等，为荒漠草原和半荒漠型草原。有其古勒干、努古斯等季节性河流。属大陆性气候，干旱少雨。年平均气温3.3℃，年降水量139毫米，无霜期130天。

苏尼特左旗地图（源于内蒙古测绘网）

经济以牧业为主,可利用草场3.09万平方公里。主要畜种有牛、马、骆驼、羊。这里盛产苏尼特蒙古羊,历来是宫廷供品。野生动物资源丰富,有天鹅、大鸨、灰鹤、鸿雁、苍鹰、野鸭、百灵鸟、狐狸、獾、狼、黄羊、盘羊、狍子、旱獭、猞猁、野兔等。矿产资源有石油、煤炭、铁、钨、黄金、石灰石、芒硝、云母、水晶、原盐等三十几种矿产储藏。有101省道、309省道横过境内,并有6条公路通往各苏木。

旗内有查干敖包庙遗址、红格尔的古岩画、昌图锡勒的毕其格图哈达、宝德尔楚鲁石林、恩格尔河等历史古迹和游览之地。这里恐龙化石丰富,1987年在赛汗高毕苏木发掘出完整巨大的恐龙化石。

苏尼特右旗 现属内蒙古锡林郭勒盟,位于锡林郭勒盟西部。东邻苏尼特左旗、镶黄旗,南接乌兰察布盟察哈尔右翼后旗、商都县,西接乌兰察布盟四子王旗,东北靠二连浩特市,北至蒙古国,国境线长75.05公里。面积26700平方公里。总人口78287人(2000年),其中蒙古族人口24003人。旗人民政府驻赛汉塔拉镇。清初设苏尼特右旗。

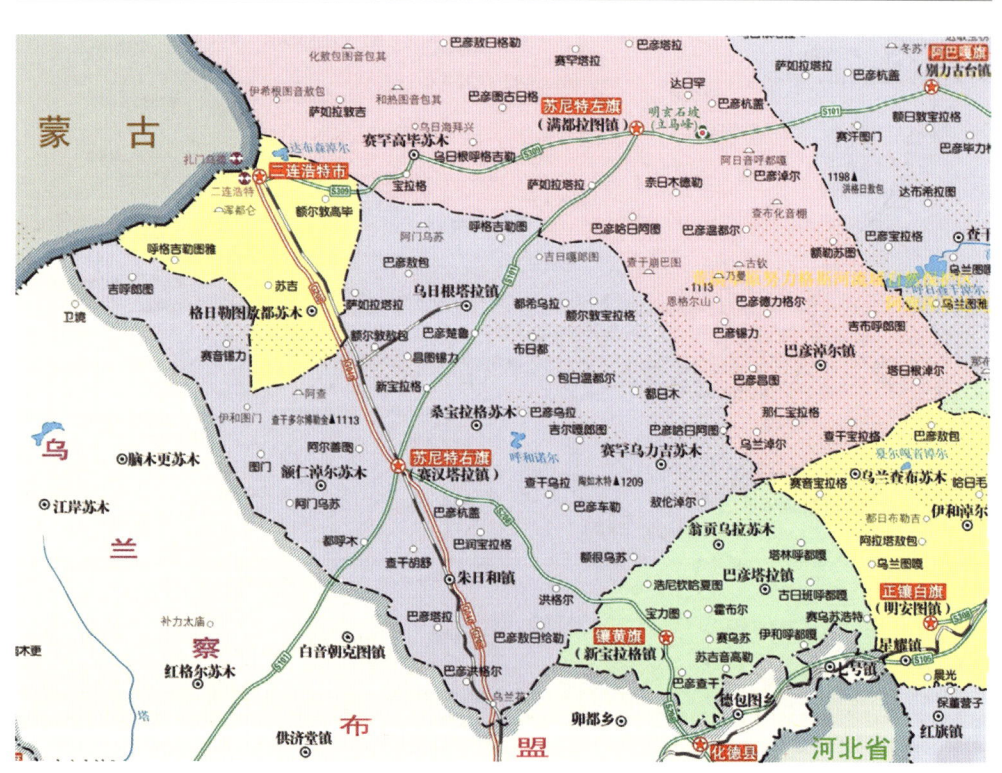

苏尼特右旗地图(源于内蒙古测绘网)

乌兰牧骑广场（摄于赛汉塔拉镇）

苏尼特右旗地貌为古湖盆地上升而形成剥蚀高原。南高北低，有高原、平原和丘陵等，部分地区为巴嘎腾格里沙漠。有季节性河流和湖泊。属大陆性气候。年平均气温4.6℃，年降水量181毫米，无霜期130天。全年盛行西北风，是国内最佳的风能区。

苏尼特右旗是以畜牧业经济为主农业为辅，有天然牧场3873.4万亩。牲畜品种主要有牛、马、羊、骆驼等。粮食作物有小麦、莜麦、马铃薯等。野生动物资源有大鸨、灰鹤、鸿雁、苍鹰、野鸭、百灵鸟、狐狸、獾、狼、黄羊、盘羊、狍子、旱獭、猞猁、野兔等。矿藏资源丰富，主要有石油、铁、铜、金、锰、碱、芒硝、蛇文岩、萤石等。交通便利，有集二线铁路纵贯旗境，101省道和208国道横亘全旗。

境内遗留的名胜古迹较多，主要有温都尔庙（曾为德王府）、陶高图庙、毕鲁图庙、毛登庙等28处古寺庙遗址。另有100多公里长的成吉思汗边墙、通往大库伦的两条古路遗迹、青铜器时代的德勒哈日壁画、元代阿拉坦图满古墓群以及查干淖尔恐龙化石区等。

(3)乌珠穆沁部

乌珠穆沁部是蒙古民族古老的部落之一，原属卫拉特部的一个分支，"乌珠穆沁"系蒙古语，译为"摘葡萄者"。据历史记载，乌珠穆沁部落早在13世纪就生活在新疆北部与蒙古国接壤的阿尔泰山脉葡萄山一带。故得此名。北元时期，漠北的蒙古部族之间发生纷争，阿尔泰山脉乌珠穆沁部人被迫南迁漠南。他们看中了大兴安岭以西、宝格达山以南的这片风水宝地，即在此驻牧下来。达延汗中兴蒙古各部后，其长子图鲁博罗特在16世纪由杭爱山迁徙游牧到大戈壁南，达赉逊库登汗时期，大汗命其三弟翁衮都喇尔统领乌珠穆沁部。并沿用此名称。乌珠穆沁

蒙古博克圣地塑像（摄于西乌珠穆沁旗）

部，成为察哈尔中央万户八鄂托克之一。

翁衮都喇尔统领乌珠穆沁部后，在政治舞台上曾经十分活跃，几乎参加了北元图们汗组织的所有军事活动。17世纪，林丹汗征服右翼三万户后，察哈尔部林丹汗遭后金攻击时，乌珠穆沁部首领翁衮都喇尔之子多尔济与林丹汗不和，察哈尔部的乌珠穆沁与浩齐特、苏尼特等鄂托克弃林丹汗转而投奔漠北蒙古喀尔喀部，多尔济率乌珠穆沁部迁到克鲁伦河一带驻牧。1637年在多尔济、孙子色棱等率部归顺清朝。1641年多尔济授札萨克和硕亲王职位，掌管右翼旗；1646年色棱授札萨克多罗贝勒，掌管左

翼旗。左翼扎萨克王爷驻扎在今乌拉盖河畔的奎苏陀罗海（今乌拉盖苏木东北）。两旗隶属于锡林郭勒盟，驻牧于今内蒙古自治区锡林郭勒盟东北部一带，直到民国年间。1945年东乌珠穆沁旗6个苏木北迁蒙古国，两年后驻牧于蒙古国道尔诺特省克鲁伦河附近未归。原东乌珠穆沁旗只剩下今天的乌拉盖、额仁高比等两个半苏木人口。新中国成立后，在此成立了东部联合旗（乌珠

东乌珠穆沁旗地图（源于内蒙古测绘网）

穆沁右翼旗、乌珠穆沁左翼旗和浩齐特右翼旗），1956年分设为东乌珠穆沁、西乌珠穆沁两个旗，西乌珠穆沁旗约一半人口、地域并入东乌珠穆沁旗。

东乌珠穆沁旗属内蒙古锡林郭勒盟，位于该盟东北部，大兴安岭西麓。东接通辽市霍林郭勒市、扎鲁特旗和兴安盟科尔沁右翼中旗、科尔沁右翼前旗，南靠西乌珠穆沁旗、锡林浩特市，西连阿巴嘎旗，北邻蒙古国，国境线长528.88公里。面积47554平方公里。总人口87477人（2000年），其中蒙古族50110人。旗人民政府驻乌力雅斯太镇。辽代为上京道乌古迪烈统军司所辖。金代设

置临潢府路庆州大盐泺群牧司。元代属岭北行省济南王部管辖地。清初设乌珠穆沁左旗。1949年归东部联合旗。1956年设东乌珠穆沁旗。

地处内蒙古高原中部，大兴安岭西麓。地势北高南低，由东向西倾斜，北部是低山、丘陵，南部是盆地。境内河流均属内陆水系，河流有乌拉盖河、那仁河、阿尔苏巴拉河、巴音罕盖河、铁门高勒等，有大小湖泊107个。属北温带大陆性气候，年平均气温0.7℃，无霜期116天，年降水量254毫米。

东乌珠穆沁旗是自治区重要的畜牧业基地之一。草原面积2.9万平方公里。畜品种有驰名中外的乌珠穆沁肥尾羊和草原红牛。乌拉盖河盛产芦苇。额吉淖尔盐池是自治区三大盐湖之一，有石油、煤炭等矿产资源。野生动物有黄羊、狐狸、旱獭、獾子等。交通以公路为主，通往邻近旗市。有国际一类陆路口岸——珠恩嘎达布其口岸，是继满洲里、二连之后连接欧亚大陆桥的

东乌珠穆沁旗库伦庙（摄于乌力雅斯太镇）

桥头堡。

东乌珠穆沁旗蒙古族文化传统保持的比较好，其中蒙古族民歌长调唱法被入选首批国家级非物质文化遗产名录。蒙古民族的传统博克（蒙古式摔跤）在全国享有盛名。东乌旗登记在册的国家级健将就有28人，位居内蒙古

自治区之首。

西乌珠穆沁旗 现属内蒙古锡林郭勒盟,位于锡林郭勒盟东部。东临通辽市扎鲁特旗、赤峰市阿鲁科尔沁旗、巴林左旗,南连赤峰市巴林右旗、林西县、克什克腾旗,西接锡林浩特市,北临东乌珠穆沁旗。面积22960平方公里。总人口73509人(2000年),其中蒙古族47576人。旗人民政府驻巴彦乌拉浩特镇。春秋战国时期是东胡地。元代属岭北行省济南王管辖。清初设乌珠穆沁右旗。1949年属东部联合旗管辖。1956年从东部联合旗划出,改称西乌珠穆沁旗。

地处内蒙古高原东南部,大兴安岭山脉的西北麓。由山脉、丘陵、沙漠、草甸、平原组成。境内河流有14条,其中主干流7条,大小湖泊326处。属中温带大陆性气候,春季风多易干旱,夏季温热降水不均匀,秋季凉爽霜雪降临比较早,冬季长而寒冷冰雪覆盖草场时间长。年平均气温0.9℃,年降水量300毫米,无霜期110天。

西乌珠穆沁旗地图(源于内蒙古测绘网)

经济以畜牧业为主,是内蒙古自治区重要畜牧业基地。全旗可利用草场面积达1.59万平方公里。牲畜以牛、马、羊为主,有著名的草原红牛、北京黑白花奶牛、乌珠穆沁肥尾羊和内蒙古细毛羊等优良品种。野生动物资源有鹿、狐狸、盘羊等。矿产资源丰富，有煤、铁、镍、铅、锌、钛、钨、银、锰、大理石、萤石、石油等。交通以公路运输为主，有307省道和204省道。

近年来草原旅游事业迅速发展，昔日以"游牧为生，逐水草而居"的乌珠穆沁部蒙古族人民，正以崭新的姿态屹立在丰美、辽阔的大草原上，以自己勤劳的双手、聪明的才智和朴实无华的精神风貌建设着美丽的草原，以交通便利、风景优美、民风淳朴为荣，正在敞开她宽阔的胸怀欢迎来自八方的宾客。

3. 清朝时期组建的察哈尔八旗

察哈尔八旗是清廷强加给察哈尔部的产物，察哈尔八旗的建立彻底改变了察哈尔部8大鄂托克的传统体制，剥夺了黄金家族对察哈尔部的统领权，使察哈尔八旗成为清廷戍边和生产的组织。其形成可以分为两个阶段。

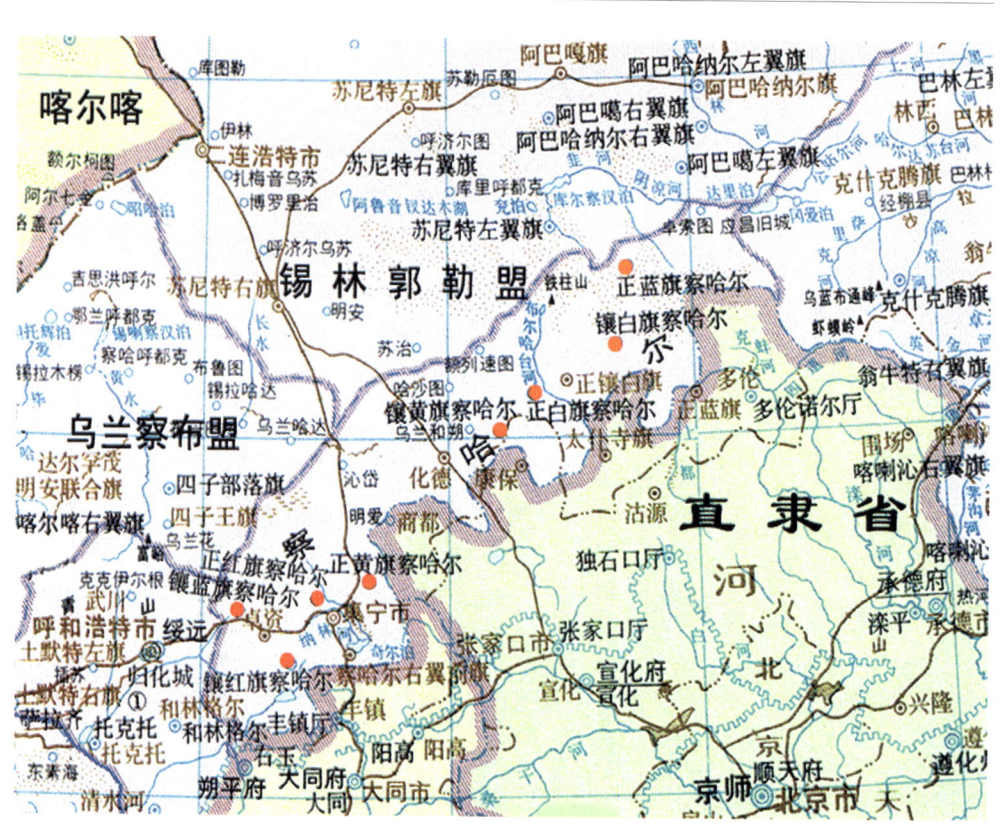

清朝察哈尔八旗地图（源于《中国历史地图集》）

元上都遗址（摄于正蓝旗）

蒙古大汗的直属部落

察哈尔部

第一阶段，1636年（清崇德元年）清廷内宏院大学士希福、蒙古衙门承政尼堪、塔布囊达雅齐等奉命前往已经归附清廷的额哲属下察哈尔部稽查户口，建立旗制。经过多次稽查、调整，将原察哈尔八部分建为若干个札萨克旗（其中浩齐特、苏尼特、乌珠穆沁尚未附清）。将部改编为旗时，原察哈尔部被拆散、分割或分别并入他旗，或将蒙古其他部众安插于察哈尔各旗内，这里包括原林丹汗时期被清军俘获的部众和察哈尔部流落的部众。随着旗的建立，原来部界的范围也被全部打乱，按照新建的旗重新划定了驻牧范围。

第二阶段，1675年3月（清康熙十四年），察哈尔部布尔尼、罗不藏兄弟二人乘"三藩之乱"起义反清。清廷镇压了布尔尼起义之后，废止了察哈尔部的王公札萨克旗制，改为总管旗制，结束了黄金家族对察哈尔部的统治。清廷对察哈尔部甚为担心，便把原驻牧地义州收回，"犁其牧地为牧场，归内务府太仆寺管辖，移其余众到宣化、大同边外驻牧"，按满洲八旗建制，设置左右两翼察哈尔八旗。将察哈尔编为左、右翼各四旗。并将归降的喀尔喀、额鲁特编成佐领归其管辖，其驻地根据《大清一统志》记载："东至克什克腾界；西至归化城土默特界；南至太仆寺左右翼、镶黄旗、正黄旗各牧场及山西大同府、朔平府边界；北至苏尼特及四子部落界。袤延千余里。……其镶黄、正黄、正红、镶红四旗驻张家口外，正白、镶白、正蓝三旗驻独石口外，镶蓝一旗驻杀虎口外。" 察哈尔八旗左翼为镶黄、正白、镶白、正

镶黄旗地图（源于内蒙古测绘网）

蓝四旗，这四旗就演变成现在的锡林郭勒盟镶黄旗、正镶白旗、正蓝旗和太仆寺旗，右翼为正黄、正红、镶红、镶蓝四旗，是现在乌兰察布市的察哈尔右翼前旗、察哈尔右翼中旗、察哈尔右翼后旗的前身。

察哈尔八旗每旗设总管、副总管各一人，按照满洲八旗之例，随人数设佐领、骁骑校、护军校、亲军校、捕盗等官员，由在京蒙古都统管理，成为清廷的直辖领地。1761年（清乾隆二十六年），设察哈尔都统一人，驻扎张家口，总理察哈尔八旗事务，设副都统二人，分管察哈尔左右两翼。以此来加强对察哈尔部的控制，进一步削弱其势力。所编定后的察哈尔八旗与漠南蒙古49个札萨克旗不同，"官不得世袭，事不得自专"。察哈尔八旗在宣化、大同边外编定后，清廷又用"冲淡"、"掺砂"的办法陆续把巴尔虎、喀尔喀、额鲁特、乌拉特、茂明安等部零散部众编成数佐，安插于察哈尔八旗内，以此来加以分化、瓦解富有反清传统的察哈尔部。

为了满足军队、皇室、王公大臣马匹、肉食、乳制品等的需要，清廷从察哈尔八旗中抽出部分牧民编成游牧八旗，隶属于几个大牧厂，分别隶属于上驷院、庆丰司、兵部和太仆寺管领。除上述设置的游牧区外，总管旗的土地还用于驻军、屯田。男性壮丁，平时要负担清皇室或官府的劳役、充当牧丁，战时服从主管都统、将军、大臣的调遣出征，或到所需要的驻军营地、要塞、卡伦等地承担兵役。在清代乾隆年间，居住在张家口外的察哈尔八旗蒙古的一部分西迁新疆，屯垦戍边，形成了今天的新疆察哈尔部蒙古族。

在清朝蒙古察哈尔八旗组建以来的两百多年间，察哈尔八旗传承了蒙古察哈尔文化传统，并为祖国边疆的开发、国家的统一、反对列强和帝国主义的侵略作出了突出的贡献而载入史册。

(1)现属内蒙古锡林郭勒盟的原察哈尔左翼四旗

镶黄旗位于锡林郭勒盟西南部。清初设旗时以镶黄边旗帜的颜色命名。北部地处浑善达克沙地西南边缘，东接正镶白旗，南和西连乌兰察布市化德县、商都县，北邻苏尼特右旗。面积4960平方公里。总人口27334人（2000年），其中蒙古族16435人。旗人民政府驻新宝拉格镇。原为清代八旗之一，是为皇室提供兵马的地方。1960年与化德县合并，1963年又分开。

地貌以低山丘陵为主，北部有沙漠，地势南高北低，平均海拔1322米。气候干旱，年平均气温3℃，年降水量260毫米，无霜期128天。

镶黄旗经济以畜牧业为主。草原面积4400多平方公里。牲畜品种有蒙古牛、内蒙古细毛羊、蒙古大尾羊、白绒山羊、蒙古马、蒙古双峰驼。农作物主要有小麦、莜麦、谷子、糜黍、马铃薯和胡麻等。野生动物资源有狐狸、野兔、獾子、蛇和20多种鸟类。境内矿产资源有金、银、铜、铁、钨、煤、花岗岩、高岭土、石英石、石灰岩、萤石等，石油储量远景可观。集通铁路、东西大通道、208省道途经镶黄旗境。

镶黄旗具有悠久的历史和浓厚的民族特色，曾为"皇室牧场"，专门为皇室饲养和供应战马及牛、羊。鸿格尔敖包旅游景区景观独特，天然杜松林面积位列国内前列。境内有古边墙和多处庙宇遗址。

正镶白旗位于锡林郭勒盟西南部。地处浑善达克沙地的南缘。东

正镶白旗地图（源于内蒙古测绘网）

与正蓝旗毗邻，南与太仆寺旗和河北省康保县为界，西与镶黄旗和乌兰察布市化德县相交，北靠苏尼特左旗。面积6229平方公里。总人口64836人（2000年），其中蒙古族19195人。旗人民政府驻明安图镇。汉时为上谷郡北境，唐为单于郡护府辖地，辽为西京倒塌岭节度使司南境，元代为皇室（黄金家族）领地，北元为察哈尔万户牧地。1653年清廷设察哈尔蒙古八旗正白旗、镶白旗。1914年属民国察哈尔特区，1936年属伪蒙疆察哈尔盟，1945年建立了人民政权，1949年3月正白旗、镶白旗两旗合并为正镶白联合旗。1956年改为现名。

正镶白旗中南部为低山丘陵草原，北部为浑善达克沙地一部分。有汗海尔罕山和宝日嘎斯台河。属大陆性气候，年平均气温1.9C，年降水量360毫米，无霜期110天。

经济以牧为主农牧业结合。牲畜品种有蒙古牛、西门塔尔牛、黑白花奶牛、内蒙古细毛羊、蒙古大尾羊、白绒山羊、蒙古马、蒙古双峰驼。农作物有小麦、莜麦、马铃薯、谷子等。动物资源有狍子、黄羊、蒙古兔、狐狸、百灵、云雀、草原雕、天鹅等。矿产资源有铁、铜、金、银、铅、锌、云母、萤石、石英沙、水晶、碱、盐、煤、石灰岩、花岗石等。本旗交通便利，集通铁路横贯南部，公路有省际东西大通道、308省道等。

正镶白旗历史悠久，景色宜人，物产丰富，人杰地灵。历史上孕育了多位历史文化名人，其中有18世纪杰出的科学家明安图，著名藏学家、蒙古文学、历史、历法学家罗布生朱力图木等。

正蓝旗位于锡林郭勒盟南部。东接赤峰市克什克腾旗，南邻多伦县、太仆寺旗、河北省沽源县，西靠正镶白旗，北连阿巴嘎旗、锡林浩特市。面积9963平方公里。总人口72520人

18世纪杰出的科学家明安图雕像（摄于明安图镇）

（2000年），其中蒙古族26866人。旗人民政府驻上都镇。1256年兴建了开平府，为元朝的夏都。明朝设立过开平卫指挥使司，后北元察哈尔部驻牧。1675年，林丹汗孙布尔尼举兵反清，兵败后清廷将察哈尔部分余部编入正蓝旗。本旗因旗帜是蓝色而得名。民国时归察哈尔省管辖。1945年解放，1956年形成现行政区域。北部为浑善达克沙地，南部为低山丘陵。水资源丰富，有大小河流21条，湖泊有宝沙岱、扎格斯台等147个。属大陆性气候。年平均气温1.5℃，年降水量300毫米，无霜期104天。

全旗畜牧业发达，有草场1472万亩。内蒙古细毛羊和草原红牛为主要畜牧品种，另有扎格斯台牛、上都高勒良种马等。主要农作物有小麦、薯类等。珍禽有百灵鸟、天鹅等。主要矿藏有萤石、石灰石、碱等。交通便利，207国道南北贯穿，304省道东西向通过，北部有集通铁路通过。

1980年，内蒙古自治区政府确定

正蓝旗地图（源于内蒙古测绘网）

太仆寺旗地图（源于内蒙古测绘网）

以正蓝旗的察哈尔蒙古语口音为中国蒙古语音标准，蒙古语基础标准音的确立，对于开展蒙古语教学、科研、广播、电视，繁荣发展蒙古语言文字具有重要意义。

正蓝旗有着悠久的历史和灿烂的文化，这里曾是大元王朝的龙兴之地，元世祖忽必烈在这里建立了草原城市元上都，在世界及中国的历史上占有重要的地位。这里是蒙元文化的发祥地，是察哈尔民俗文化的典型代表。独特的区位优势，便利的交通条件，璀璨的历史文化，为正蓝旗带来了丰富的旅游资源和开发机遇。

太仆寺旗位于锡林郭勒盟南部。西北与正镶白旗接壤，东北与正蓝旗相连，东南与河北省沽源县交界，西与河北省康保县毗邻，面积3415平方公里。总人口173481人（2000年），其中蒙古族5080人。旗人民政府驻宝昌镇。太仆寺是清朝中专管皇帝御马和全国畜牧的机关。金代属昌州。元初隶宣德府。明代为蒙古游牧地。清朝初期在这里设察哈尔左翼牧群，专为皇宫提供驭马和肉食等畜产品。民国初期建太仆寺左旗。1925年设宝昌县。1936年太仆寺牧群改为太仆寺左旗。1956年太仆寺左旗与宝昌县合并为现在的太仆寺旗。

太仆寺旗地处阴山山脉东段的低山丘陵区，地势起伏不平，坡缓而谷宽。有黑渠山和巴音查干淖日、乌兰淖日等湖泊。属大陆性气候。年平均气温1.4℃，年降水量350毫米，无霜期90至126天。

经济以农牧结合、农业为主的经济类型区，有耕地11.7万公顷，主要粮食作物有小麦、莜麦、马铃薯、蚕豆、豌豆、大麦、胡麻、菜籽等。是全区油料重点生产基地之一。主要畜种有蒙古马、蒙古牛、草原红牛、黑白花牛、内蒙古细毛羊、北京黑猪、呼白猪等。野生动物品种有野兔、狼、野鸡、狐狸、獾子、狍子及近百种鸟类。境内矿产资源丰富，已开发的有黄金、钨、萤石、石灰石等，进一步探明待开发的金属矿有银、铜、锡、镍、钴、铅、铀等，非金属矿类有硅石、钾长石、大理石、白云母、氟石、玛瑙、天青石、雕刻用玉石等。交通以公路为主，207省道纵贯旗境。

宝昌是锡林郭勒盟商业重镇，是南部五旗县的客货集散地。

(2)现属内蒙古乌兰察布市的原察哈尔部右翼三旗

察哈尔右翼前旗位于乌兰察布市

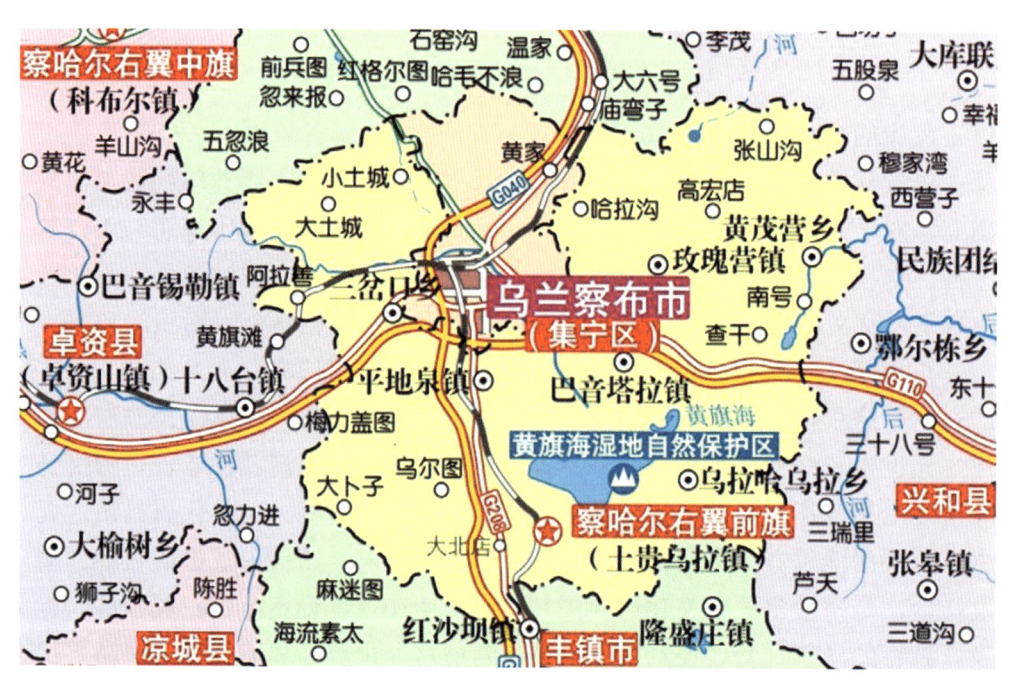

察哈尔右翼前旗地图（源于内蒙古测绘网）

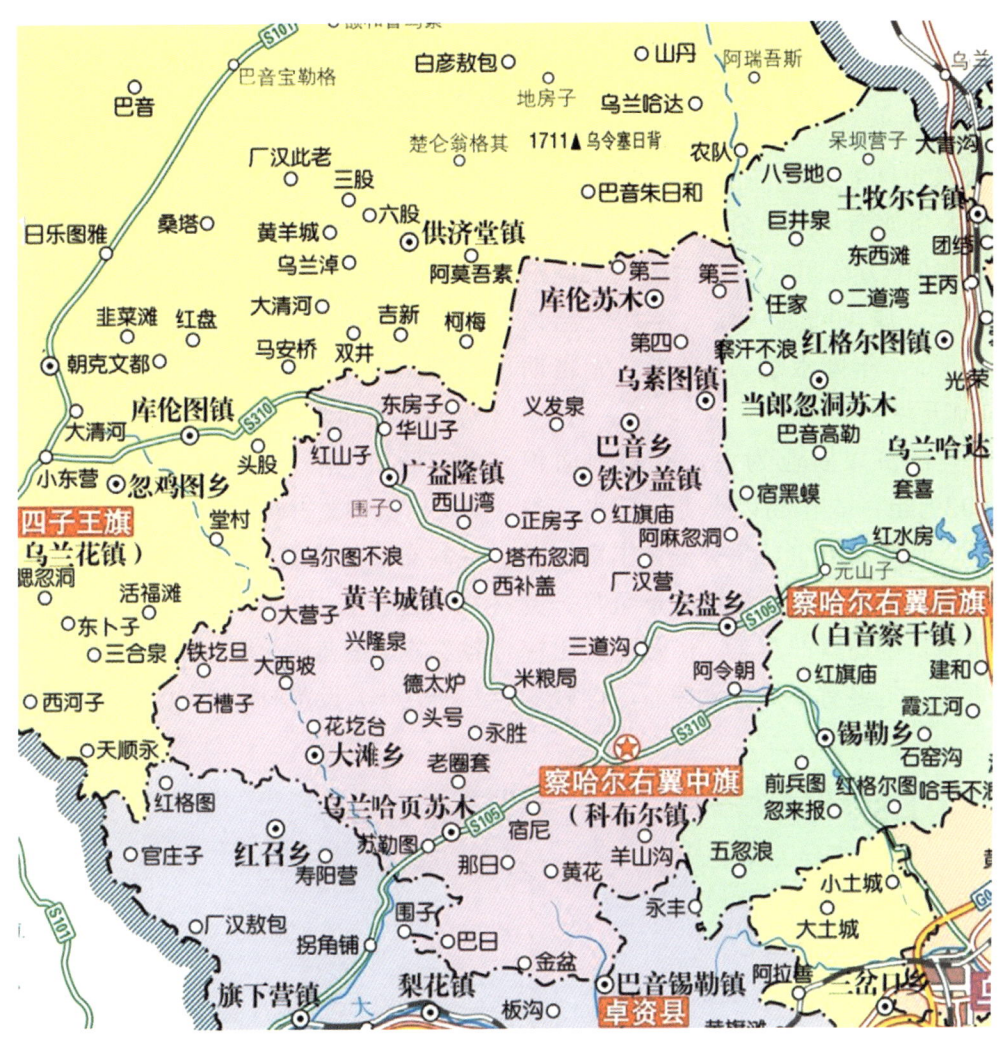

察哈尔右翼中旗地图（源于内蒙古测绘网）

中南部。东接兴和县，南邻丰镇市，西邻卓资县，北连察哈尔右翼中旗，中间环绕集宁区。面积2733.8平方公里。总人口213346人（2000年），其中蒙古族4663人。旗人民政府驻土贵乌拉镇。明末清初是察哈尔部游牧地。清初编为察哈尔正黄旗。民国年间隶属绥远省。1948年解放，1949年成立正黄旗，政府设在八苏木（现巴音塔拉乡）。1950年成立中心旗，正红，正黄，镶红，镶蓝合署组成联合旗。1954年以正黄旗为基础组建察哈尔右翼前旗。1957年撤销集宁县，其大部分地区划入本旗。

全旗地貌整体为一盆地，属浅山丘陵区，东、西、南三面多山，中为辽阔的冲积平原。主要山脉有岱青山、大脑包山、灰腾梁、琵琶梁等。河流分为内陆河黄旗海水系和外陆河永定河水系，主要内陆河有霸王河。黄旗海是全旗最大的湖泊，面积达110平方公里，是自治区八大湖泊之一。属大陆性气候，年均气温为4.5℃，年降水量376毫米，无霜期131天。

经济以农业为主，有耕地面积132万亩。农作物以小麦、莜麦、谷子、马铃薯为主。鱼类资源丰富，有青海湟鱼、鲤鱼、鲫鱼、草鱼等。黄旗海周围还盛产芦苇。矿藏资源比较丰富，主要有云母、大理石、硅砂、方解石、高岭黏土、褐煤、浮石、石英沙等，京包、集二铁路、集宁丰镇高速公路、208省道均穿过旗境。

境内有古城、古墓等文物古迹多处。1981年发现距近约900年的完整契丹女尸。

察哈尔右翼中旗 位于乌兰察布市中部。东连察哈尔右翼后旗，南接卓资县，西和北与四子王旗接壤。面积4259平方公里。总人口170207人（2000年），其中蒙古族3232人。旗人民政府驻科布尔镇。秦汉时属云中郡，明为大同边外蒙古牧地。清为察哈尔右翼镶红旗、镶蓝旗北境。1903（清光绪二十九年）设置陶林厅，1912年改厅为

辉腾锡勒草原风力发电群（摄于辉腾梁）

陶林县。1954年撤销陶林县和镶红镶蓝联合旗，合并成为现在的建制。

地处阴山山脉北麓，地势南高北低。东部、中部为滩川相间的丘陵区，南部为灰腾梁，西部为大青山山地，北部为滩地，地势平坦。主要河流有丁计

河、黑山子河等。属大陆性气候。年平均气温1.3℃，年降水量300至400毫米，无霜期90～100天。

经济以农业为主，可耕地面积160万亩。主要农作物有小麦、莜麦、大麦、马铃薯、胡麻、油菜子为主。畜牧业经济占一定比重。野生动物有狐、狍、獾、野兔、鼠类、鸿雁、百灵、丹顶鹤、山鹰等30多种。矿产资源丰富，砂金贮量大，此外还有银、铁、铜、锰、水晶、石棉、石英、钾长石、大理石花岗岩、萤石、石墨等。风电资源丰富，在辉腾锡勒草原上竖立了数百座风力发电机，景观十分壮丽。105、305、310省道通过本旗。

辉腾锡勒旅游区是全国著名的高山草甸草原旅游区。集北方草原的雄浑与南方山水的秀丽于一体。既有一望无际、绿草如茵的天然草原、风景秀丽的白桦林、雄峰挺立的奇石、飞泉流瀑的黄花沟，又有火山湖群构成的九十九泉，还有元代开国大将窝阔台点将台、历代留下的烽火台、长城边堡，景色极为壮观。

察哈尔右翼后旗位于乌兰察布市中北部。东与商都县、兴和县接壤，南与察右前旗、卓资县毗邻，西与察哈尔右翼中旗、四子王旗交界，北与锡林郭勒盟苏尼特右旗相连。面积3910平方公里。总人口168128人（2000年），其中蒙古族8563人。旗人民政府驻白音察干镇。秦汉时为雁门郡的徼外地。明为蒙古察哈尔部。清为正红、正黄两旗的北部。民国年间归绥远省。1949年并入绥东四旗中心旗。1954年将正红旗、正黄旗、陶林县、集宁县各析一部分置察哈尔右翼后旗。

地处大青山北麓。北部丘陵起伏，中部地形平坦，西南部高山绵亘。主要山脉有灰腾梁山、韩勿拉山、阿贵庙山、大小卓资山等。河流有霞江河、丹岱河、黑河、西泉河等。

有大小湖泊46处。属大陆性气候。年平均气温3.4℃，年降水量320毫米，无霜期112天。

经济以农业、畜牧业为主，有耕地面积110多万亩，主要种植小麦、莜麦、马铃薯、杂粮以及胡麻、油菜籽等经济作物。马铃薯是察右后旗的特产。草牧场面积300万亩。野生动物有狐、獭、兔、百灵、石鸡等。主要矿产资源有：石灰石、浮石、大理石、花岗岩、矿泉水、黄金、铁矿石、黏土、褐煤、钾长石、石墨、芒硝、硅砂、硅藻土、钨矿石、稀土、石英石等。交通方便，集二线铁路纵贯全旗，集通铁路与集二线铁路交会。公路有208国道、东西大通道纵贯全旗。

旅游景点有阿贵乌拉旅游区，主要景观是阿贵庙，始建于公元1669

年（清康熙八年），清康熙皇帝赦名"善福寺"，整体群落坐北朝南，依山傍水，鳞次栉比。山上山下错落有致，远远望去，金碧辉煌，十分壮观。

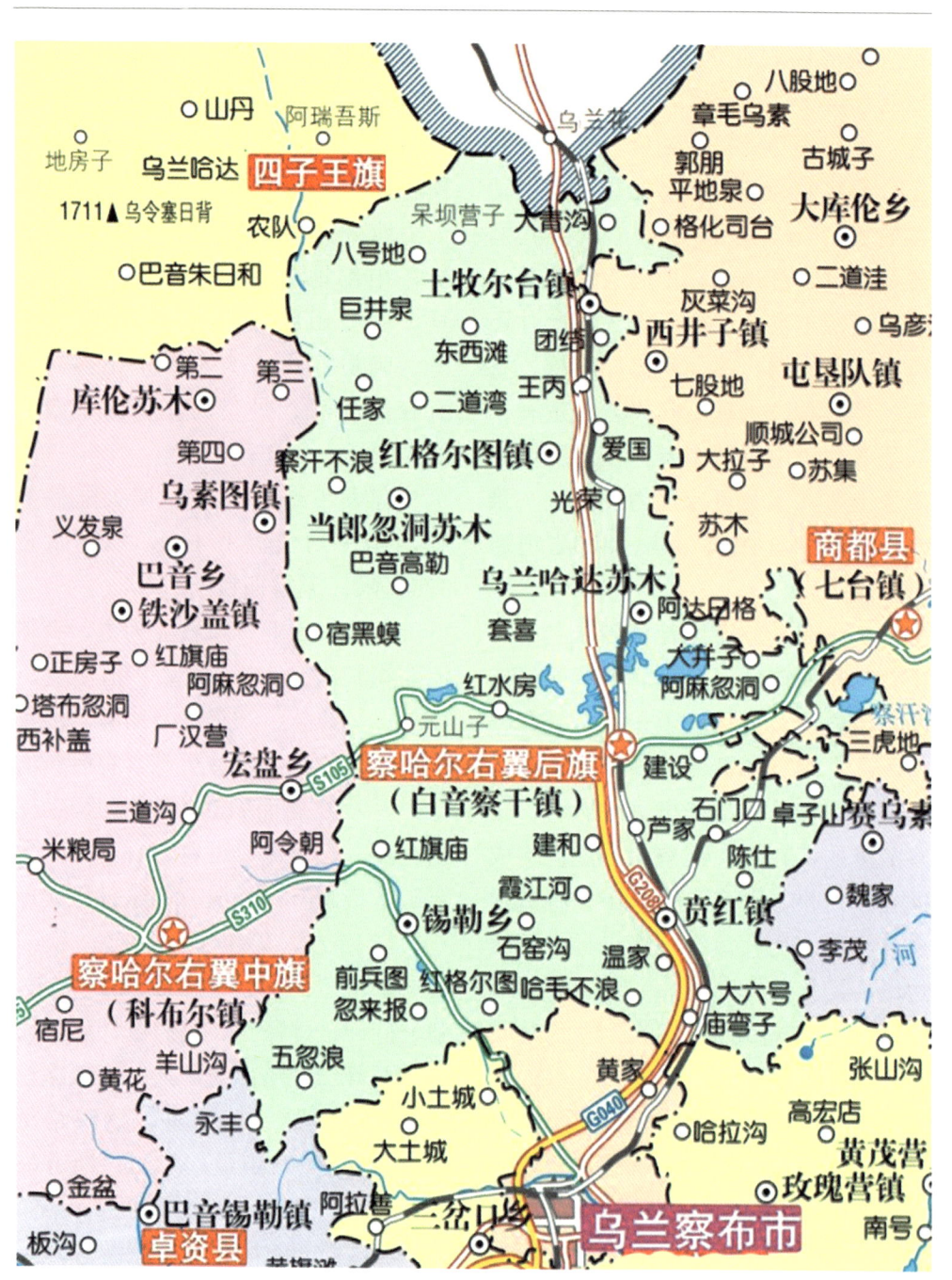

察哈尔右翼后旗地图（源于内蒙古测绘网）

三、察哈尔部蒙古族民俗民风

蒙古族自古以来从事畜牧业，过着逐水草而居的游牧生活，从而形成了具有本民族特点的风俗习惯。但是由于所生息的大草原地域辽阔、居住分散，使各部落之间在礼仪、风俗和习惯等方面也存在着一些差异。由于察哈尔部过去所信奉的宗教是以萨满教为主，随着藏传佛教的不断传入，察哈尔蒙古族的信仰也受到一定的影响。清朝以后巴尔虎蒙古人的迁入又大大地加强了萨满教的统治力量，形成了两教共存，相互渗透的局面。因此，察哈尔在宗教信仰方面也与其他地方不同。另外，由于察哈尔八旗所实行的是总管旗制和特殊的兵役制，这些因素都使察哈尔旗的风俗习惯具有特殊性。

1. 婚姻礼仪习俗

送献提亲哈达

男子到了成婚年龄，家长要向物色好的姑娘提亲时，要邀请一位与女方父母有深交而又懂礼节、明事理的人来做媒。媒人带上男方的哈达等礼物向女方父母说明来意，女方家长一般要说一些推托之词。这时媒人将带来的哈达敬献在供奉的佛龛面前，表示庄重，然后告辞。如果女方确实不同意这门亲事，就会在七八天之内退回提亲哈达，倘若同意这门亲事，就不退哈达而等媒人再次到来。

媒人提亲向女方父母献哈达（摄于内蒙古博物馆）

下定亲哈达

献过提亲哈达，根据女方不退哈达的意向，男方让媒人再次登门向女方的父母等长辈们敬献哈达表示订婚，这时女方的家长根据亲属的人数提出还需要的哈达数量。媒人为了尽量减少哈达的数量，经再三恳求才能确定具体数字，然后如数送来。这个过程叫"下定亲哈达"，然后女方把议定的哈达请人一一奉送到亲戚家，以示女儿已经定亲。

订婚酒宴

订婚酒宴是在献过定亲哈达之后，男方再次请媒人向女方家议定婚事应行之礼节、礼品等事宜。这时女方邀近亲在家里举行小型酒宴，共商向男方提出应给的首饰、衣物、礼品等。媒人去女方家时必须携带白酒、哈达、点心、奶食等礼物，向女方家长、亲友问候后女方即设宴款待媒人及亲友。席间共商女方所要之物，还要商定结婚程序和礼品的送交等事宜。

订婚酒宴（网上下载）

择日酒宴

定婚后，男方请先生根据两个孩子的生辰日月，择定举行婚礼的良辰吉

迎亲的队伍来到新娘家接亲（摄于内蒙古博物馆）

日和迎亲者到达的时辰。然后把举行婚礼的日期和迎亲者到达的时辰写在红纸上，请媒人带上哈达和礼物，连日送到女方家。媒人向女方父母等长辈施礼请安，赠送礼物，并把写有完婚日期的红纸放在展开的哈达上，交给姑娘的父亲。女方父母如果没有什么意见，就开始商定迎亲人数等事宜。迎亲者的人数必须是偶数，一般在4到12人之间。

祝福新房仪式

举行婚礼的前一天，男方要设宴招待聘来的迎亲者和前来帮忙的客人，并举行祝福新洞房仪式。该仪式是在新房内把亲友们送的新婚礼品及新娘被褥、家具整理布置完毕后，请祝颂人和新郎、新娘的梳头父母及其他亲友入座，祝颂人将一条丝绢哈达和五彩线吊在房梁正中，用盛在木碗里的奶食少许，涂在房梁等处以示吉祥，并颂祝福词。祝福完毕后则设宴招待。席间新郎向宾客敬酒，来宾相互祝酒，唱歌直到深夜。

姑娘宴

女方的这一天要举行由女方的父母主持的姑娘宴，邀请同乡亲朋的姑娘们（待嫁，年龄相仿的同辈伙伴）来与即将出嫁的女儿一同坐席。席前让女儿穿上新礼服，去掉腰带，穿上靴子，帽子要用绸绢包起来缝好戴上。等众姑娘坐定，女方的母亲端来一碗鲜奶让众姑娘尝过后，便向大家正式宣布姑娘即将出嫁，这时姑娘们顿感忧伤，即刻痛哭流涕起来。向众姑娘献茶，尝过点心后，开始向姑娘敬酒，这时众姑娘向即将出嫁的姑娘献歌：

　　起行上马，请撩起长袍的大襟；

　　遇事处人，要切记快嘴的毛病；

　　缝斜了襟扣儿；

　　万不可让婆婆看清；

　　……

新郎迎亲仪式

　　新郎在迎新前，请即将率领迎亲队伍的正副亲家代表和随行人员（大多是男方家族的女婿）入席，先由新郎父母，然后由新郎本人向大家一一敬酒款待，迎亲队伍出发时，将新郎按礼俗打扮一新。当给新郎佩戴弓箭袋囊时，迎亲祝颂人高声颂唱祝福词：

察哈尔头饰、服饰 源自《蒙古族服饰图鉴》

祝愿吉祥平安,祝愿安乐幸福;
圣主成吉思汗,迎娶聪慧的孛尔贴;
在迎娶皇后起行时,曾经立下此规;
在新郎的袋囊中,装有男子汉宝物神箭;
箭杆是由长在须弥山腰的檀树加工而成,
箭翎是由鸾凤的羽毛制成;
锋利无比的箭头,闪耀着威严光芒;
英雄健儿佩带它,是胆略气魄的象征;
搭扣拉弓如满月,百步穿杨箭如神;
箭速如闪电,射中如雷轰;
出门远行登征程,结伴保平安;
莫道敌人多凶狠,所向披靡无不胜;
射山山石碎,射水水为开;
狩猎虎豹射大雕,穿透咽喉箭箭中;
稀世珍宝好箭功,蒙古健儿人人争;
祝福新郎多吉庆,吉言只向儿婿赠。

新郎佩戴的弓箭袋囊(源于《MONGOLIAN ARTS AND CRAFTS》)

女方嫂子和接亲人双方唇枪舌剑好不热闹(婚礼剧照)

祝福完毕，即给新郎佩带弓箭。尝口鲜奶，欢送新郎起程。乘马的迎亲队伍向女方家进发时，还要牵一匹骏马，作为新娘的骑乘。迎亲的人必须在日出前赶到女方家附近。

新娘方面的婚礼习俗

当迎亲人马走到女方家附近时，众迎亲者便翻身下马围坐在一块，等候娶亲的时间并派两名有经验的人去女方报讯请安，女方立即设宴，由女方亲家代表做好迎接准备，众嫂子和其他人都在院门外等候。众迎亲者来到马桩附近下马后，站在院门外等候的人们故意显出一副不准备欢迎的样子，这时新郎的迎亲代表中走出一位善于辞令者，请安后说："贵方宠爱的姑娘许配给我方英俊的男子为妻，择取今日这个良辰吉时前来迎娶新娘，请接受圣洁崇高的迎亲之礼"。女方嫂子们中选出一位口齿伶俐者代表女方上前询问。

女方提问：
何为崇高圣洁的象征，哪是安乐幸福的吉兆；
这些珍贵的礼物，是给我们姑娘带来的吗？
迎亲者答道：
清晨挤的鲜奶，正当午时凝结；
傍晚时刻的离出，浓郁芬芳的奶油；
众多的礼品礼物，全给新娘带来了。
女方继续问：
要娶仙女般的姑娘，准备的坐骑在哪儿？
可赶草原羚羊？能捉梅花鹿？
迎亲者答道：
圣主成吉思汗的骏马中，挑选了这匹宝马；

新娘佩戴的饰品（源于《MONGOLIAN ARTS AND CRAFTS》）

日行千里见日，夜走八百戴星
……

双方进行一番礼俗对答才邀请迎亲者进屋，嫂子上前解下新郎的弓箭袋囊。婚礼双方的亲家代表互相请安，行使献哈达交换鼻烟壶的礼节之后入座。新郎向女方的灶神和其他供神叩头，敬献哈达供品，然后向岳父母、叔、伯、姑舅等亲属献哈达、行磕头礼。新郎行礼时男女双方的亲家代表要致迎亲词。

新人向长辈们敬酒献哈达并施磕头礼

其大意多是借情景抒发情感，称赞姻缘美满之类的赞美之词。

致迎亲词后，新郎入宴席向女方家人按顺序敬酒，另一人为新郎提壶斟酒。敬酒完毕，新郎在女方备下的整羊两侧的背部各切下一条肉，左右交替放置，随从人员会乘机抢走羊的胫骨，迅速剥下羊踝骨，包进哈达塞入自己右靴的腰里。羊踝骨是万不可让女方姑娘们抢走的，若新郎不慎被抢走了羊踝骨，就得向抢去羊踝骨的姑娘敬酒献哈达，以至于磕头行礼才能索回。女方姑娘们还使出各种刁难手段耍笑新郎。双方唇枪舌剑，好不热闹。岳父家给新郎穿衣，女方的众嫂子为新郎系腰带和挂"万"字海蓝带子。嫂子们为新郎系腰带不免也开个小玩笑，将腰带勒得很紧，使新郎喘不过气来才肯罢休，然后给新郎穿靴子。整羊宴一结束，迎送的一位长者宣布迎亲者即将动身。嫂子们为新郎佩带弓箭，她们之中有一个属相与新娘相合的人到新娘席上向新娘和众姑娘报请新娘上马，而蒙脸的新娘起身时，伴随新娘的众姑娘们都要纠缠一番才放新娘起身。这时迎亲者们牵着新郎、新娘的乘马让新娘上马后在院内绕三圈方可起行。接着装有新娘嫁妆的篷车也随同送亲的队伍向新郎家进发。所陪嫁妆娘家总是尽力为之，包括衣物、牛、马、羊等。迎亲的人们在归途中，若要路经新娘的长辈门前，要登门请安，向其家中所供的佛龛叩头、敬哈达。

新郎方面的婚礼习俗

女方家的婚礼结束后，娶亲的人们要赶在送亲的人们前面回到新郎家里。男方家派出一骑马者带上糕点和熟羊头、奶酪等前去迎接，在送亲的队伍中由领队接过物品，将羊头向左右两侧扔掉，把盘子还给来者，送羊头的人接过盘子，便向送亲者说几句讽刺的话，掉头就跑。这时送亲的人中早有人做出准备，为了抢他的帽子立即拍马追赶。如果帽子被抢，就得向送亲者们敬酒施礼。新娘来到新郎家前立即下马，有人将新娘扶上原来的坐骑进入院中。新娘再次下马时连人带鞍被一起抢下，由请来的喇嘛为新娘行净手净面的洗礼仪式。婆婆让新娘尝鲜奶后，让新娘暂时到专门准备的蒙古包或房间里等候新婚仪式。

拜天地的时辰一到，在院中设有香火供物的供桌前，由新娘的梳头父母

饮用蒙古奶茶的器具（源于《MONGOLIAN ARTS AND CRAFTS》）

主持拜天地仪式。拜天地时，面对喜神方向磕头行礼。然后由梳头父母把新娘的头发披在新郎的肩上，为其梳头结发。这时女方来的嫂子端着盛有食物的盘子去接新娘的头戴，婆婆将为新娘准备好的全部头戴首饰放入盘中，让新娘嫂子送去。这项礼仪结束后，新娘方可进入洞房。新娘入新房时，男方的人们堵在门口，不让新娘进入，男女双方的祝颂人还要进行一番饶有趣味的礼俗对答。

酒壶（源于《MONGOLIAN ARTS AND CRAFTS》）

双方经过激烈的礼俗对答，达到高潮时常常争得面红耳赤，直到一方败下阵来，才让新娘进入洞房。入洞房后由梳头父母和两位嫂子扶着蒙脸的新娘先给新郎家的灶神磕头，然后婆婆给儿媳尝奶。新郎就座尝奶后，用系哈达的神箭掀起新娘的蒙面纱。这时众嫂子给新娘重新梳理头戴和首饰。新娘在众嫂子的带领下向公公、婆婆、叔叔、姥爷、舅舅等长辈们一一敬酒献哈达并施磕头礼。凡接受新娘磕头时，都回赠礼物，长辈们要回赠牛、马、羊或绸缎面料首饰等贵重礼物，平辈回赠一般礼物。

磕头仪式结束后，婚礼大宴正式开始。男女双方的亲属和来宾们依次入席，新郎新娘向亲属和来宾敬酒、施礼。敬酒其间有歌手献歌，所唱之歌分为祝宴歌、敬酒歌和情歌，歌声此起彼伏，场面十分热闹。隆重热烈的婚宴结束后，送亲的人中除了陪同新娘的嫂子和探望姑娘者要留下外，其余人应当返回，即使因路远而当日不能返回者，也得上马绕一圈后，再借宿左右舍。

女方送亲的人走后，留下来探望姑娘者，以娘家人的身份，到新房作客。探望者向新娘、新郎、公公、婆婆赠送礼物。傍晚时分，婆家要再次邀请女方客人、新娘的梳头父母欢聚一堂，设宴招待，其隆重程度不比婚礼大宴逊色。宴后，新郎、新娘即入洞房。

陪嫁的首饰盒（源于《MONGOLIAN ARTS AND CRAFTS》）

2. 察哈尔服饰

察哈尔服饰虽然保留着蒙古民族服饰普遍的特点。但同样有自己的独特风格。由于察哈尔部地域辽阔、居住分散，加之自然环境、经济状况、生活习俗有所不同，在服饰方面各旗之间略有差异。

察哈尔男女均穿开衩长袍。夏季穿夹袍；冬季穿白茬皮袍、吊面皮袍；春秋两季则穿吊面羔皮袍、棉袍。长袍分为有马蹄袖或无马蹄袖两种。马蹄袖又名图如。马蹄袖有大小之别，搞家务的妇女和老年人的马蹄袖小一些，年轻人和放牧人的马蹄袖则大些。夏季长袍的马蹄袖小，冬季长袍的马蹄袖则大。

察哈尔蒙古人将长袍的领口下一寸来长的下垂部位称"艾姆斯胡勒（小对襟）"，从艾姆斯胡勒向右到大襟扣一段称"道格勒（大襟宽）"；再向下大襟扣到腋下扣的大襟称"马拉塔尔•恩格日";从腋下扣直到下摆的部位称"苏木•努木日格(垂襟)"。长袍的两胯向下开衩部分叫"敖瑙";开衩上角固定部位称"给斯";长坎肩、捏褶长坎肩、短坎肩和答忽、马褂的对襟部位叫做"阿拉哈"。

长袍的大襟、领座、领边、袖口、下摆之缘镶有缎子、柞丝绸或库锦沿边儿。其最外边的一道镶边儿称"其木合尔(滚边儿)"。察哈尔蒙古人起先穿镶有单沿边儿袍子。袍子和镶边儿要颜色协调,扣襻儿的颜色和材料一般要和镶边儿相同。男子和老人的袍子用暗色材料镶边,年轻妇女的袍子则用鲜艳的材料镶边。

用布和绸缎吊面的皮袍称"罩布查",它镶有锦缎沿边儿。大襟、下摆、开衩之缘有白羔皮贴边儿,以稍露其白毛为美,并钉嵌有珊瑚、宝石托盘的银扣子。白茬皮袍和熏皮袍均称"翁格•德勒"。翁格•德勒的领座、大襟、垂襟、下摆、开衩之缘镶有青绒、青布或黑羔皮沿边儿。如外加一道水流称"浩西亚",外加两道水流称"浩尔西亚"。有的翁格•德勒的大襟、垂襟和下摆之缘均要做浩西亚,有的则只将大襟之缘做浩西亚。翁格•德勒大都配以铜扣。用老羊皮缝制的袍子,不论吊面与否均称"讷黑•德勒(羊皮长

察哈尔男子服装(森吉德玛服饰店提供)

袍）"。讷黑·德勒一般钉皮制或布制盘扣。盘扣的材料大都与袍子的镶边材料相同，但也有钉金、银或铜扣的。用金银、铜制做的扣子，往往做成各种形状，刻有各种精美的花纹。

察哈尔女子服装（源于《蒙古族服饰图鉴》）

男子通常穿靛蓝色、蓝色和绛紫色长袍，妇女多穿绿色、暗绿色、蓝色、天蓝色和粉色长袍。男子系腰带要靠下腰，上提袍子，这样显得英俊而又便于乘骑。而女子一般不系腰带，故称"布斯贵"，意思是不系腰带者。男子喜欢橙色、红褐色、橘黄色和淡蓝色腰带，女子喜欢淡绿色、天蓝色和粉红色腰带。

察哈尔妇女在长袍外面套长坎肩、捏褶长坎肩和短坎肩。她们缝制的这些坎肩十分精美。坎肩要以毛呢、缎料、绸布为面料。长坎肩在前后左右有开衩，而捏褶长坎肩则在前后有开衩，这种坎肩下摆比袍子稍短一些。妇女长短坎肩均为对襟，并且在衣襟、衣边、下摆、开衩处均以绸缎、柞丝绸、库锦等材料为沿边儿，在每个开衩上角缝制云纹图案。在长短坎肩的对襟之缘用深色绸缎缝制

"哈拉（宽沿边儿）"。在长坎肩的腰部另缝制四指宽的小短摆，名曰"包格奇"。在参加婚宴、盛会、喜庆节日时穿长坎肩，平时着短坎肩，而要参加盛大宴会时则穿捏褶长坎肩。

察哈尔蒙古人穿小翘尖靴（源于《MONGOLIAN ARTS AND CRAFTS》）

冬季察哈尔人无论男女老少，均戴风雪帽。妇女还戴圆帽、孔雀帽、商特帽、孛勒帽、色奔帽和叫做"胡鲁格布其"的露顶圆帽等。男子戴的帽子有獭皮帽、堪布顶帽、圆帽、哈阳皮帽、四耳帽、陶尔其克帽、礼帽、凉帽、垂肩雨帽和毡帽等。

察哈尔妇女头饰非常精巧华美而富有地区特色。全套头饰称"宝德斯（头带）"。其中包括脑后垂饰、发夹、发套、耳环、项链等。此外还有银手镯、金银戒指、荷包等装饰品。

察哈尔蒙古人穿小翘尖靴、老钦靴和毛眼靴，这些靴子均用香牛皮制作，并以各种图案装饰靴靿和靴帮。另外，还有用毡子制作的靴子，叫"巴尔特格"。还有软底香牛皮靴和在家穿的大绒靴。一种用香牛皮制作的、钉在毡袜或棉袜上边的绣花靴边称"图力布其"、它既能装饰靴靿，

男子装饰品火镰、蒙古刀（源于《MONGOLIAN ARTS AND CRAFTS》）

骑马时又能保护腿部。

男子装饰品有火镰、蒙古刀、烟袋、烟袋套、烟荷包、银碗、褡裢、鼻烟壶、戒指、束襟带等。已婚男子在腰带左右两侧各挎一支银质图海，右侧图海挂餐刀，左侧图海挂火镰。骑马时把火镰、餐刀均用银质扣棍别在腰带上，进屋后或会客时必须将火镰、蒙古刀垂挂在图海上。褡裢悬在腰带左前侧，内装鼻烟壶。碗袋悬在右侧、内装银碗。把烟袋装进皮套后插在靴筒里，烟荷包系在右后侧腰带上。束襟带是骑马时将袍子下摆系在右腿上的镶嵌银或珊瑚装饰的小皮带，以便上马。男子将戒指戴在大拇指或无名指下。他们还有在长袍外面另套马褂或短坎肩的习俗。

察哈尔小姑娘喜欢梳牛角辫或独辫，8岁时穿耳孔戴耳环，十几岁开始跟母亲学女红。少女到18岁已到成年，开始梳独辫式封发，发辫末端缠珊瑚串，脖子上戴珊瑚、珍珠、宝石项链和银饰片。姑娘穿袍要系腰带。未婚女子在大襟扣上戴银牙签、绣花荷包及针线包等。她们也戴戒指，但未婚女子不能把戒指戴在无名指上。姑娘一般在18岁时成亲出嫁。出嫁前亲手缝制结婚穿的全套男女婚礼服，并给父母弟妹等每人做一件衣服或靴子，以作纪念。因为察哈尔妇女有过门后三年内不穿婆家衣物的习俗，所以待嫁姑娘要亲手准备三年的靴袜和四季衣服。因此察哈尔姑娘个个都心灵手巧，善绣善缝。

烟袋、烟荷包、鼻烟壶（源于《MONGOLIAN ARTS AND CRAFTS》）

3. 那达慕大会

那达慕是蒙古族人民具有鲜明民族特色的传统活动，也是蒙古族人民喜爱的一种传统体育活动形式。察哈尔的那达慕最具代表性。"那达慕"是蒙古语的译音，意为"娱乐、游戏"，以表示丰收的喜悦之情。每年在农历六七月份举办那达慕，那达慕是草原上一年一度的传统盛会。

那达慕以鄂托克（旗县）、苏木（乡镇）、嘎查（村屯）为单位举行。那达慕分为大、中、小三种类型。大型那达慕，摔跤选手为512名，骏马300匹左右，会期7至10天；中型那达慕，摔跤手256名，马100至150匹，会期5至7天；小型那达慕，摔跤手64名或128名，马30或50匹左右，会期3至5天。各苏木牧民均可报名参加。

那达慕的前身是蒙古族"祭敖包"活动，是蒙古民族在长期的游牧生活中，创造和流传下来的具有独特民族色彩的竞技项目和游艺、体育项目。"那达慕"具有久远的历史。据铭刻在石崖上的《成吉思汗石文》载，那达慕起源于蒙古汗国建立初期，早在公元1206年，

那达慕大会开幕式的马队（摄于锡林浩特）

成吉思汗被推举为蒙古大汗时，他为检阅自己的部队，维护和分配草场，每年7至8月间举行"大忽里台"（大聚会），将各个部落的首领召集在一起，为表示团结友谊和祈庆丰收，都要举行那达慕。起初只举行射箭、赛马或摔跤的某一项比赛。到元、北元时，射箭、赛马、摔跤比赛结合在一起，成为固定形式。后来蒙古族人亦简称此三项运动为那达

慕。

在元朝时，那达慕已经在蒙古草原地区广泛开展起来，并逐渐成为军事体育项目。元朝皇帝规定，蒙古族男子必须具备摔跤、骑马、射箭这三项基本技能。到了清代，那达慕逐步变成了由官方定期召集的有组织、有目的的游艺活动，以苏木、旗、盟为单位，半年、一年或三年举行一次。此俗沿袭至今，每年蒙古族人民都举行那达慕。

早先，那达慕期间要进行大规模祭祀活动，喇嘛们要焚香点灯，念经颂佛，祈求神灵保佑，消灾消难。现在，那达慕的内容主要有摔跤、赛马、射箭、投布鲁、套马、下蒙古棋等民族传统项目，有的地方还有田径、拔河、排球、篮球等现代体育竞赛项目。此外，那达慕上还有武术、马球、骑术、马竞走等精彩表演。

祭敖包活动

参加马竞走的马匹，叫做"走马"，必须从小受过特殊训练，四脚不能同时离地，只能走得快，不能跑起来。夜幕降临，草原上飘荡着悠扬激昂的马头琴声，篝火旁男女青年轻歌曼舞，人们沉浸在节日的欢乐之中。近些年来，在召开那达慕期间也举行贸易交流会，因此，那达慕大会可以称得上是草原的盛会。

摔跤

摔跤是蒙古族特别喜爱的一种体育活动，也是那达慕上必不可少的比赛项目。蒙古语称摔跤为"博克"，称摔跤手为"博克沁"。蒙古族的摔跤有其独特的服装、规则和方法，因此也叫蒙古式摔跤。摔跤手要身着摔跤服"昭德格"。其坎肩多用香牛皮或鹿皮、驼皮制作，皮坎肩上有镶包，亦称泡钉，

摔 跤

以铜或银制作，便于对方抓紧。最引人注目的是，摔跤手的皮坎肩的中央部分饰有精美的图案，图案呈龙形、鸟形、花蔓形、怪兽形，给人以古朴庄重之感，摔跤手身着的套裤用十五、六尺长的白绸子或各色绸料做成，宽大多褶，裤套前面双膝部位绣有别致的图案，呈孔雀羽形、火形、吉祥图形，底色鲜艳，图呈五彩。其足蹬马靴，腰缠一宽皮带或绸腰带，著名的摔跤手的脖子上缀有各色彩条"江嘎"，这是摔跤手在比赛时获奖的标志。

蒙古族的摔跤有其特点：按蒙古族传统习俗，摔跤手不受地区、体重的限制，采用淘汰制，一跤定胜负。参加比赛的摔跤手必须是2的某次乘方数，如8、16、32、64、128、256、512、1024等。比赛前先推一位族中的长者对参赛运动员进行编排和配对，蒙古长调歌手唱"摔跤手歌"3遍之后，摔跤手挥舞双臂、跳着鹰舞入场，向主席台行礼，顺时针旋转一圈，然后由裁判宣布比赛开始，双方握手致意后开始比赛。

摔跤技巧很多，可以用捉、拉、扯、推、压等13个基本技巧演变出一百多个动作。可互捉对方肩膀，也可互相搂腰，还可以钻入对方的腋下进攻，可抓摔跤衣、腰带、裤带等。蒙古族摔跤的最大特点是不许抱腿。

其规则还有不准打脸,不准突然从后背把人拉倒,不能触及眼睛和耳朵,不许拉头发、踢肚子或膝部以上的任何部位。被摔倒者既被淘汰,胜者再举行第二轮比赛,如此循环,最后按名次选拔出冠亚季军等获胜者。

赛马

蒙古族号称马背民族。蒙古高原盛产著名的蒙古马,能跑善战,耐力极强。成吉思汗时代,蒙古铁骑取得胜利的法宝之一就是靠的蒙古骑兵。自古以来,蒙古人对马就有特殊的感情,蒙古人从小就在马背上长大,都以自己有一匹善跑的快马感到自豪,练烈马,精骑善射是蒙古族牧民的绝技,通常把是否善于驯马、赛马、射箭、摔跤作为鉴别一个优秀牧民的标准。

赛　马

赛马为蒙古族男儿三技之一。参加者有时全是少年,有时不分年龄,具有广泛的群众性。赛马项目包括速度赛马、走马比赛和马技比赛。速度赛马主要比赛马的奔跑速度,考验骑手和马的配合,一般为直线赛跑,赛程为20、30、40公里不等,先达终点者为胜。另外赛走马,主要是比赛马步伐的稳健与轻快,极有骑士风度,骑者稳坐在走马上平稳前进,其速度也是健步如飞,先到达终点者为胜,对违规者淘汰(指马跑起来)。马技比赛是蒙古族特有的马上竞技表演项目,包括各种马上技巧比赛,如骑马砍杀草人、马疾驰奔跑时拾起路边的哈达等物、表演在飞速奔跑的马上做翻跟头到立等高难度动作等。

射箭

射箭是蒙古族传统的"男儿三项"活动的又一项目,也是那达慕最早的活动内容之一。在公元800多年以前,蒙古人分为许多不同的部落,他们的经济生活大体可分为游牧经济和狩猎经济两种。在成吉思汗统一蒙古以后,虽然狩猎经济的部落逐渐转向了游牧经济,但狩猎时期长年积累下的拉弓射箭的本领却保留了下来,以防外敌侵略和野兽袭击畜群。没有牲畜的贫苦牧民则仍依赖弓箭捕杀动物维持生活。

射 箭

蒙古族射箭比赛分近射、骑射、远射三种,有25步、50步、100步之分。近射时,射手立地,待裁判发令后,放箭射向箭靶,优者为胜。骑射时,射手骑马上,在马跑动中发箭,优者为胜。比赛不分男女老少,凡参加者都自备马匹和弓箭,弓箭的样式,弓的拉力以及箭的长度和重量均不限。比赛的规则是三轮九箭,即每人每轮只许射三支箭,以中靶箭数的成绩定前三名。

那达慕已有近八百年的历史,一直在蒙古草原上流传和发展,深受各族群众的喜爱,成为了蒙古族文化传统的重要载体。那达慕上的各项活动是力与美的显现、体能和智慧的较量、速度和耐力的比拼,比较全面地展示了在草原上生活的蒙古民族的综合素质。那达慕是具有广泛群众性和娱乐性的传统民俗文化活动,具有广泛、深刻的文化内涵,反映了蒙古民族的价值观和审美观。

历史悲壮的部落——土默特部

一、土默特部历史

土默特部是个源远流长的蒙古部落。她诞生于亚洲北部贝加尔湖畔的森林之中,史籍中称为"林木中百姓"的"秃马惕"部;在大蒙古帝国时受命镇守过阿尔泰山12关口,被叫做"十二土默特";15世纪开始徙牧于阴山和土默川富饶的土地,成为赫赫有名的蒙古右翼土默特万户。到20世纪50年代前的800余年间,既高唱过天苍苍野茫茫敕勒川草原的嘹亮牧歌,又留下了土默特铁骑跃马扬鞭冲杀

阿勒坦汗(1507~1582)

鏖战的历史画面，也有过雄居塞外的强盛和荣耀，还有过遭受奴役压迫的痛苦。土默特部曾经涌现出无数的仁人志士，谱写出一页页悲壮的历史篇章，为蒙古民族的历史增添了不朽的光辉。

15世纪末，达延汗统一蒙古诸部后，其三子巴尔斯博罗特统领右翼三万户。此后，其孙阿勒坦汗成为土默特部领主，该部逐渐强大起来。最强盛时，其领地以大青山南北为中心，东达宣府边外，西至甘肃、青海地区，北至漠北草原，南至长城脚下。阿勒坦汗强盛之后，与明朝中原地区展开互市，建立了密切的经济、政治关系，发展了漠南地区的农牧业、手工业和城市建设。使土默特部成为蒙古族最早接受农耕文化的部落之一。阿勒坦汗在开发土默川的过程中，还兴建了最初的呼和浩特。1578年开始阿勒坦汗到达青海地区之后引进了藏传佛教，使佛教在蒙古地区传播开来。

17世纪初，由于北元末代大汗

土默特蒙古族在中国的分布示意图

林丹汗率领的察哈尔部与后金进行战争，土默特部一部分留住大同边外土默川一带，一部分东迁辽东地区，故有东、西土默特之称。1632年（后金天聪六年），皇太极征讨林丹汗，西土默特部归附清廷。1636年（清崇德元年），清廷将西土默特部编为左、右二旗，后来设都统、副都统、参领、佐领等官以统辖旗众，成为总管旗，也称归化土默特。这就是现在的土默特左旗、土默特右旗的前身。西土默特地域包括呼和浩特市区、土默特左旗、土默特右旗、武川县、和林格尔县、托克托县、清水河县。据不完全统计，西土默特蒙古族人数约有15万人。1628年（后金天聪二年）东土默特部归附后金后，1635年清廷编东土默特部为土默特左翼旗和土默特右翼旗，实行札萨克旗制，这就是现在的辽宁省阜新蒙古族自治县、北票市、朝阳市的前身。当前属于东土默特的蒙古族人数约在20万人左右。东西土默特合计约有蒙古族人数35万人。

1. 土默特部的由来

"土默特"一名称最早出现于15世纪中期（北元乌珂克图汗时期、明成化初年），在《蒙古源流》一书中被称为"多罗·土蛮"，用以指蒙古土默特部落。"土默特"的蒙古语词义为数词"万"的意思。

对于土默特部的源流，尚有多种说法，多数史学家认为"土默特"是《蒙古秘史》中所提到的秃马惕部演变而来。书中记载成吉思汗十一世祖母阿兰豁阿就是秃马惕部首领之女。因为"土默特"和"秃马惕"基本上是同音异字，在早期的汉文文献中，用汉文拼写蒙古词汇使用了不同的同音异字。在12、13世纪成吉思汗统一蒙古各部时，秃马惕部作为"林木中百姓"的一个部落，就生活在巴儿忽真地方（蒙古高原北部的贝加尔湖森林地区），这里同时还居住着布里亚特、巴尔虎等部落。

1207年，成吉思汗派其长子术赤收复了林木中百姓，并令部将豁儿赤统领秃马惕部。由于豁儿赤好色，看到秃马惕部美女如云，遂要娶30个秃马惕美女为妻妾。其中秃马惕部酋长是一个非常美丽的妇人，是豁儿赤首当其冲要追求的女色。由于他的好色和贪婪，致使秃马惕部百姓造反。成吉思汗又另派大将朵儿伯朵黑失彻底征服了秃马惕部，从此秃马惕部就成为成吉思汗的臣民，开始为蒙古大帝国建功立业。

由于蒙古帝国的需要，一些秃马惕人参加了蒙古铁骑征服欧亚大陆的西征和对金朝的战争，参加了对被征服地区的统治而留在了异地。另一些秃马惕人逐渐迁徙离开了贝加尔湖地区，进入阿尔泰及周边草原地带经营畜牧业，其中部分秃马惕勇士被派往阿尔泰山的十二个关口驻防。据记载，成吉思汗陵八月盛奶祭颂词赞誉土默特部："保卫了阿尔泰山之北十二道关口，成为大鹏之翼，成为系马之桩，成为长蛇阵之后卫，成为回击来犯之敌的偏师。入有所得，出有所携，高山之敖包，大海之丰碑，压后之殿军。"在这段颂词中说明，蒙古土默特部既是一支曾经跟随大汗远离故土，参加过长期征伐的重要军事力量和物质财富的创造者，也是一支在疆域扩展后曾经长期亦牧亦守要害之地的部民，可谓能征善守。最后这些秃马惕人陆续游牧来到了现在的内蒙古阴山前后和土默川地区，分成十二鄂托克驻牧，史称十二土默特。

　　这一段历史，在贝加尔湖周围地区的布里亚特人当中还存在着朦胧的记忆。据俄罗斯学者所著《布里亚特蒙古史》记载：秃马惕人被成吉思汗收复后，在窝阔台继承汗位以后的时代，秃马惕人陆续迁徙到遥远的东南方，原居住地已经没有秃马惕人了。元代以后部分秃马惕人主要迁徙到大同府以北500余里的古丰州境，史书称之为"官山"（即现在的内蒙古阴山地区），这一地区在以后的几百年里是蒙古土默特万户活动的中心地区。

1207年成吉思汗派其长子术赤收复了林木中百姓
（《蒙古历史油画长卷》，王延青等创作）

2. 土默特万户的形成和达延汗的蒙古中兴

蒙古自成吉思汗建立国家以来，实行领地分封制度，由黄金家族或成吉思汗所封功臣兼任万户长、千户长及各地方官员。元朝建立之后，蒙古地区虽然也曾设立过行省，但仍然保留了成吉思汗家族及其功臣的领地。1368年（明洪武元年），明军进入大都（北京城），元廷北迁，史称北元。在这以后，北元军队继续与明军作战，形成了北元与明朝的南北对峙局面，蒙古族社会进入了一个新的历史时期。

在这个历史时期里，明朝对蒙古进行了为时半个世纪之久的战争。蒙古内部内讧时有发生，大大削弱了中央汗庭和成吉思汗黄金家族的权力和地位，使他们的权威逐渐衰落，蒙古异姓封建领主的势力乘机崛起，兼并领地，由此导致了蒙古原来领地分封制度的很大变化。

这时的蒙古草原陷入一片混乱，在短短的二十多年里先后有六位大汗登上汗位。在此期间，西部蒙古卫拉特部崛起，与东部蒙古展开权力争斗，东部蒙古各部也为属民和草场展开争夺，蒙古族人口随着战争在各部落之间大量流动，蒙古社会进入一个动荡的年代。

在这个动荡时期，东部蒙古各部经过联合形成六大部落集团，并分为左、右翼。在16世纪初，左翼蒙古由察哈尔、

土默特万户旗帜（本书作者设计）

喀尔喀、兀良哈部构成，右翼蒙古由土默特、鄂尔多斯、永谢布部构成。土默特部从此步入历史舞台，叱咤风云500年。土默特部是一个大的部落集团，领主最初是由该集团内"蒙古勒津"部火筛统率，火筛是北元满都鲁大汗的女婿（曾支持达延汗统一蒙古的事业，后叛乱，被平息）。因此明朝文献也常常把"蒙古勒津"与"土默特"两词混用，后来通称为"土默特"部。1480年，成吉思汗黄金家族15代嫡系后裔巴图蒙克被立为蒙古大汗，称"达延汗"（1472～1517年）。达延汗面对蒙古各部的混乱局面，开始了统一蒙古

各部的斗争。

在这里需要一提的是蒙古历史上的一位巾帼英雄——满都海夫人。她所出生的汪古部贵族在元代世代与成吉思汗黄金家族通婚,满都海是北元大汗满都鲁的夫人。1479年大汗病逝,因为大汗无后,满都海夫人把年幼的满都鲁大汗的同族后人巴图蒙克接到家里抚养,为了蒙古大业,她毅然按照传统收继婚习惯,嫁与年仅7岁的巴图蒙克,并辅佐他登上汗位。1481年,满都海夫人携年仅九岁的达延汗征讨瓦剌(卫拉特),取得了决定性胜利。1483年,达延汗出兵击溃了当时仗势专横,已成为统一蒙古巨大障碍的亦思马因太师,初步巩固了汗权。

之后,达延汗为了加强对右翼的统治,派次子乌鲁斯博罗特去右翼担任济农。但是右翼永谢布领主亦不剌、鄂尔多斯部领主满都赉等为首的大封建主看到达延汗的统一事业,妨碍了他们手中的权力,认为"我等之上,何用管主,我等行事,自作主宰可也",遂起兵反抗达延汗,并击杀达延汗所委任的乌鲁斯博罗特济农。

右翼三万户的叛乱,直接关系到达延汗统一蒙古事业的成败、汗权能否巩固、蒙古能否振兴,达延汗不得不倾全力与亦不剌、满都赉等封建主决战。达延汗传令诸部联军平息叛乱,举兵分进合击。这个时期驻牧在东北方的蒙古科尔沁部是一个比较强大、人口众多的蒙古部落,该部是成吉思汗之弟哈撒儿的后裔,也是成吉思汗黄金家族的成员。达延汗很尊重科尔沁部并与之恪尽兄弟之礼。他们在统一和振兴蒙古事业的目标是

北元时期的铁锅(摄于内蒙古博物馆)

英勇善战的蒙古武士（摄于内蒙古大学博物馆）

镫（源于《MONGOLIAN ARTS AND CRAFTS》）蒙古军队曾经使用过的马

一致的，为此科尔沁部积极支持达延汗的事业，派出主力部队参加平息叛乱的联军。达延汗的战斗部署是：以兀良哈、科尔沁部与右翼鄂尔多斯部对阵，以喀尔喀部对抗右翼土默特部，以察哈尔部迎击右翼永谢布部。

1510年，达延汗亲自率兵讨伐右翼。队伍穿过翁衮山（今呼和浩特北大青山蜈蚣坝）峡谷，在土尔根河（今呼和浩特市大黑河）畔扎营。夜间，达拉特部人驱赶着牛群骚扰达延汗营地，达延汗的队伍以为右翼军队攻杀过来，惊慌失措，乱了阵脚，仓皇撤退，第一次进攻以失败告终。

不久，达延汗又组织联军开始了对右翼的第二次征伐战争。前来帮助达延汗作战的科尔沁部首领鄂尔多固海携其子布尔海组成精锐部队参加了战斗。此时，双方在达兰特哩衮（意为"七十个山头"，一说在今呼和浩特北大青山，又说在今鄂尔多斯市鄂托克旗东北境达楞图鲁湖）展开鏖战，双方战斗极为激烈，战斗中科尔沁部布尔海英勇阵亡，

历史悲壮的部落

土默特部

133

巴儿斯博罗特（1490~1519）（画像源于《蒙古大汗传略》）

最后联军击败了右翼军队，亦卜剌与满都赉双双逃往青海湖畔，这为以后达延汗之孙阿勒坦汗进军青海埋下了伏笔。在科尔沁部的支持下，达延汗统一了东部蒙古各部。

此后，达延汗在八白宫（成吉思汗陵）前重新宣布自己的大汗称号，奖赏作战有功的人员，真正把东蒙古左右翼置于自己的控制之下，重振了衰微已久的汗权，重新确立了成吉思汗黄金家族对蒙古各部的统治，使蒙古得到了中兴，因此达延汗被称为"中兴之主"。

统一东部蒙古各部后，达延汗乘势削弱异姓封建主。他摒弃元朝旧官制，废除异姓封建主担任的太师、丞相等官职，只允许异姓封建主充当普通官吏而不能世袭，并且没有领地。达延汗将左、右翼六万户除兀良哈万户之外的五个万户分封给了自己的子孙，他与长子图鲁博罗特直接掌管左翼，坐镇察哈尔万户，把右翼三万户交给三子巴尔斯博罗特掌管并封为济农（副汗）。其中把右翼的土默特部分封给四子阿尔苏博罗特。这样，各个万户和各个鄂托克的领主全部由达延汗的子孙充任，剥夺了异姓封建主对领地的统治权。达延汗建立的六万户制度，虽经变迁，但保留了基本面貌，这是北元时期和以后清朝各蒙古部落组成的基础。

1517年，达延汗逝世，在位38年，终年44岁。巴尔斯博罗特继承汗位两年后也去世了。达延汗长孙博迪（图鲁博罗特长子）于1521年继承汗位，称北元博迪阿拉克汗（1490~1519年）。

贵族佩戴的帽子（源于《MONGOLIAN ARTS AND CRAFTS》）

3. 阿勒坦汗时期的土默特部

1519年，依照蒙古草原古老的传统，蒙古右翼对牧地和部众又一次进行了财产和土地的分封，年仅13岁的巴尔斯博罗特次子阿勒坦（1507~1582年），就是明代文献记载的俺答汗，分得了土默特万户的大部分（达延汗四子阿尔苏博罗特的后裔领有部分土默特牧地），成为土默特万户的最高首领。巴尔斯博罗特长子衮必里克分得鄂尔多斯万户。

土默特万户的活动足迹涵盖整个蒙古高原，也曾经进入青海地区，领有土默特万户西海领地，但是他的中心活动地区是以现在呼和浩特为中心的土默川

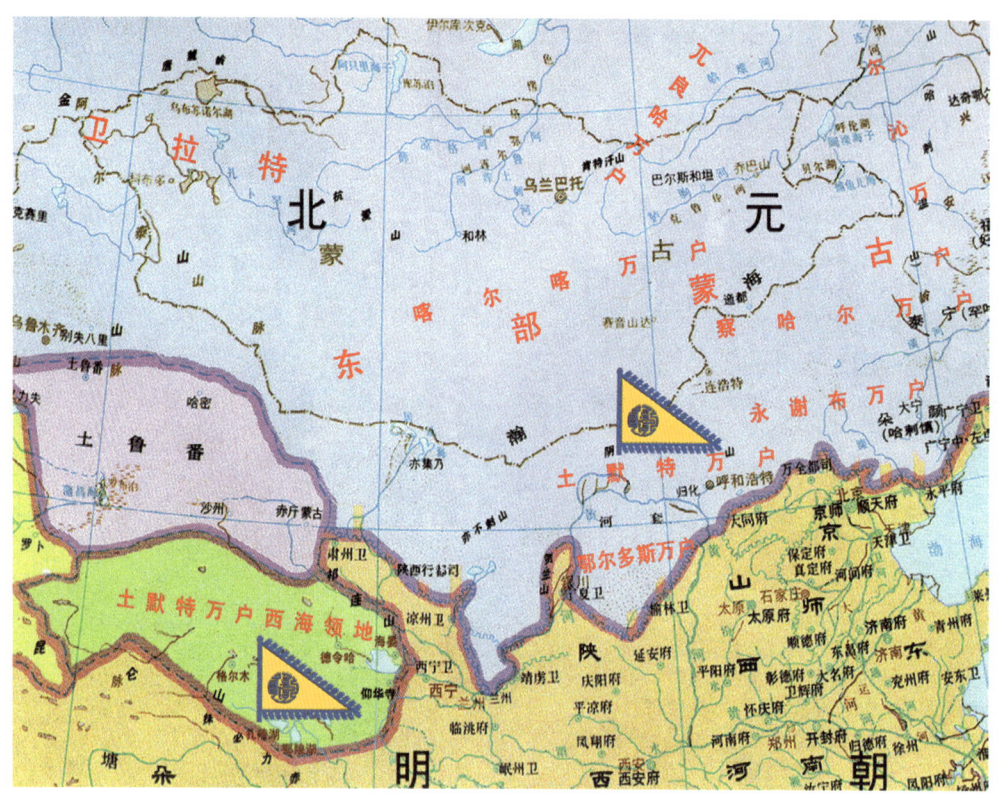

北元时期的土默特万户分布示意图（根据《中国历史地图集》标注）

地区，另有一部分则向东迁徙，到清朝初年到达现在的内蒙古赤峰、辽宁省北票、阜新地区活动，被称之为东土默特。

阿勒坦在执掌土默特万户后，博迪阿拉克汗刚刚称汗，北方的兀良哈万户逐渐强大起来，他们经常袭击博迪阿拉克汗的领地，对汗权构成严重威胁。博迪阿拉克汗几次派遣衮必里克和阿勒坦汗等率右翼大军征讨兀良哈万户。1538年，博迪阿拉克汗亲自率领左翼大军作战，衮必里克和阿勒坦汗等率右翼骑兵协同作战，两军鏖战于杭爱山以北，兀良哈万户终于溃败投降。兀良哈万户部众被参战的其他各部瓜分，成为他们的臣民。后来，阿勒坦又两次征讨兀良哈的残部，取得了最后的胜利。

阿勒坦汗在多次征讨兀良哈万户和卫拉特的战争中屡建功勋。博迪阿拉克汗为了表彰阿勒坦等在维护汗权和作战中所做的贡献，在祭供圣祖成吉思汗的八白宫前召集各万户领主举行隆重的授封仪式，宣布授予衮必里克"墨尔根汗"之号，授予阿勒坦"索多汗"之号，阿勒坦荣获索多汗封号之后，在蒙古各部众中的威望大大提高。

16世纪中期阿勒坦汗还曾经四次西征青海，出征青海的初衷是彻底征服被达延汗击败后逃居青海的亦卜剌与满都赉残部，与此同时也收服了散居在青海的蒙古及青海湖周围的其他土著部落。在目的达到后，阿勒坦汗看到了美丽富饶的青海湖及其周围广袤的草原，他深深地爱上了这片土地。虽然阿勒坦汗西行之后回到土默特，但他还是把儿子丙兔台吉及部分部众留在了青海，他的侄孙、鄂尔多斯的宾兔台吉则占据了甘肃北部松山地区。从此，以青海湖为中心的广阔草原成为蒙古的新牧场。右翼蒙古人长期留居青海，活跃了70余年，后来逐渐与当地各民族融为一体。阿勒坦汗在青海的活动的另一个重要的成果是沟通了蒙古与西藏中断了二百余年的联系，为藏传佛教进入蒙古地区打下了基础，同时也揭开了蒙古介入西藏各派政教势力纷争的序幕。

蒙古民族是一个闻名于世的伟大民族，成吉思汗时代的金戈铁马曾经征服了半个世界，元朝时代的辉煌也让蒙古民族成为中国历史上不可小视的一个强悍民族，而阿拉坦汗在功成

蒙古铁骑出征（摄于科尔沁博物馆）

名就和势力强盛之后,并没有效仿先祖的丰功伟业去继续征杀疆场,打败大明王朝,再创帝国辉煌,而是休养生息,励精图治,广纳贤良,发展经济,充分反映出一个开明统治者的爱民之情与和平观念,体现出一个伟大政治家的宽厚仁慈和远大抱负。

  蒙古人与明朝的对立关系长达200多年,积怨甚深,明朝拒绝与蒙古互市,蒙古地区物资奇缺,经济落后,而明朝统治下的中原地区同样是缺少牛马牲畜,农民耕作艰难。阿拉坦汗曾经跟随父兄率领大军多次袭扰中原,成为明

明蒙马市图

朝政府的心头之患,尽管如此,阿拉坦汗早有心愿希望与明朝停战议和,开展互市贸易,以便取得蒙古人所需的各种生活物品。从1543年开始,阿勒坦汗用和平与战争两种手段,不断要求明朝开放关市互通有无。阿拉坦汗哥哥衮必里克去世后,他继承了兄长的汗位,代表右翼蒙古曾经连续9年派遣使者进京议和,却遭到明朝政府的严词拒绝,还有两次使者被杀。

阿拉坦汗在无奈之下,于1550年8月率部攻入长城,占领了古北口、密云、怀柔、顺义,自通州包围北京城,并攻入了安定门。明朝嘉靖皇帝大惊失色,其军队10万人马惧怕应战,蒙古军队威震大明朝首都。阿勒坦汗在军事胜利情况下,遂释放善意放掉俘虏,并派使者进入北京城内说明通贸和好之意,在大兵压境之下明朝不得不暂时允诺阿勒坦汗的条件,开关互市,蒙古大军随后撤兵。但是明朝不久又出尔反尔,闭关停市。这段历史史称"庚戌之变"。

公元1570年(明隆庆四年),阿勒坦汗的嫡孙把汉那吉因为家庭矛盾激化而投向明朝,明朝内阁大学士高拱、张居正等决定授予把汉那吉指挥使官衔,并以此为契机,重开明蒙谈判之门。第二年,经历20年征战、各自损兵折将的双方,终于达成了展开互市的协议。阿勒坦汗也被明朝隆庆皇帝封为"顺义王"。明蒙双方终于停止对抗,走向合作。阿勒坦汗向部属宣布和平,表示与明朝友好,互

历史悲壮的部落

土默特部

北元时期蒙古贵族(摄于美岱召壁画)

139

不侵犯。明朝在宣府到甘肃一线向蒙古开放11处马市。土默川盛产的牛、羊、马匹、木材、裘皮，换回了内地的布匹、棉花、茶叶、农具和日用百货。从1571年（明隆庆五年）到明末的六、七十年间，从蒙古输送到中原地带的马匹就有300多万匹，其他畜产品不计其数，蒙古地区也得到了需要的农产品和手工业品。自此明蒙边境数十年无大冲突。通贡互市加强了漠南蒙古草原与明朝的经济文化联系，结束了蒙古与明朝长达二百余年的战争局面，使蒙明边界呈现出一派和平繁荣的景象，谱写了蒙汉民族友好的新篇章。

土默特蒙古人最初来到土默川的时候，这里是山清水秀牧草丰美，但人烟稀少，蒙古族人民仍然过着逐水草而居、无固定住所的游牧生活。阿勒坦汗看到了这一点，为恢复、发展土默川的经济，做了大量的工作。首先，为了维护社会稳定，保障生产发展，他制定了《阿勒坦汗法典》，其中许多条文是针对畜牧业生产的。另外，在与明朝通好之前，为了突破明朝的经济封锁，解决单纯游牧经济难以自给自足的问题，阿勒坦汗决定在土默川发展农业生产。发展农业生产的关键所在是农耕技术问题。蒙古人是马背民族，不通农耕，为了解决这一问题，阿勒坦汗决定引入汉族农民、引进农业技术、开垦耕地，种植

大黑河畔的土默川（摄于呼和浩特）

黍、糜、谷等作物。

明朝末年，山西、陕西、河北的贫苦农民和手工业者，因不堪忍受明朝官吏的压迫和地主豪绅的剥削，背井离乡流落到土默川；另有大批明朝士兵苦于上级官吏虐待，先后发动兵变，许多士兵"北走俺答诸部"；1551年（明嘉靖

土默川农民使用的农具（摄于土默特民俗馆）

三十年）以后，被明廷通缉的一些白莲教领袖和教徒，陆续逃亡出塞，在土默川避难；阿勒坦汗丝毫没有歧视他们，也没有担心汉族人的到来会对他的统治造成威胁和影响，而是给予他们优厚的生活保障和良好待遇，这说明阿拉坦汗收留容纳他们，完全是出于土默川经济发展和社会进步的考虑并显示出蒙古人真诚善良、热情好客的秉性，表现了阿拉坦汗作为一个政治家的博大胸怀和深远谋略。

这些汉族人中，有一大批技术娴熟的农民，他们为土默川的农业生产带来了活力。土默特地区很快出现了"开良田数千顷"的景象，出现了很多蒙汉杂居的村落，当时称为"板升"（蒙古语"房屋"的意思），呈现出一片繁荣盛景。到16世纪七八十年代，土默川的汉族人口发展到数万人，农业使漠南中西部草原地区的粮食得到了初步的解决。

与此同时，蒙古地区的手工业生产也逐步发展起来。为了解决从事手工业生产工匠少和生产资料不足的问题，阿勒坦汗从对明朝的战争俘虏和移民中收罗和招募汉族木工、铁匠等工匠，与此同时也积极培养本民族工匠。由于经济的恢复、农业的发展、与明朝贸易的开展，生产资料也得到了基本的解决。

土默特蒙古人长期以牛羊肉食为主，来到土默川后逐渐离不开易于消化的粮食。随着蒙汉百姓交往的加深，土默特蒙古人逐渐由牧转农，过上半农半牧的定居生活。阿拉坦汗也感受到定居生活的好处，积极组织各种工匠、手艺人，建起很多手工作坊，主要有冶炼、铸造、烧砖、造纸、毛皮加工、木器制作、白酒酿造等行业。通过不懈的努力和学习明朝先进的手工业技术，促进了整个蒙古地区的手工业和工商业的发展。

随着经济的发展，在1572年，阿勒坦汗做出一项重大决策，要在土默川的大青山以南和大小黑河之间仿照过去元大都（现在的北京城）的风格修建一座草原都市。土默川地区的建城历史最早可以追溯到2000多年前的战国时期，"战国七雄"之一的赵国在今托克托县古城村设置了最早的行政建制云中郡，并修筑了云中城。1000年前的辽代在大青山以南白塔地区也曾建起了丰州城。可是到了元末明初时期，由于连年战火洗劫，丰州城百姓弃城而逃，绵延兴盛了400多年的丰州城毁于一旦。从那以后，土

当年的"板升"遗址（摄于呼和浩特郊区）

默川有300多年是一片荒野，人迹罕至。阿拉坦汗为了扭转这一局面，开发土默川，开始了艰苦的建城工程。他大智大勇地派人到明朝边境地区招募大批木工、泥瓦匠、画工、铁匠等工匠，并亲自参加指导工程的设计和监督施工。明朝政府也为了表示友好，在技术人才和建筑材料上也给予很大援助。1575年，

经过近四年的建设，草原城市呼和浩特（史书称"库库和屯"意为青色的城）拔地而起，城内车水马龙、人声鼎沸、一派欣欣向荣景色。1581年阿勒坦汗还续建了周长20里的呼和浩特外城，并兴办草原手工制造业，使城市人口逐年增多，这座草原城市具备了更大的规模。后来呼和浩特城逐渐成为蒙古草原的政治、经济、军事、文化中心，成为一个闻名塞外的历史名城。

  阿勒坦汗西征青海后还重建了蒙藏关系。在元朝，西藏萨迦派佛教首领八思巴担任国师，代表元朝管理西藏。元朝退居漠北后，蒙藏联系基本中断。阿勒坦汗为提高自己的政治地位，谋求与西藏宗教领袖建立密切的联系。1578年，阿拉坦汗率领土默特右翼贵族及部众8万余人，浩浩荡荡长途跋涉来到青海，与格鲁派藏传佛教领袖索南嘉措在青海湖畔的仰华寺举行会谈，阿勒坦汗十分欣赏和崇尚格鲁派藏传佛教教义，带领蒙古部众正式接受了格鲁派藏传佛教，使藏传佛教在蒙古草原得到

旧时的呼和浩特城门楼

蒙古文木版经（摄于科尔沁博物馆）

传播。与此同时，阿勒坦汗赠封索南嘉措"达赖喇嘛"称号，"达赖"是蒙古语大海之意，"喇嘛"是藏语大师之意。索南嘉措非常珍惜"达赖喇嘛"这一封号，往前追认了两世，因而自己就成了达赖三世。从此藏传佛教最高活佛才有了"达赖喇嘛"的称谓。索南嘉措回赠给阿勒坦汗"咱克喇瓦尔第彻辰汗"称号，意为"聪明睿智之汗王"， 时隔75年以后，清世祖福临于1653年（清顺治十年），正式册封达赖五世罗桑嘉措为"达赖喇嘛"，承认达赖在西藏的政治和宗教地位。

在这里顺便一提的是在1645年（清顺治二年），蒙古和硕特部首领固实汗加封西藏扎什伦布寺寺主罗桑却吉坚赞为"班禅博克多"的称号（博克多，蒙语对智勇兼备人物的尊称）。时隔68年的1713年（清康熙五十二年），清廷正式赐金册金印确认"班禅额尔德尼"（额尔德尼，满语珍宝之意）的政治和宗教地位。藏传佛教两大活佛体系的建立，使得

蒙古族出身的四世达赖云丹嘉措

具有400多年历史的呼和浩特大召寺（摄于呼和浩特）

蒙藏关系在新的历史条件下重新建立起来了。

阿勒坦汗加封"达赖喇嘛"和固实汗加封"班禅喇嘛"的意义十分重大，从此使西藏地区进一步与蒙古地区和明朝、清朝加强了联系，为以后中国统一的多民族的国家形成创造了条件。也为达赖喇嘛、班禅喇嘛掌领西藏前藏、后藏的地方政教大权、成为藏传佛教的精神领袖打下了基础。

1588年（明万历十六年），达赖三世索南嘉措在进京接受明朝皇帝封贡的途中，圆寂于内蒙古正蓝旗境内。临终时他留下遗言，称他的"转世灵童在阿勒坦汗家族中"，1589年，阿勒坦汗之孙新添一子，于是被确认为四世达赖喇嘛，法名云丹嘉措（蒙古名云丹扎木苏）。云丹嘉措是迄今为止藏传佛教宗教领袖中唯一的一位蒙古人，他被确认为藏传佛教最高活佛之后，使得蒙藏两族关系亲密无间400多年。四世达赖云丹嘉措1602年来到西藏拉萨哲蚌寺主持佛教和政务，1616年圆寂。

阿拉坦汗从青海回到土默川后，于1579年（明万历七年），在呼和浩特城内修建了蒙古地区的第一座藏传佛教寺庙，俗称大召寺，从此以后，土默川地区召庙林立，僧众云集，并逐渐扩展到整个蒙古地区。藏传佛教在蒙古地区的盛行，使得蒙藏两族文化相互交融，也为蒙古人带来了藏族的绘画、雕刻、建筑、音乐、医药、文学、哲学等艺术门类和知识。

在阿勒坦汗经略土默特部时,还有另一位巾帼英雄值得怀念,她就是阿勒坦汗的妻子三娘子(1550~1612年),名叫乌延楚,封号为钟金哈屯。三娘子是一位聪明、美丽,颇具才华,为人豪爽不羁的蒙古族妇女,来自于蒙古土尔扈特部。1571年,她力促阿勒坦汗与明朝达成通贡互市协议。1578年,她随阿勒坦汗赴青海仰华寺会见格鲁派藏传佛教领袖索南嘉措。1581年春天,三娘子再次大兴土木,对呼和浩特进行大规模扩建,三娘子亲自参与筹划设计和指挥施工,并于当年完成全部工程。三娘子在城中居住几十年,

阿拉坦汗的夫人三娘子(源于《中国少数民族文化史图典》)

深受百姓爱戴,所以人们又称呼和浩特为"三娘子城",明朝称呼和浩特为"归化城"。阿勒坦汗晚年多病,三娘子积极辅佐丈夫,发挥了巨大作用。阿勒坦汗去世后,三娘子主持政务,掌管兵权,保持了与明朝的和平通贡互

市关系。1587年，明朝万历皇帝，封三娘子为"忠顺夫人"。1612年三娘子病逝。三娘子的一生以其难以想象的毅力，坚定地执行了阿勒坦汗的各项政策，使他的事业得以延续，维护了土默特部的统一和繁荣。她主政的30多年，是明朝与蒙古最为安定的30多年，是长期战乱后人民安居乐业、休养生息的宝贵30多年。正因为如此，她的名字，她的业绩在蒙、藏、汉各民族中久久传诵，人们敬仰她，怀念她。

4. 东土默特部的形成

16世纪中叶，右翼蒙古土默特万户阿勒坦汗的势力迅速壮大，积极向东西两翼扩大其政治影响和领地。在西边，由于阿勒坦汗和鄂尔多斯领主衮必里克是兄弟关系，因此土默特部和鄂尔多斯部保持着良好的关系，共同西进甘肃、青海，经营西海地区，在沿青海湖地区建立了土默特部西海领地，并从青藏高原迎来了藏传佛教。在东边，是朵颜兀良哈人的牧地。当左翼的察哈尔部南下

东土默特迁徙路线示意图（根据《中国地图》地形图部分标绘）

控制了兀良哈人的北部诸部时,南部的朵颜兀良哈人便归附了右翼的阿勒坦汗。为了管理归附的朵颜兀良哈部,阿勒坦汗的长子辛爱黄台吉携其子孙、率部分土默特部众,从土默川地区向东迁徙,到达宣府边外、独石、蓟州的满套儿一带,与东南部兀良哈人共同驻牧。

东迁的土默特部与朵颜兀良哈部蒙古人和平相处,并建立了密切的联姻关系,或嫁女于兀良哈部领主,或娶兀良哈部姑娘为妻。阿勒坦汗长子辛爱黄

东土默特也曾经是游牧的部落(摄于内蒙古博物馆)

台吉从兀良哈部娶了三位夫人为妾。而兀良哈部人一向以能够和蒙古黄金家族联姻而自豪。阿勒坦汗之女便嫁于兀良哈部者勒篾十世孙莽古尔岱之子为妻,使其成为黄金家族的"塔布囊"(驸马)。辛爱黄台古的女儿嫁于兀良哈部的少炒蛮为妻。阿勒坦汗、辛爱黄台吉等和兀良哈部通婚的结果,从政治和军事上加强了彼此之间的融洽关系。

自1541年(明嘉靖二十年)开始,阿勒坦汗、辛爱黄台吉曾多次向明廷要求互市贸易,一直遭到以天朝自居的明廷拒绝,并对蒙古草原每年进行烧荒、捣巢的军事侵扰以及采取经济封锁政策。在明廷拒绝其于大同开展互市的要求以后,辛爱黄台吉带其子孙率其部众在宣府边外、独石、蓟州一带逐水草迁徙驻牧,给明朝施以压力,相继建立了各营地,其中最

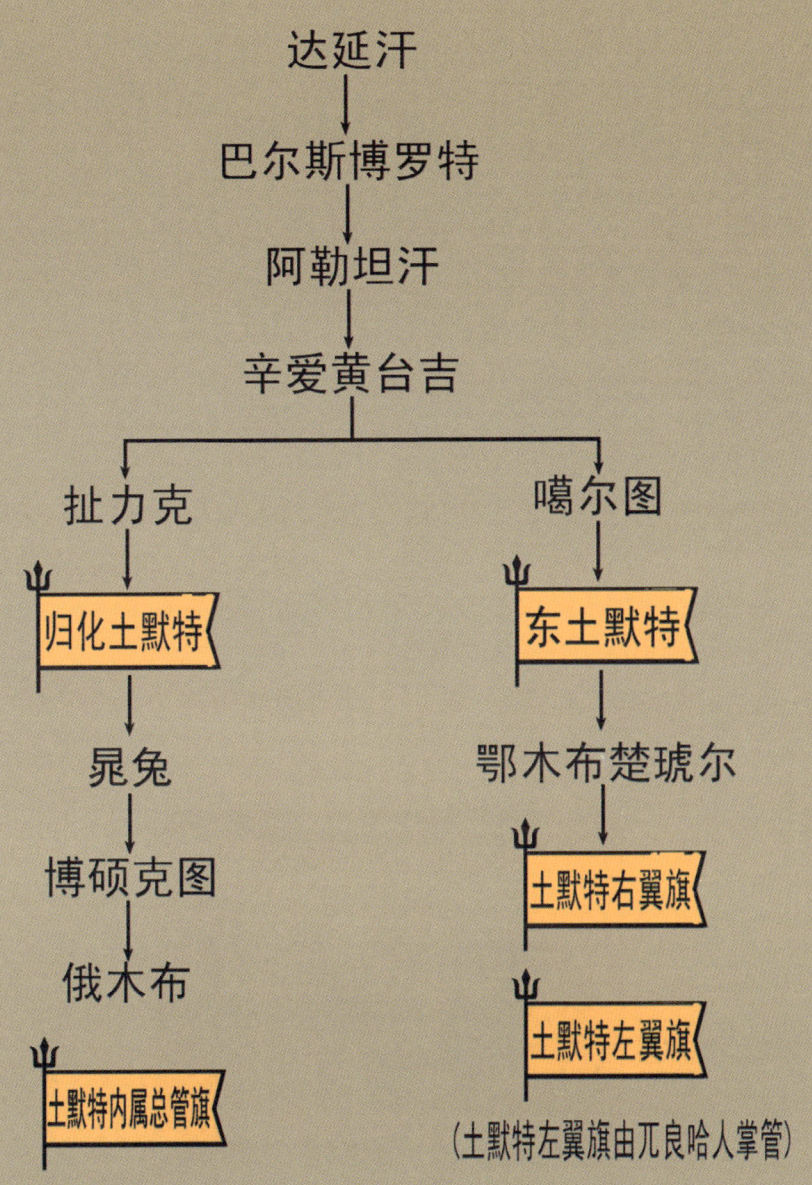

土默特世系表（根据《蒙古世系》绘制）

著名的鄂托克叫"兀爱营",他们游牧于满套儿地方(今河北赤城、丰宁一带)。土默特部来到满套儿地方后,借助与明朝有着定期互市关系的朵颜兀良哈部和明朝进行互市,获得内地急需的生产、生活物资。

阿勒坦汗的长子辛爱黄台吉有十四个儿子。其中噶尔图(赶兔)、朝兔、土剌兔、土力把兔、摆言和明暗等六子,驻牧于龙门所(在今河北省赤城县附近)边外一带。这六个儿子是辛爱黄台吉娶自兀良哈部诸妾所生。1581年(明万历九年),阿勒坦汗逝世,其长子辛爱黄台吉返回呼和浩特,继承彻辰汗号和顺义王位。他在东土默特的领地则由其子噶尔图统率,并继续同兀良哈人驻牧在一起。

噶尔图执掌东土默特的时代,正置北元图们汗(1557～1592在位)和布延汗(1592～1604在位)当政时期。图们汗汗廷中的六大执政理事者之一,就是噶尔图的长兄(同父异母兄),土默特部的扯力克台吉。这时的蒙古社会内部较为稳定。由于同明朝开通了互市关系,得到了充足的生产和生活资料,促进了当时社会的稳定和经济的繁荣。在这一时期,东土默特部得到了很大的发展。噶尔图于1615年(万历四十三年)逝世,东土默特由其子鄂木布楚琥尔继续统率。

17世纪初期,蒙古最后一任正统大汗林丹汗不服后金统治,图谋重新统一蒙古各部,对东土默特部发动了兼并战争,土默特部的鄂木布楚琥尔联合喀拉沁等部参加了抵抗,由于不敌林丹汗而失败。迫于这种情况,1628年(后金天聪二年)噶尔图之子鄂木布楚琥尔率部归附后金政权。

皇太极收归了漠南蒙古各部以后。北部边塞有了一条攻取北京的通道。于是在1629冬,皇太极率军绕开袁崇焕在宁远(兴城)的守军,从盛京出兵过广宁进入泰宁卫(今阜新、义县、北票、朝阳)取道塞北草原从喜峰口入关。次年,皇太极从北京撤兵回到了盛京。他认为塞北泰宁卫是避开袁崇焕进关的一条理想的通道,如果让已经归附自己的东土默特部来此守边,不仅可以安定盛京,而且可以防止明军突袭,于是皇太极就降旨,命东土默特部的鄂木布楚琥尔,东迁盛京以北

蒙古贵族图(网上下载)

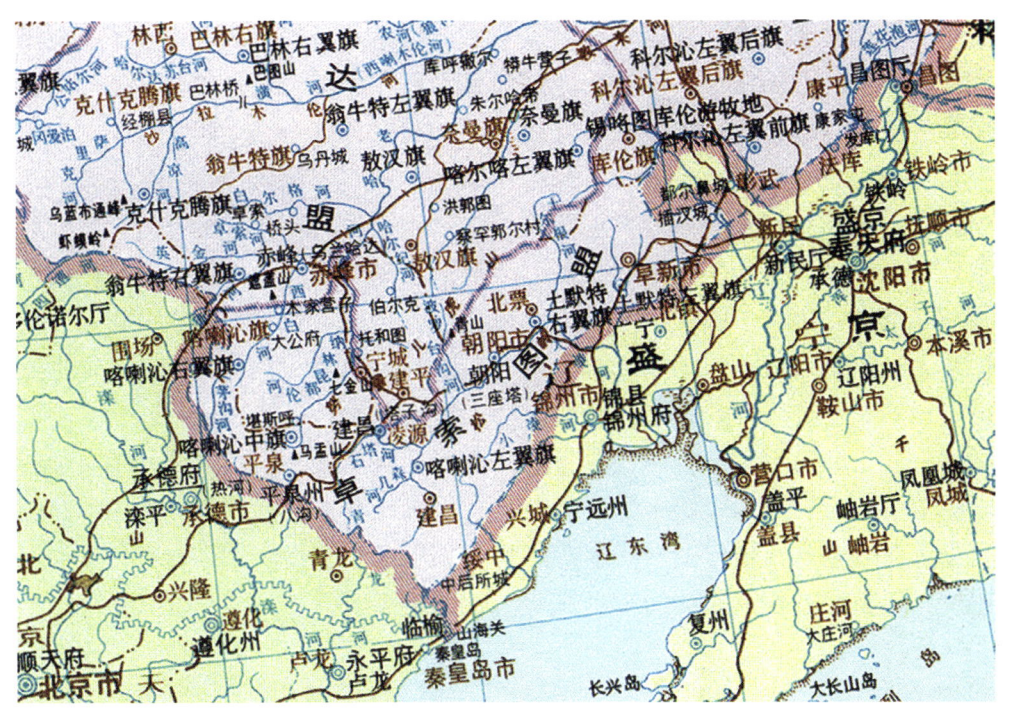

清卓索图盟地图（源于《中国历史地图集》）

的泰宁卫守边。鄂木布楚琥尔也愿意离开原驻地。他们认为，泰宁卫靠近明边，又离后金盛京很近，与汉人、满人都接近，可以通过"马市"用牛羊、马匹换取棉帛、犁铧来发展农耕，对本部发展很有利。于是东土默特部接到皇太极的旨令以后，于1630年夏末，鄂木布楚琥尔举部从原驻地满套儿起程，沿长城以北开始东迁到现在的居住地朝阳、北票、阜新一带游牧。

这时的东土默特部在鄂木布楚琥尔带领之下，迁徙到现在的东土默特地区（朝阳、北票、阜新一带），然而在其部属中有相当一步分属于原来土默特部落联盟中的蒙古勒津部人，"蒙古勒津"一词又在东土默特部中突显出来，以至于后来阜新地区的蒙古勒津部人又恢复使用了他们原来的"蒙古勒津"一称。

土默特部来到北票、朝阳、阜新地区以后，继续与兀良哈人密切接触，建立了更为紧密的联姻和政治关系，使兀良哈人首领成为黄金家族的"塔布囊"（驸马）。当时，蒙古黄金家族的成员们称"诺颜"或"台吉"。得到"塔布囊"称号的兀良哈人能够进入蒙古部落的统治层，也使兀良哈人成为东土默特部分鄂托克的领主。所以，在东土默特部内逐渐形成了"诺颜—塔布囊"统治体系,该体系是东土默特部的统治基础。

1635年(后金天聪九年),后金封鄂木布楚琥尔为札萨克,把他所管辖的部众和驻牧之地编为土默特右翼旗(朝阳、北票)。同年,鄂木布楚琥尔逝世,由其子固穆承袭札萨克一职。在这之后,从清朝到民国,札萨克一职又传袭了15代,直到解放前最后一任土默特右翼旗札萨克王爷沁布多尔济为止。身为"塔布囊"的兀良哈人莽古尔岱,率所部从喀喇沁部徙居东土默特驻牧地东(约在阜新蒙古族自治县一带),并统领了徙牧于此地的东土默特部"蒙古勒津"蒙古人。1629年(后金天聪三年),莽古尔岱之孙善巴部归附后金。1635年(后金天聪九年),后金将善巴部驻牧地编为土默特左翼旗(现阜新蒙古族自治县),封善巴为旗札萨克。到解放前的最后一任札萨克王爷云丹桑布为止,也传袭了十四代。土默特右翼旗、土默特左翼旗隶属清朝桌索图盟。因此,东土默特部就形成了黄金家族台吉和兀良哈"塔布囊"异姓同牧的局面。

5. 清代的土默特部

17世纪初,努尔哈赤统一女真各部,并于1616年(后金天命元年)建立后金政权,迅速崛起于东北一带。17世纪20年代,后金以军事威胁和联姻等手段,陆续收服蒙古科尔沁等部,并按照满洲八旗制度建立了蒙古八旗,对原部落首领封爵,保留原属地,其职位可以世袭,通过这种方法拉拢蒙古王公贵

努尔哈赤建立后金政权

族。后金解除了后顾之忧之后，矛头直指蒙古察哈尔部林丹汗。林丹汗为了应付这个局面，于1627年（后金天聪元年）率部向右翼蒙古地区进发，先后击败喀喇沁、土默特等部，占据呼和浩特，控制了右翼蒙古广大地区。当时土默特博硕克图汗（阿勒坦汗四世孙）逃至鄂尔多斯，并于次年去世。其部众不愿受林丹汗奴役，四处逃亡，土默特部处于分崩离析状态。

1632年（后金天聪六年），后金皇太极率领大军西征林丹汗。林丹汗听到这一消息后，裹胁土默特部分民众和大量牲畜远走青海。后金大军轻易占领了呼和浩特。皇太极知道，藏传佛教能够安抚民众，因此命令军队保护呼和浩特各大寺院。由于后金军队的占领，土默特蒙古部众大部分溃散，只有博硕克图汗之子俄木布及头目古禄格、杭高和少量部众躲进深山老林之中。俄木布经过与部众商量后决定归顺后金。于是派人四处招集逃散的部众百姓，最后仅收罗了三千三百多人归降了后金政权。此前的数十万土默特部众逃散后不知去向。最初，皇太极也按照对待其他归顺后金的蒙古王公贵族一样给了俄木布相应的政治待遇，授

后金时期蒙古文信牌（摄于沈阳故宫）

予札萨克台吉之位,将土默特部驻牧地赏还给俄木布。此情之下,饱尝丧父失地之痛的俄木布得到一定的安慰。

1634年(后金天聪八年),蒙古末代大汗林丹汗病死在青海大草滩。1635年4月末,后金大将多尔衮、岳托、豪格等奉命统领一万骑兵,西渡黄河到达鄂尔多斯南部的托里图(今乌审旗境内),收降了林丹汗的儿子额哲和他的母亲苏泰太后,并接受了大元传国玉玺,这标志着蒙古北元政权的最后灭亡。在成功收降了察哈尔首领额哲后,多尔衮和岳托统领其大军北渡黄河,来到呼和浩特。

后金认识到土默特地区的战略位置十分重要,可以北控漠北、漠西,统御蒙古,南可逐鹿中原进攻明朝,另外土默特部是蒙古的大部落,在阿勒坦汗时曾称雄一时,后来虽为林丹汗所征服,但在蒙古各部中仍称强部,其地位仅次于蒙古宗主部察哈尔,具有号令其他蒙古部的威势,因此必须把土默特部牢固地掌握在手中,于是留下大将岳托驻守呼和浩特。

呼和浩特"清·将军衙署"(摄于呼和浩特)

在这期间,发生了一件改变土默特部命运的大事。据说有土默特人向清军告密,传俄木布派人前往喀尔喀蒙古,并与明朝相勾结,妄图谋反。其根据是清军截获了喀尔喀部100余人、乌珠穆沁部46人(此时喀尔喀、乌珠穆沁尚未归附后金）、明朝使者4人，携带骆驼37峰、马108匹、貂皮220张。以此为根据认为土默特人图谋不轨，因此罢除了俄木布统领土默特部的大权。土默特部的政治地位也随之发生了变化。

1636年（清崇德元年）4月，后金改国号为大清，皇太极继皇帝位。岳托代表清廷按八旗制度将土默特部3370余丁编为10队，分作左右两翼，每翼一旗，清廷任命古禄格、杭高为土默特两翼首任都统，分领土默特左右二旗。古禄格、杭高二人并非阿勒坦汗后裔，只是俄木布下属。这样，清廷就铲除了蒙古黄金家族对土默特部的统治权，为清廷驾驭蒙古诸部、南下攻取明朝解除了后顾之忧。从此，土默特两翼成为直隶于清朝理藩院的内属总管旗，蒙古黄金家族后裔分属左右翼，仍称台吉，但是已经没有了往日的权力和辉煌。

土默特两翼编旗初期，其管辖的范围包括大青山、乌拉山前后至喀尔喀蒙古南境及蛮汗山以东直至京冀以北广大地区，大约相当于北元时期土默特万户的全境。明末清初，土默

归化城土默特议事厅旧址（摄于呼和浩特旧城）

特万户驻地周围战乱迭起，人口大量流失，出现了地广人稀的局面。清朝统治者为了更加牢固地控制这个战略要地，进一步压缩土默特部的活动空间，并隔绝土默特与喀尔喀诸部的联系，从清顺治到康熙初年，致使土默特辖境

不断缩小。1646年（清顺治三年），清廷在土默特北境安插了原驻牧于呼伦贝尔草原的四子部落，建立四子王旗；1648年（清顺治五年），在土默特西境安置了原游牧于呼伦贝尔一带的乌拉特三公旗；1653年（顺清治十年），喀尔喀土谢图汗部本塔尔率领属民投附清朝，被安在在土默特北境，称喀尔喀右翼旗（达尔汗贝勒旗）；1664年（清康熙三年），清廷将原驻牧于呼伦贝尔的茂明安部迁置于土默特西北境，称茂明安旗；1675年（清康熙十四年），清廷平定布尔尼反清事件后，在土默特东境安置察哈尔八旗。至此，土默特两翼旗境面积大大缩小，地域被划定在南北205公里，东西175公里的范围内。

清廷在限制土默特部的同时，也知道蒙古骑兵骁勇善战，因此把蒙古骑兵视为劲旅，每当有战事，总要调遣土默特两翼蒙古骑兵从征打仗。参加清廷开疆拓土的战争有：1646年征伐喀尔喀土谢图汗部及车臣汗部的战争；1696年（清康熙三十五年）对准噶尔部噶尔丹的昭莫多之战；乾隆年间在新疆伊犁等处进剿准噶尔部达瓦奇、达什达瓦等部的战争等等。参加镇压农民起义的战争有：1851年1月

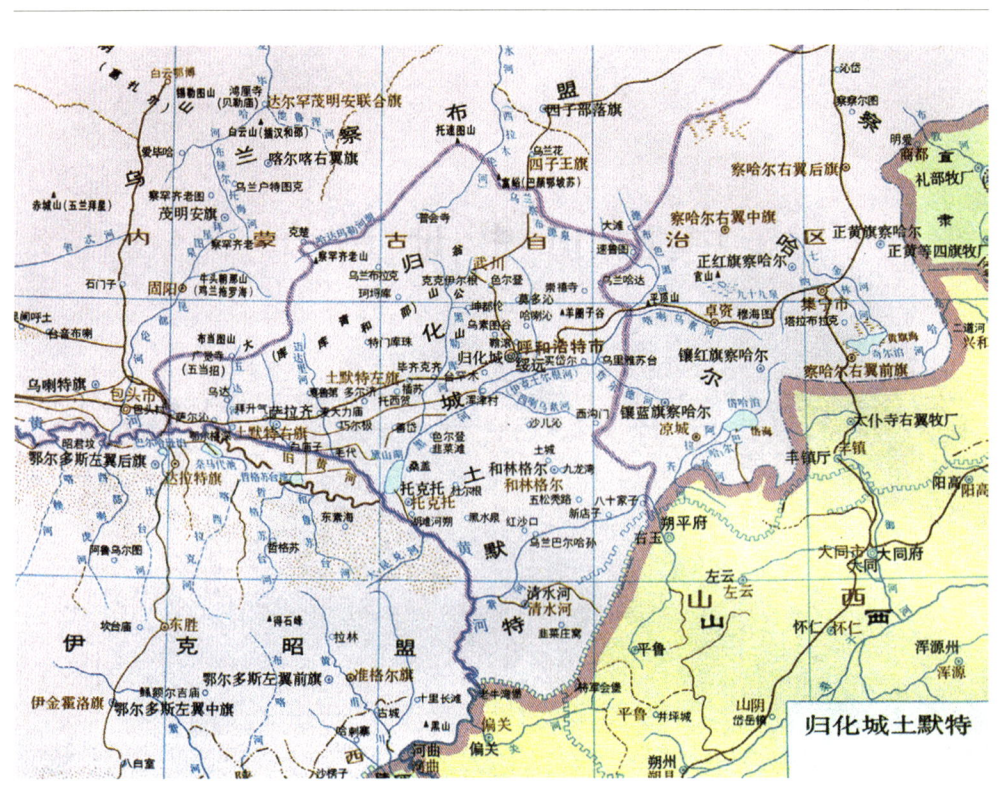

清归化城土默特地图（源于《中国历史地图集》）

蒙古军队与英国侵略军英勇作战（摄于科尔沁博物馆）

（清道光三十年十二月）镇压太平天国革命；1853年（清咸丰三年）镇压捻军起义；1858年（清咸丰八年）镇压马化龙领导的回军起义。参加保家卫国的正义战争有：1859年（清咸丰九年）7月，土默特蒙古骑兵在佐领乌尔图纳逊带领下，到天津海口大梁子、张家湾、通州八里桥等处，与英国军队英勇作战。土默特部每次被奉调的官兵，少则500名，多则2500余名，阵亡的官兵多达数千名。多次的征战，使土默特青壮年兵丁锐减。

17世纪末至18世纪初，内地汉族农民开始大规模移民，开垦土默特两翼草场，呼和浩特（归化城）的商人、手工业者逐渐增多，纷纷开办商号和手工作坊，城郊附近也出现了种植蔬菜的农户。随着汉族人口的不断增多，蒙、汉民交涉事件多了起来。清廷从1736年（清乾隆元年）开始，陆续在土默特地区设置了管理汉族民事的归绥道、萨拉齐厅、托克托厅、和林格尔厅和清水河厅，使这些道、厅逐渐成为一级政权并归属山西衙门管理，蒙古人受土默特两翼旗管理，一个地区出现两个政权，从而构成了清廷对土默特地区蒙汉民族分治的局面，这就大大缩小了土默特两翼旗的权力，使土默特两翼旗进一步走向衰落。

6. 民国时期的土默特部

1912年1月1日，中华民国宣告成立。3月10日，袁世凯窃取临时大总统一职，北洋军阀统治就此开始。4月，北京政府改归化城厅等为县，各县知事由山西任用，同时土默特两翼旗亦合称为土默特旗。1913年1月中旬，绥远政界人士开展要求晋绥分治活动，土默特旗人积极参与。在民众强烈要求下，为了加强对绥蒙地区的统治，北京政府批准设绥远特别行政区，即以土默特周边盟旗县为辖区，以绥远将军为最高行政长官。土默特旗最初由将军署直接管辖，后来又参照察哈尔蒙旗的统治方式设置了旗"总管"一职，至此晋绥正式分治。

民国政府蒙藏院与蒙古王公合影

1912年8月，袁世凯颁布《蒙古待遇条例》，信誓旦旦地允诺"保护蒙古旧有权利"。然而，当其统治初步得到巩固后，便大肆侵削蒙旗权益。1915年末，北京政府设立了绥远垦务总局，实行了垦放蒙旗土地的政策，大肆开垦蒙古人的牧场，对蒙旗地方进行残酷的经济掠夺，使很多土默特旗农牧民失去了赖以生存的土地。除此而外，北洋政府又以各种名目，向土默特旗摊派各种徭役和征收名目繁多的苛捐杂税，使土默特旗各族人民陷入水深火热之中。

土默特是一个历经沧桑和饱受苦难的地区。在中国近代历史上，北洋军阀政府为分割统治内蒙古地区，设置了热河、察哈尔、绥远3个特别区。国民党政府成立后继续推行大汉族主义的民族压迫政策，将热河、察哈尔、绥远三个蒙古民族聚居地区改为省，目的是将蒙汉民族分而治之和逐步同化、压迫蒙古民族。抗日战争时期，土默特、呼和浩特又处于日寇的铁蹄统治之下。新中国成立前，土默川地区的蒙古族百姓受尽了中外统治者的欺压和歧视，人口逐渐减少，其苦难程度比内蒙古其他地区更为深重。

土默特蒙古人自古以来就有着坚忍不拔、顽强进取的民族性格和团结互助、共御外侮的凝聚力。在多少次民族危难和国家存亡之际，土默川出现了一大批意志坚定、勇敢坚强的英雄斗士。建国以前，土默特蒙古人在不断遭受外

土默特高等小学校毕业生合影

族欺压和分化歧视的过程中，宁折不弯，刚强不屈，始终没有甘于屈服。尤其是在中国近现代历史上，这里涌现出一大批革命者，他们走上了马克思主义的道路，加入了中国共产党。他们始终对党忠贞不渝，视死如归，用鲜血和生命保卫了这片美丽富饶的土地。

1921年中国共产党成立以后，确立了"民族不分大小一律平等"的解决国内民族问题的基本纲领，明确在内蒙古、西藏、新疆等少数民族地区实行民族自决的主张。当时有很多土默特蒙古族青年如：乌兰夫、奎璧、吉雅泰、赵诚、佛鼎、高布泽博、李森、多松年、李裕智等人积极响应中国共产党的主张投身革命。在党组织的培养下，于1924年至1925年，他们先后加入中国共产党，走上了反对军阀统治和争取民族解放的革命道路，从此产生了第一批蒙古族的共产主义者，对内蒙古与土默特地区的革命运动发展，都产生了重大而深

远的影响。

在争取民族解放和中国革命的道路中,荣耀先、多松年、李裕智、贾力更、高凤英、云浦等众多土默特蒙古族志士为革命捐躯。抗日战争期间,土默特蒙古族和其他民族的青年积极参加中国共产党领导的八路军大青山抗日游击队,为抗击日本帝国主义的侵略浴血奋战。解放战争期间,乌兰夫等人多次奔赴内蒙古各地,宣传党的民族政策,动员和说服蒙古族各阶层人士放弃不切实际的独立主张,接受中国共产党的号召,使各民族联合起来,共同建立统一国家的方针,并且于1947年5月1日在乌兰浩特成立了内蒙古自治政府,为新中国成立后用民族区域自治的办法,解决中国少数民族问题和维护国家统一开辟了一条成功的道路,树立了光辉的典范。

土默特的早期革命者朱实夫、多松年、佛鼎、赵诚合影(摄于内蒙古博物馆)

二、东西土默特各鄂托克（旗）沿革和概况

绥远省于1949年9月19日和平解放。1950年3月1日，土默特旗人民政府正式成立，直属绥远省人民政府领导，旗政府设在归绥市（呼和浩特市）内。1953年11月26日，土默特旗各界人民代表会议通过决议结束旗县并存局面，归绥县并入土默特旗，土默特旗改由集宁专署领导。1954年3月6日，国务院撤销绥远省建制，其地域并入内蒙古自治区，土默特旗改由内蒙古乌兰察布盟盟公署领导。1958年撤销萨拉齐县，划归土默特旗。1965年3月27日，根据国务院决议撤销土默特旗，改设土默特左旗和土默特右旗。旗政府分别设在察素齐镇和萨拉齐镇。1971年，土默特左旗划归呼和浩特市管辖。土默特右旗划归包头市管辖至今。

属于东土默特的朝阳市境内的朝阳、北票、凌源、建平、建昌等地的蒙古族，1945年以前一直归属热河省卓索图盟管辖。辽沈战役于1948年11月2日结束以后，东北全境获得解放。属于东土默特的阜新、北票、朝阳也随即建立了人民政权。这些地区虽然没有纳入内蒙古自治区的管辖，但是也享受了党的民族政策。1957年10月，国务院决定设置阜新蒙古族自治县，撤销阜新县。1958年4月正式成立阜新蒙古族自治县政府，也成为民族区域自治地方，自治县政府驻阜新镇。

1. 属于内蒙古自治区的土默特地区
(1)呼和浩特市

呼和浩特市是内蒙古自治区首府，位于自治区中部，总面积1.72万平方公里，辖4区、1旗、4县，即新城区、回民区、玉泉区、赛罕区；土默特左旗（将单独介绍）；托克托县、和林格尔县、武川县、清水河县。总人口2437898人（2000年），其中蒙古族人口207605人。

呼和浩特是具有400多年历史的塞外名城。远在旧石器时代就有人类生存。公元前306年，赵武灵王在阴山下筑长城，并设云中郡。西汉时期，汉武帝兴建了一批屯军驻地，在今呼和浩特东郊的塔布托村就留有当时的土城遗址。魏晋南北朝时，鲜卑族拓跋部在北方兴起，其早期都城"盛乐"就建在今呼和浩特南面40公里处。隋唐时期，呼和浩特一带是突厥人的活动范围，唐太宗贞观年间，唐军大败突厥于白道（今呼和浩特市北蜈蚣坝）。公元708

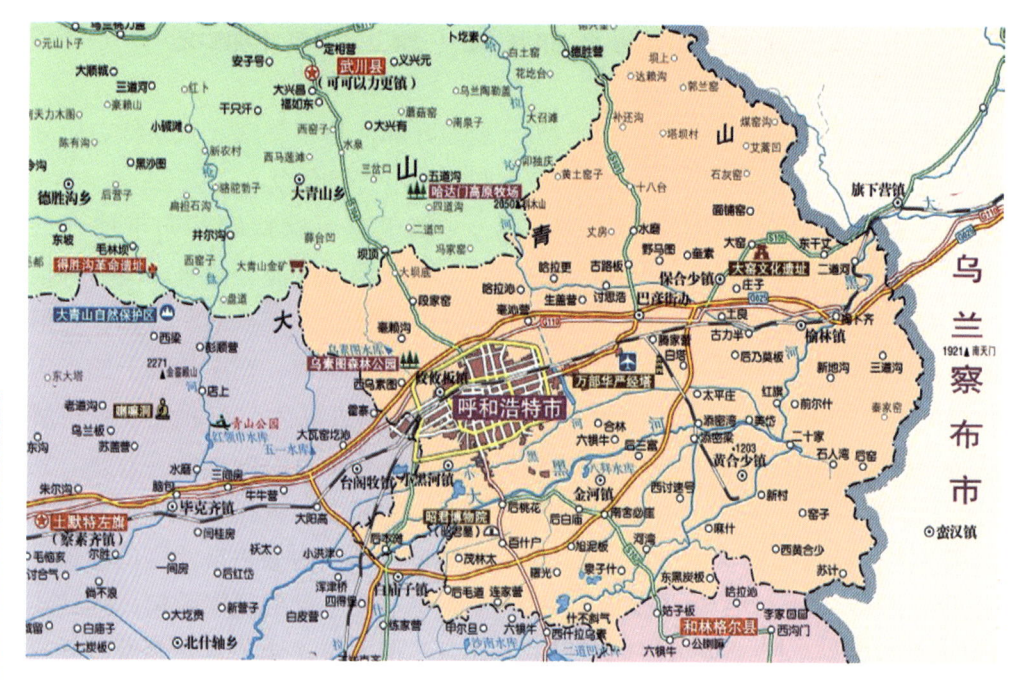

呼和浩特市（市区）地图（源于内蒙古测绘网）

年（唐中宗景龙二年），唐王朝在今呼和浩特周围设立了东、中、西三个"受降城"。公元10世纪初，辽国在此建"丰州城"。丰州故址在今呼和浩特东南约20公里的白塔村附近。

1572年（明隆庆六年），蒙古土默特部首领阿勒坦汗在丰州一带驻牧。1581年（明万历九年），阿勒坦汗和他的妻子三娘子在这里正式筑城，因城墙用青砖砌成，远望一片青色，"青城"之名由此而来，蒙古语为呼和浩特，史书中汉译为"库库河屯"。在蒙古文《俺答汗传》中记载："大名扬天下的圣主俺答汗（阿勒坦汗），在水公

呼和浩特辽代白塔

猴年（藏历、即明隆庆六年、1572年），召集举世无双的巧工名匠，模仿已失去的大都，在哈剌兀那之阳、哈屯河之滨，始建有八座楼和琉璃金银殿的雄壮美丽的呼和浩特"。"哈剌兀那"，蒙古语为黑山，即今大青山。"哈屯河"，为呼和浩特市西北由乌素图顺流而下的"扎达盖河"。明朝为阿勒坦汗所建之城呼和浩特命名为"归化"。其含义为"归化远人"，明显地带有歧视、贬低少数民族的用意。后来明、清的许多著作中，便把呼和浩特称为"归化"了。但是很多史书仍然把"归化城"和"库库河屯"并称。

1737年（清乾隆二年），为加强防务，清朝政府在归化城东北5里处，修建了一座八旗军队的驻防城。乾隆皇帝赐名"绥远"，是"绥靖远方"的意思。并设绥远将军驻城主持军务，将军衙署至今犹存，从门前照壁上的"屏藩朔漠"四个大字，犹可想见当年的赫赫威仪。绥远城俗称"新城"，对应的归化城为"旧城"。如果说归化城是典型的商业城市，则绥远城是典型的军事重镇，除绥远将军衙门的文官武将外，城内驻扎八旗军兵4000余人，包括满洲八旗兵和蒙古八旗兵，他们的后代有一部分仍然居住在现在的呼和浩特新城，成为这里最早的居民。绥远城周长九里，呈正方形，东、南、西、北各设城门。四门之外有瓮城、石桥和护城壕。城门上建望楼，城中央有鼓楼，从鼓楼通向四门有四条大街，向四面八方伸向众多小巷，构成整齐的棋盘状布局。

民国建立以后，在1913年把归化城（旧城）和绥远城（新城）合并为归绥县，土默特旗政府也驻归绥县城内，形成旗县并存局面。1928年，绥远建省，以归绥县城区设立归绥市，作为省会。抗日战争时期，日本侵略者将归绥市改为"厚和特别市"。日寇

呼和浩特遗存的一段古城墙（摄于呼和浩特）

历史悲壮的部落

土默特部

投降后，复称归绥市。1949年9月19日，时任国民党绥远省政府主席的董其武将军，接受中国共产党和平解决绥远问题的主张，率部起义，绥远省及省会归绥获得和平解放。1950年1月20日，成立归绥市人民政府。1954年3月5日，内蒙古人民政府、绥远省人民政府委员会、绥远军政委员会、绥远省各界人民代表会议协商委员会在归绥市联合召开扩大会议，绥远省建制和省人民政府同时撤销，原绥远省辖区并入内蒙古自治区，由内蒙古自治区人民政府领导。同时，从1954年4月25日起，将归绥市改名为呼和浩特市，成为内蒙古自治区的首府。

呼和浩特市位于内蒙古自治区中部。北部是大青山，东南部为蛮汉山，南部及西南部为土默川平原。河流有大黑河、小黑河等。属大陆性气候，年平均气温北部山区仅在2℃左右，南部达到6.7℃。无霜期北部山区为75天，低山丘陵区110天，南部

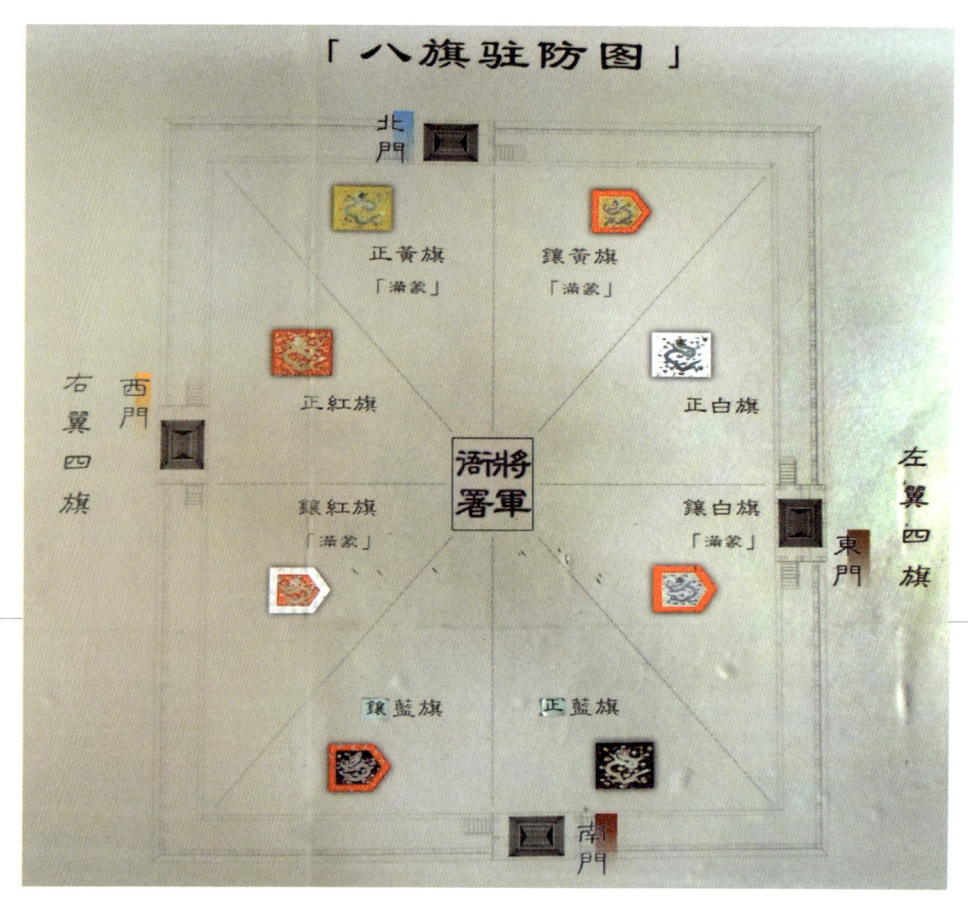

清朝时绥远城八旗驻防图（摄于呼和浩特将军衙署）

平原区为113至134天。年平均降水量为335.2至534.6毫米。

呼和浩特市经济发达,工业以轻纺、电子、食品、机械、化工、建材为主,其中乳品工业有"中国乳都"之称。由于地处土默川平原,农业发达,农作物以玉米、小麦、莜麦、马铃薯为主,并大量种植蔬菜供应市民。矿产资源也非常丰富,有石墨、煤炭、大理石、花岗岩、石棉、云母、珍珠岩、膨润土、水晶、紫沙陶土、金、铁、铜、铅、锌、铀、钍等。野生动物资源有青羊、云豹、金雕、雀鹰、红角鹤等。本市是内蒙古的教育、科研、文化中心,有多所大专院校和科研院所。交通十分发达,已形成了航空、铁路、高速公路、普通公路互相配套的立体交通网络。

呼和浩特市是国家级历史文化名城。有人类旧石器时代的大窑文化遗址、昭君墓、辽代白塔、公主府、将军衙署、玉泉井等。还有着丰富的召

呼和浩特标志性建筑——内蒙古博物馆(摄于呼和浩特)

庙文化,如大召寺、五塔寺、席力图召、乌素图召等。另外还拥有美丽的自然景观,包括哈达门国家森林公园、和林格尔汉墓壁画、清水河老牛湾等。内蒙古博物馆是了解内蒙古历史文化的最佳去处,老馆曾经是呼和浩特的标志性建筑,2007年迁入新址,更名为"内蒙古博物院"。

(2)土默特左旗

土默特左旗隶属呼和浩特市管辖,位于呼和浩特市市区西部,坐落在大青山南麓土默川平原上。东临呼和浩特市城区,北倚大青山与武川县接壤,南连和林格尔县、托克托县,西接包头市土默特右旗。 面积2712平方公里。总人口346777人(2000年),其中蒙古族34380人。旗人民政府驻察素齐镇。

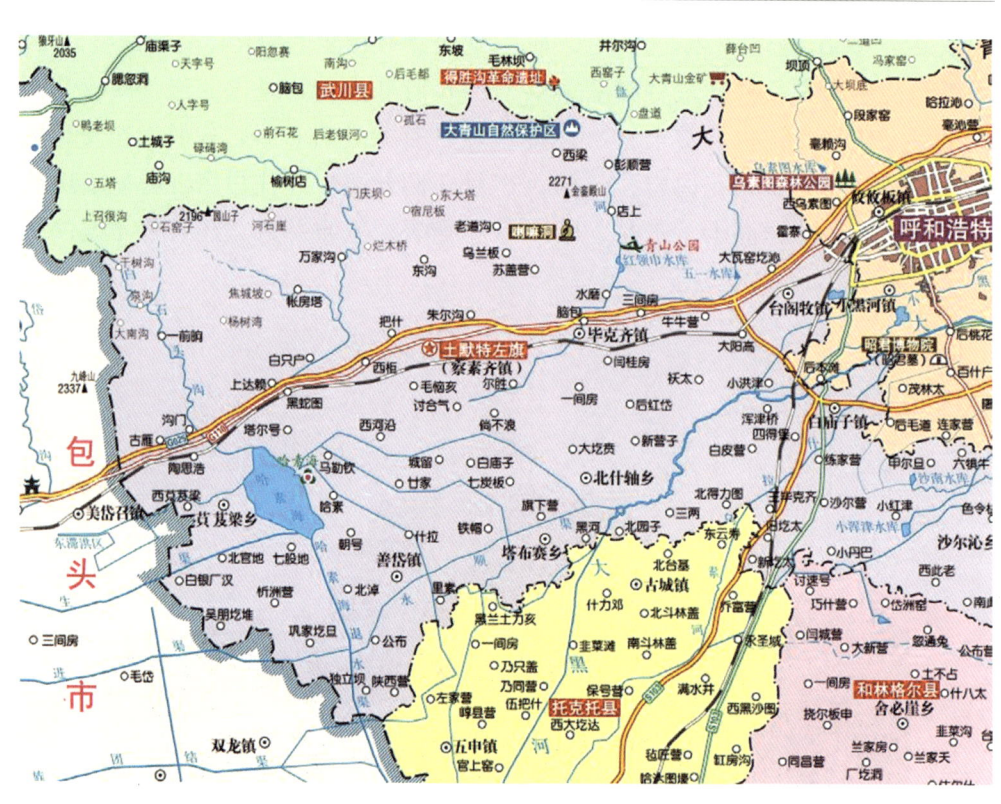

土默特左旗地图(源于内蒙古测绘网)

历史上,早在春秋战国时,林胡、楼烦等民族就活动在这里;公元前306年,赵武灵王设置云中郡;秦时云中郡列为全国三十六郡之一;汉时为匈奴游牧之地;后来汉朝设置云中郡;北魏时安置敕勒族于此,因此这一带又称"敕勒川","敕勒歌"所描绘的"敕勒川,阴山下,天似穹,笼盖四野。天苍苍,野茫茫,风吹草低见牛羊。"正是当时的写照;唐朝时,设置了单于大都护府;辽时,置丰州、云内州,隶于西京道;金朝仍置丰州,改道为路,当时著名的汪古部就游牧于此；元称丰州，隶于大同路；北元以后的500年间，是蒙古土默特部活动的中心地带。

地形北高南低，北面是大青山山地，南部是土默特平原。河流主要有大黑河、小黑河、什拉乌素河等。属大陆性气候，年平均气温6.3℃，无霜期130天。

土默特地区黄教发祥地之一喇嘛洞

自然条件较好，具备工业和农林牧多种经营的优越条件；有耕地面积102万亩，主要农作物有：葵花、玉米、中药材、蔬菜、优质牧草等；现在是全国第二大县级奶源基地；矿产资源丰富，有各种矿藏48种，具有开采价值的有无烟煤、黄金、石棉、泥炭、石墨、云母、紫砂陶土等10余种；野生动物有狍子、鹿、青羊、狐狸等30余种；本旗交通发达，京包铁路、110国道、呼包高速公路横贯全境，呼准、呼清、呼托公路纵贯旗境东部。

主要旅游风景区有"塞外西湖"

美称的哈素海；有历史悠久、洞天福地的喇嘛洞召庙，它是土默特地区黄教发祥地之一；有峰峦叠障、景色优美的避暑胜地金銮殿；有革命教育基地乌兰夫公园；还有集古代建筑、历史文化为一体的明清建筑博览园。形成了大青山景区生态游，召庙文化游，民族文化艺术游，民俗民情游，风景观光游，休闲度假娱乐游的服务体系。

(3)土默特右旗

土默特右旗隶属内蒙古包头市。北部为大青山山区，南部是土默川平原，东与土默特左旗、托克托县毗邻，南隔黄河与准格尔旗、达拉特旗相望，西和包头市区相连，北与固阳县、武川县接壤。总面积2356.4平方公里。总人口320099人（2000年），其中蒙古族8735人。旗政府驻萨拉齐镇。

土默特右旗地图（源于内蒙古测绘网）

战国前为北方匈奴等游牧民族活动地；战国时属赵国云中西界地区；西汉为咸阳、犊和两县；北魏为怀朔镇东南境；公元584年（隋开皇四年）置油云县；唐朝置云中守提使；辽金时为云内州辖地；元称丰州，隶属大同路，北元后为蒙古土默特部游牧之地；公元1741年（清乾隆六年），设萨拉齐协理通判；民国元年改设县知事；1949年成立萨拉齐县人民政府；1958年撤销县制划归土默特旗；1969年将土默特旗西部地区分出，设土默特右旗。

地形北高南低，境北部为连绵起伏的大青山中、西段山地，南部为开阔平坦的土默川平原，隔黄河与鄂尔多斯高原相望。属大陆性气候，年平均气温6℃-8℃，年降水量400毫米，无霜期140天。

经济以农业为主，主要农作物有小麦、莜麦、糜黍、玉米、高粱、谷子、荞麦、马铃薯、葵花籽、甜菜

土默特部首领阿勒坦汗的家庙美岱召

等，沿山盛产水果；矿产资源丰富，有煤炭、泥炭、大理石、石英石、石棉、云母、铜、长石、辉绿岩、冰洲石、石膏、铝、银、石墨等；野生动物有：青羊、狼、狐狸、獾、兔、黄鼬、松鼠、雀鹰、金雕、石鸡等；交通发达，有京

包铁路、110国道、呼包高速公路横贯全境。

境内有著名古迹美岱召,建于1575年,是著名土默特部首领阿勒坦汗的家庙。西藏迈达里活佛曾来此传教,所以取名美岱召(迈达里、美岱同音)。城内有阿勒坦汗家族世代居住的楼院,还有供奉阿勒坦汗夫人三娘子骨灰的太后殿,骨灰储藏在殿内的檀香木塔中。殿内有明代绘制的阿勒坦汗及三娘子的壁画。美岱召依山傍水,景色宜人,在建筑上更有独特的风格。它是仿中原汉式,融合蒙藏风格而建,是一座"城寺结合,人佛共居"的喇嘛庙。在美岱召西北宝丰山南坡就是阿勒坦汗及其家族的陵墓。这些对于研究明代蒙古史、佛教史、建筑史、美术史都具有很重要的意义。

2. 属于辽宁省的东土默特地区
(1)辽宁省阜新蒙古族自治县

阜新蒙古族自治县隶属辽宁省阜新市。俗称"蒙古勒津"。位于辽宁省

阜新蒙古族自治县地图(源于《辽宁省地图册》)

西北部，东与彰武、黑山、新民等县接壤；西与北票毗邻；南与北宁、义县相连；北靠内蒙古库伦旗、奈曼旗。总面积6246.2平方公里。全县总人数73.5万人（2000年），其中蒙古族人数为14.5万人，占全县人口的19.7%。县政府驻阜新镇。

历史上，辽代先后为懿州、成州、徽州、豪州等州县；金立国后，县境初隶懿州，后属大定府；元为辽阳行省懿州境地；明代西部为营州右屯卫，东部为广宁后屯卫；1401年后属蒙古游牧地；清初为卓索图盟土默特左翼旗，清康熙三十一年设养息牧场，乾隆三年蒙、汉分治归直隶承德府，乾隆十三年归塔子沟厅所属，乾隆三十九年县境属三座塔厅所辖，光绪二十九年，由朝阳析置阜新县，隶属承德府，1904年（清光绪三十年）升朝阳县为府，此时县境归朝阳府所属；解放后建立人民政权，1957年10月，国务院决定设置阜新蒙古族自治县，撤销阜新县，1958年4月正式成立阜新蒙古族自治县。

地貌特征是：南部山、北部沙、西部丘陵、东部洼地。境内多河流，

阜新蒙医药研究所（摄于阜新）

有细河、伊马图河、二道河、务欢池河、八道河等二十条主要河流，分别汇入大凌河、绕阳河、柳河三个水系。气候属大陆性气候区，年平均气温7.2℃，无霜期150天左右。全县平均降水量为500毫米左右。

经济以农业为主，是全国产粮百强县之一。有耕地面积22.87万公顷。主要农作物有玉米、高粱、谷子、大豆、小杂粮、花生、薯类等。矿产资源丰富，主要有煤炭、黄金、铁、硅石、石灰石、玛瑙石、麦饭石、膨润土。城乡公路四通八达，京沈、广奈、沈阜红等公路贯通东西南北，新义、大郑两条铁

路交叉于县境,可直达北京、沈阳等大中城市和环渤海岸各港口。

民族文化积淀丰厚,俗称"歌的海洋",安代舞的故乡。民族教育自成体系,形成规模。蒙医蒙药蜚声国内外。藏传佛教文化,颇有声誉。海棠山摩崖造像驰名中外。古迹有懿州古城址、查海文化遗址、明代长城与清代柳条边等。

(2)北票市

北票市(县级市)隶属辽宁省朝阳市。位于朝阳市的东北部,大凌河中游。东与阜新蒙古自治战县毗邻,南与锦州市义县、凌海市相邻,西、西南与

北票市地图(源于《辽宁省地图册》)

朝阳市区、朝阳县接壤,北与内蒙古自治区敖汉旗、奈曼旗交界。总人口573836人（2000年）,其中蒙古族人口30641人。

春秋战国时期为东胡地；秦、汉为辽西郡；西晋、北魏时属昌黎郡；隋为柳城郡；唐为营州柳城县；五代十国时期为契丹人占据；辽为中京道；金属北京路兴中府；元代属大宁路兴中州地；明时属兀良哈三卫蒙古牧场；清属卓索图盟土默特右旗；清后期开垦蒙地,光绪三十年隶属朝阳县,蒙汉分治,旗县并存；1947年解放并建立人民政权,隶属热河省；1956年划归辽宁省管辖。

北票是由于煤矿开发而得名。清光绪年间在境内发现煤矿,由当时的土默特旗长棍布扎布向热河都统报奏此事,都统发下四张龙票开采煤矿,因四地皆在朝阳北,故称"北四票",简称北票。

地形大部为丘陵山区,大凌河及其支流贯穿中部形成了较宽阔的河谷平原。属大陆性气候,年平均气温8.6℃。年平均降水量509毫米。无霜期153天左右。

工业基础雄厚、门类齐全,有机械、食品、轻纺、建材、冶金、化工六大支柱产业；耕地面积177万亩,主要农产品有：玉米、红高粱、荞麦、谷子、豆类、芝麻、蓖麻籽、葵花籽等；矿产资源品种有煤炭、铁矿、金矿、沸石、膨润土、高岭土、钾长石、珍珠岩、麦饭石、石灰石、花岗岩等；境内有锦承铁路可直通北京、锦州、承德等城市,公路以贯通

尹湛纳希全集

关内外的大动脉101国道和305线为轴心的交通网络。

北票市是蒙古族近代著名史学家、文学家、诗人、画家和翻译家尹湛纳希（1837~1892）的故乡，著有《青史演义》、《一层楼》、《泣红亭》、《红运泪》等名著，他为丰富蒙古民族文学宝库，促进蒙、汉文化交流以及丰富和发展蒙古族文学体裁和文学语言，作出了巨大贡献，在蒙古民族文学史上占有一席重要的地位。

北票市旅游资源丰富，文化古迹较多。有丰下原始社会末期遗址、莲花山辽墓群、黑城子古城遗址、喇嘛庙惠宁寺等。另外还有大黑山国家森林公园和桃花山风景区。北票还是国家级化石地质遗迹资源自然保护区，曾出土中华龙鸟、圣贤孔子鸟、粗状原始祖鸟等稀有化石，在国内外享有盛名。

(3)朝阳县

朝阳县隶属辽宁省朝阳市，位于辽宁省西北部。东、东南与凌海市及葫芦岛市的南票区、连山区接壤，西、西南和建平、喀左及建昌相毗邻，并与北

朝阳县地图（源于《辽宁省地图册》）

票、内蒙古自治区敖汉旗交界。总面积4215.8平方公里，总人口584959人（2000年），其中蒙古族人口31897人。县人民政府驻朝阳市双塔区。

春秋时期为东胡地；战国、秦、汉为辽西郡；西晋、北魏时属昌黎郡；隋为柳城郡；唐为营州柳城县；五代十国时期为契丹人占据；辽为兴中府；金属北京路；元代属大宁路兴中州地；明时属兀良哈三卫蒙古牧场；清属卓索图盟土默特右旗，清乾隆年以后，开垦蒙地，在部分地区设朝阳县，蒙汉分治，旗县并存；1947年朝阳县解放并建立人民政权，隶属热河省；1955年划归辽宁省。

朝阳县属辽西中低山区，努鲁儿虎山纵贯西北，中部为大凌河谷地，地势由西北向东南倾斜。主要河流有大凌河、小凌河、老虎山河。属大陆性气候，全年平均气温5.4℃～8.7℃；年降水量450～580毫米；无霜期120～155天。

工业形成了冶金、煤炭、轻工、机械、电子、

朝阳北塔

朝阳街景

朝阳南塔

鸟瞰朝阳市

建材、纺织、化工、医药、食品饮料、造纸等门类比较齐全的工业体系；矿产资源较为丰富，已开采的有金、锰、铁、石棉、石灰石、氟石、珍珠岩、花岗岩、玄武岩、耐火黏土、大理石等；全县有耕地面积137.1万亩，粮食作物以谷子、玉米、高粱为主，经济作物以棉花为主，是国家北方优质棉重点产区；交通便利，有锦承铁路、锦朝高速公路、101国道和206线贯穿全境，朝阳机场可以起降中型客机。

朝阳县历史悠久文化底蕴丰厚，是著名抗日英雄赵尚志的家乡。朝阳数以百计的宝塔古刹和风景区点缀着山河大地，使朝阳充满中华文化的魅力。最值得一游的有努鲁尔虎山自然保护区、凤凰山风景区等。境内共有文物保护点28处，古塔、城堡24座。汉代柳城遗址、东晋壁画墓文物价值极高，关帝庙、法轮寺、玉清宫建筑巧夺天工，槐树洞景色幽雅，清风岭巍峨隽秀，劈山沟远近闻名。

三、土默特部风俗习惯

土默特蒙古人在阿勒坦汗统领下游牧于土默川，一直保持着本民族的生活习俗和文化传统。后来，随着从游牧过渡到定居并且逐步从事农业生产，以及在藏传佛教的熏陶和在满族、汉族百姓的影响下，土默特蒙古人的语言、文化、饮食、服装、居住和风俗习惯都发生了较大变化，呈现出蒙古、藏、满、汉融合的趋势和特点。

土默特蒙古人自从来到土默川后一直使用蒙古族语言和文字，直到清朝末年，他们还有禁用汉语和汉字的习惯，如果有人在交谈时夹带了汉语的词句，会受到长辈们的训斥或者同族人的讥笑。但是到了民国初期，由于北洋军阀政府对土默特蒙古人实行歧视和欺压政策，许多土默特蒙古人不敢表露自己的民族身份而被迫改用汉语。到了建国前夕，土默特蒙古人中的多数人基本上忘记了自己的母语，也不会书写蒙古文了。

土默特左旗喇嘛洞蒙古文石刻

土默特蒙古人有着良好的文化传统,随着藏传佛教的传入和汉族移民的增加,土默特蒙古族文化受到藏传佛教艺术和中原汉族文化的影响而日趋丰富,具体表现在文学、历史、音乐、美术和寺庙建筑方面。《三百六十只黄羊》是土默特蒙古族老艺人伊勒盖留传下来的说唱代表作,它讲述了一个在危难之时

坐落在呼和浩特大青山下的乌素图召 (赵如意摄)

黄羊妈妈保护小黄羊凄凉、优美、动人的故事。《阿勒坦汗传》是明代土默特蒙古族学者用蒙古文撰写的一部蒙古族编年史,记载了阿拉坦汗统治土默川的全部历史,是研究呼和浩特历史和蒙古族文字的重要史料。最能体现出土默特蒙古族文化传统和艺术造诣的应该是喇嘛庙的建筑、绘画和雕塑。位于呼和浩特城北大青山脚下的乌素图召建筑群,是土默川地区数十座喇嘛庙中的精品。乌素图召完全是由土默特蒙古族的工匠们设计和建造的,历经400年依旧庄严肃穆,宏伟壮观。

土默特蒙古人的饮食结构与生产发展紧密相连。早年游牧时期,土默特蒙古人的食物以牛羊肉和奶食品为主,粮食很少。转向农耕之后,开始种植糜黍、小麦和莜麦,食物变成以五谷杂粮为主,饮料也趋向清茶和白酒,只有逢年过节才宰杀牛羊改善生活。近现代以来,随着食物的充足和品种的增加,土默特蒙古人食用猪肉、鸡蛋、蔬菜、水果的比例明显增多。如今,土默特蒙古人在饮食上与汉族人基本相同,唯有喝奶茶泡炒米

和爱吃牛羊肉依然保持着传统习惯。早期,土默特蒙古人来到土默川时,虽然游牧的范围不是很大,但是仍然住在毡帐里,类似于现在的蒙古包,转入农耕之后,学习汉族百姓建起了石头地基的土坯平房,称为板升,过上了定居生活。土默特蒙古人的房屋与汉族人略有不同,一是堂屋较大并且供奉着佛龛;二是院内都竖立着三股叉的苏鲁锭或者挂着经旗的玛尼杆,代表着他们的民族传统和宗教信仰。如今的土默川地区,大多数蒙族家庭都建起了高宅大院,每户人家都有房屋十几间,宽阔敞亮。

在土默川地区的很多蒙古族家庭或者家族中,一向是上下有别,尊卑有序,敬老爱幼,夫唱妇随。尤其是早年,子女较多的蒙古族家庭,一直沿袭着爱长护幼的习俗,在各立门户分割家产时,往往长子和幼子可得双份,其余子女只得一份,这种规矩是从古代沿袭下来的。在许多土默特蒙古族家庭中,妇女有着特殊的权利和地位,家中

土默特农民的住宅(摄于土默特左旗)

土默特蒙古族农民家庭受到尊重的老人（摄于土默特左旗）

大小事务的安排与管理，全由女主人一人主持操办，这也是土默特蒙古族妇女特有的社会地位的体现。

土默特蒙古人从游牧转为定居后，随着农耕业的发展以及周围汉族人的影响，在年节上也与汉族习俗日益接近，只是在方式和细节上略有差异。如今，土默特蒙古人唯有在集体性的祭敖包和各家各户的祭拜苏鲁锭和玛尼杆仪式上，还保持着本民族的传统习惯。每年的农历五月十三，土默川地区的一些蒙古人都会自发地举行祭敖包活动，虽然规模不如以往，但是也十分隆重热闹。土默特蒙古人各家各户的祭拜苏鲁锭和玛尼杆活动，既是一种精神上的寄托，也是对晚辈的一种传统教育方式。

土默川农村地区的蒙古族婚礼隆重而热闹，并且保留着一些传统的迎娶仪式。婚礼前一天，新郎在伴郎的陪同下到女方家迎亲，女方家设宴款待后，新郎和伴郎要主动向新娘的女友们求问新娘的乳名，俗称讨名礼。新娘的女友们故意不说还要起哄，并且提出各种问题进行刁难，双方互相戏耍，欢声笑语，十分开心。第二天婚礼开始前，要为新娘施行梳头礼，就是请一位成年妇女为新娘改换发型，表示新娘从此由姑娘变成新媳妇，而梳头妈也将把新娘当成自己的女儿一样关怀照顾，终生来往，成为新娘除生母、婆婆以外的第三个妈妈。

土默特蒙古人，虽然早已从游牧转为农耕，并且长期与汉族人相处和交往，但是至今仍然恪守着本民族的一些生活习惯与禁忌，比如不吃马肉和狗肉；不吃冻死或者病死的牲畜；宰羊时开膛而不是砍头；不随意鞭打牛马等牲畜。建国以后，土默特蒙古族信奉喇嘛教的人越来越少，但是不论男女老少仍然遵从过去的习俗，不在寺庙内高声叫喊或者乱摸法器；不在寺庙周围放羊、打猎或者歌舞嬉戏。

土默特部的服饰文化在历史上同样具有鲜明的蒙古族特色。但自清朝以后，土默特由于政治上处于被奴役的地位，民族文化被摧残，使土默特人的服饰经历了满族化、汉族化的历史演变，到民国时期，本民族语言与文字已基本丧失，但民族情结在他们的心中从来都没有消失。直至民国初年，土默特地区每年都要举办赛马与射箭活动。每到这一天，土默特的蒙

祭敖包活动

古人都要穿上自己的民族服饰。特别是婚礼,蒙古人都按照本民族的习俗举行,新郎、新娘必须穿上蒙古族婚礼服装,因此土默特蒙古族的服饰才得以保留下来。下面追溯一下传统的土默特蒙古族服饰。

新娘的服饰:新娘子头戴翠冠,款式为圆顶立檐帽,檐高于冠顶,上面镶嵌玛瑙、翡翠、珊瑚和宝石,华丽富贵。新娘将头发在头顶盘左右两个结,插上金银簪,额头上戴有用金、银雕刻并镶嵌珊瑚宝石的额箍。额箍上方正中是顶饰,是一块半圆云形雕刻镶嵌珠宝的发卡,用来连接头顶左右两结的装饰品。额箍下方无额帘,两侧各有一组垂饰、两组坠子。坠子下方是鼓饰,额箍的两侧是一三角形的腮饰,腮饰与脑后的上横饰连接,下接红珊瑚网状纽襻儿。身穿左衽立领长袍,外着四开叉直襟长坎肩,与鄂尔多斯坎肩相似,但腰更长一些。土默特蒙古族妇女更讲究胸饰,而胸饰的组成大都用金、银、玉佩,还有少量的玛瑙与珍珠,以及手工艺讲究的荷包组成,称之为组饰。

新郎着左衽立领长袍,腰系红色绸缎腰带,头戴小立檐,圆顶串珠绣花红缨帽,胸前与肩背配以大珠,脚蹬香牛皮靴或盘花大绒靴。左肩挎弓,箭囊背身后。箭囊中插三支红翎羽箭,腰带右前侧带银质图海,下挂火镰,左前侧悬鼻烟壶袋子与褡裢。

土默特蒙古族妇女,在节庆或行大礼时,必须佩戴冠帽,款式同察哈尔部的女帽相似,为红缨圆顶,绣花立檐帽。帽后拖垂着两条绣花的垂带,长约一尺五

婚礼开始前为新娘施行梳头礼(剧照)

陪嫁香包(摄于内蒙古博物馆)

土默特新娘服饰

寸左右,佩以华丽的头饰,富丽而庄重。相比之下,姑娘们的头饰要比较简单。13岁以后,姑娘们戴耳环。耳环一般用金、银镶珠宝,款式较大。头发编一根独辫,封在绣工精美的发袋中,自脑后自然下垂。发带的末端缀有珠宝或缨带。一般身着淡蓝色素长袍,腰系色彩艳丽的绸带或绣花的宽腰带,脚着绣花的布绒靴子或香牛皮靴。身上服饰的华丽程度和做工工艺,都是显示姑娘女红水平的标志。年纪大的老妇人,将头发编成左右两个小辫子分别封在发带中。土默特老、中、青三个年龄段的妇女对胸饰都十分讲究。

饰品一般用银环或小珍珠作链,串以组玉或金、银镶嵌的宝石,组成主体饰品。根据各自的经济实力,胸饰与垂链分一组或六组,由金、银、大宝珠、组玉,还有香包所组成。由于饰品沉重,一条项链难以承受,因此将胸饰与脖颈下的纽扣相连,左右两侧还要与头饰的坠子相接。这也是土默特有别于其他部落的独特之处。由此可见,土默特服饰的特点是华丽贵重,金、银的运用很普遍,玛瑙、翡翠、珊瑚、宝石、珍珠都是土默特饰品中的主要原材料。

土默特妇女装饰品（源于《MONGOLIAN ARTS AND CRAFTS》）

成吉思汗二弟哈撒儿的部落——科尔沁部

一、科尔沁部历史

蒙古科尔沁部的始祖是成吉思汗的二弟哈撒儿,该部是由蒙古帝国时期的哈撒儿千户属民发展演变而来的。科尔沁部蒙古族是中国蒙古族的重要组成部分,自形成以来的800年间,不同程度地受到了周边契丹、女真、满、中原汉文化和藏传佛教的影响,发展成今日的多元复合型科尔沁蒙古族历史文化。因此科尔沁部具有鲜明的地区、民族特点。属于科尔沁部及其支系的蒙古族在全国蒙古族人口

哈撒儿雕像(1164~1215)

中占有很大的比例，根据不完全统计，达到近300万左右，占据我国蒙古族人口的一半以上。

1189年成吉思汗被推举为为蒙古大汗之后，命其弟哈撒儿管理佩刀宿卫、弓箭士，成为成吉思汗的护卫军，隶属怯薛军。"科尔沁"蒙古语意为"带弓箭的人"。哈撒儿后裔都善于骑射，且多在护卫军中任职，因此北元时期用"科尔沁"之名命名哈撒儿后裔所统领的部落。

1206年成吉思汗建立蒙古大帝国之后，将其帝国的东部地区，分封给了诸弟和功臣，史称东道诸王。二弟哈撒儿分得了石勒喀河、额尔古纳河流域和海拉尔河北岸地区（现在的俄罗斯联邦赤塔州和中国的呼伦贝尔地区），组成了哈撒儿的千户。成吉思汗幼弟斡赤斤分得了呼伦湖、海拉尔河以南地区，其属地西起哈拉哈河流域沿着东北路金界壕外沿向东伸展，中跨大兴安岭东麓的洮儿河、绰尔河、雅鲁河、阿伦河、诺敏河，直至嫩江中游西岸。后来斡赤斤后裔在元朝时期几经叛乱，到1328年（元文宗天历年间）再度被镇压，原来斡赤斤的封地，被哈撒儿的后裔统辖。

科尔沁部在东部蒙古地区是最强大的部落之一。在达延汗重新统一蒙古各部时，该部拥有20余万铁骑，势力雄厚。科尔沁部积极捍卫蒙古正统大汗的权威，多次协助大汗对敌对势力作斗争，为蒙古的团结统一做出了重要贡献。因此达延汗把科尔沁作为特别行政单位，仍委派哈撒儿后裔管理，科尔沁部成为独立于蒙古左、

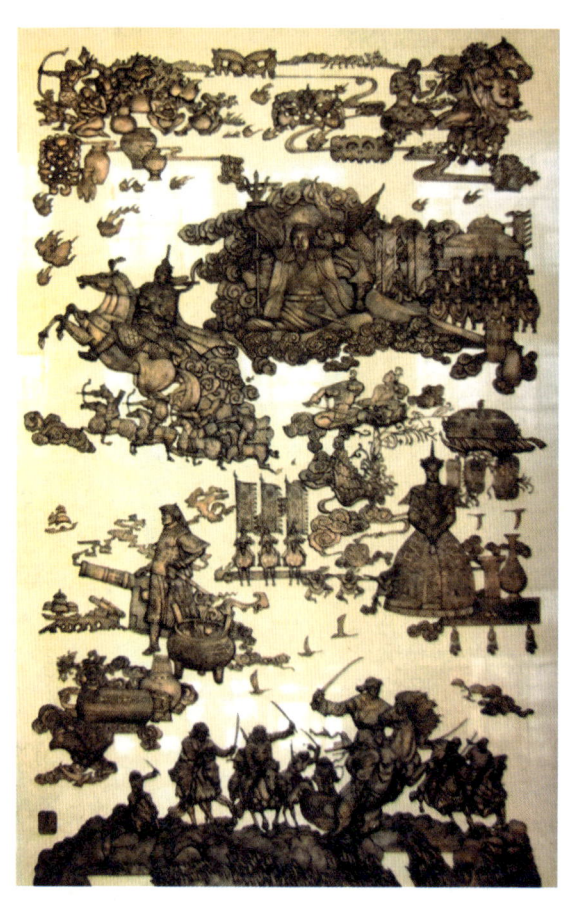

"科尔沁之魂"铜版壁画（摄于科尔沁博物馆）

右翼六万户之外的科尔沁万户。

后金兴起时,该部驻牧于今内蒙古自治区兴安盟、通辽市和东三省西部地区。曾经与其他蒙古各部联合起来,抗击后金的西进,但是联军未能击败后金,又单独抗击后金遭到失败。这时后金对该部采取威胁、拉拢、联姻、结盟等手段,挑拨该部与蒙古大汗之间的关系,最后使其归顺了后金。皇太极掌权后,将该部分为左右两翼。左翼包括科尔沁左翼中旗(达尔汗旗)、科尔沁左翼前旗(宾图旗)、科尔沁左翼后旗、郭尔罗斯前旗、郭尔罗斯后旗,由达尔汗亲王掌管;右翼包括科尔沁右翼中旗(土谢图旗)、科尔沁右翼前旗、科尔沁右翼后旗、扎赉特旗、杜尔伯特旗,由土谢图亲王掌管,会盟于哲里木。现在保留下来的有:内蒙古兴安盟的科尔沁右翼前旗、科尔沁右翼中旗、扎赉特旗,内蒙古通辽市的科尔沁左翼中旗、科尔沁左翼后旗,黑龙江省

通辽科尔沁博物馆展出了大量科尔沁历史文物

的杜尔伯特蒙古族自治县,吉林省的郭尔罗斯蒙古族自治县。

由于科尔沁万户具有悠久的历史,在她繁衍的历史长河中,从北元到清朝的几百年间,派生出若干支系部落,已经远离科尔沁的故地,走向了远方。这些部落叱咤风云,谱写出了壮丽的历史史篇。早在北元时期,科尔沁一部来到了祖国大西北的新疆,进入了蒙古卫拉特地区,成为四卫拉特之一的和硕特部,他们开发西北边疆三百余年,曾经创建了显赫一时的"和硕特汗国",统治西藏、青海、甘肃、四川的藏区达76年,为西藏成为中国版图

留下了重彩一笔。这些和硕特蒙古族现在生活在青海、新疆、甘肃和内蒙古的阿拉善盟，还有，部分和硕特蒙古人融入藏族中去了。另外，在清朝初年，受清廷之命，科尔沁部的分支部落乌拉特、茂明安、四子部三鄂托克从呼伦贝尔大草原来到现在的内蒙古中、西部地区，阿鲁科尔沁部来到内蒙古的赤峰地区，他们在这里劳作，为发展和巩固中国的北部边疆，也立下了不可磨灭的功劳。他们的后人现在生活在内蒙古的巴彦淖尔市的乌拉特前旗、乌拉特中旗和乌拉特后旗，包头市的达尔罕茂明安联合旗，乌兰察布市的四子王旗，赤峰市的阿鲁科尔沁旗。

综上所述，科尔沁及其分支部落，自蒙古帝国时期即在额尔古

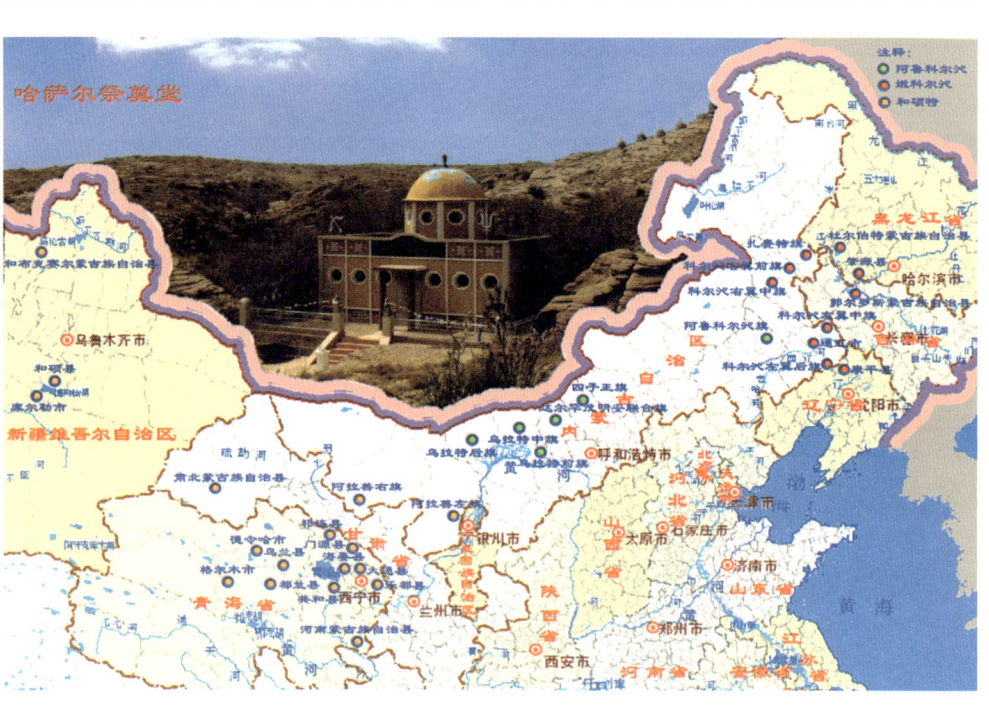

哈撒儿后裔在中国的分布示意图

纳河，呼伦湖一带游牧生息，元末明初逐渐兴起，到明末清初称雄蒙古东部，其势力西扩南展，迁徙频繁，西抵天山南北、青海高原、河套地区，南达东西辽河两岸，东跨嫩江流域，北至鄂嫩河下游。遍及内蒙古高原东西两隅及青藏高原，他们为祖国版图的奠定和国家的统一事业做出了不可磨灭的贡献。

1. 科尔沁始祖哈撒儿

哈撒儿出身于尼伦蒙古乞颜部孛儿只斤氏贵族家庭，是元太祖铁木真（成吉思汗）的二弟。《蒙古秘史》上译为拙赤合撒儿，《元史》、《亲征录》写作哈撒儿，拉施特《史集》译文作为拙赤·合撒儿，《诸汗源流黄金史纲》、《蒙古源流》、《大黄册》、《金轮千辐》、《水晶鉴》等蒙文史籍记载为拙赤哈撒儿或哈布图哈撒儿。他生于公元1164年（金世宗大定四年、南宋隆兴二年），卒世时间尚无定论，一般认为是在1215年征战金朝后去世的（还有一说是在1227年病故）。

在辅佐成吉思汗统一蒙古诸部，建立蒙古帝国时，哈撒儿立下了丰功伟绩。成吉思汗曾评论说："有别里古台之力，哈撒儿之射，此朕之所以取天下也"。因此成吉思汗特别看重与他患难与共的胞弟哈撒儿。成吉思汗获得巨大的成功，是离不开哈

哈撒儿射箭图（思沁画）

撒儿的支持的。在每个重要关头，哈撒儿都挺身而出，化险为夷。没有哈撒儿鼎力相助，就没有成吉思汗的大业。哈撒儿是长生天恩赐于成吉思汗的得力助手。在成吉思汗黄金家族中的全体叔伯和堂兄弟之中只有哈撒儿坐于宗王之列，其余都坐在异密之列，由此可见哈撒儿在黄金家族中的地位。所以他是成吉思汗时代的第二号人物，是蒙古历史上值得纪念的伟大的政治家和

成吉思汗和哈撒儿（摄于科尔沁博物馆）

军事家。

哈撒儿自幼箭技超人，一生英勇善战。他身健力魁，肩与胸很宽，腰很细，所以他侧卧的时候，能让一条狗从他肋下穿过，并能用双手抓起一个人，把他的脊椎骨像支木箭般地折断。据蒙古历史学家萨囊薛禅记载：一天，成吉思汗要他射一只空中翱翔的秃鹫，百发百中的射手哈撒儿问："你要我射中秃鹫的哪个部位？"成吉思汗说："要射中其头部黄纹与黑纹之间。"哈撒儿即张弓搭箭射去，秃鹫应声一头栽了下来。经过查看，箭射中的部位恰恰是成吉思汗所要求射中的部位。

哈撒儿出生在一个动乱的年代。当时金朝政权妄图统治蒙古诸部，金世宗不仅定期出兵劫杀蒙古百姓，而且在蒙古诸部之间进行挑拨离间，使他们长年相互残杀，混战不休。那时的蒙古高原正如《蒙古秘史》中形容的那样"星空抟抟旋转，各部纷纷作乱，谁能在床铺上安睡！都去劫掠财源。大地滚滚腾翻，天下到处作乱，谁能在被窝里安睡！人们相互行残。"哈撒儿的曾祖父俺巴孩汗被金朝残酷杀害。其父也速该在哈撒儿七岁那年也被受金朝唆使的塔塔尔部毒死。蒙古部众纷纷离去，投奔他处。从此哈撒儿一家孤儿寡母无依无靠，在斡难河畔拾野菜，挖草根，捕鱼打猎,过着极为艰难困苦的生活。险恶的社会环境和艰难困苦的生活经历,不仅造就和磨炼了哈撒儿刚毅的性格,也培养了强者生存的意识。

哈撒儿十岁那年,因不堪忍受同父异母弟别克帖儿争夺猎物的行为,一怒之下与兄铁木真合计用弓箭射死了别克帖儿。事后母亲诃额伦严肃教育了他们,指出现在形势严峻,你们却像雄狮一样内斗,却不知道如何报仇,这样能够成大事吗?在母亲谆谆教导之下,哈撒儿兄弟几个逐渐茁壮成长,养成了尊重亲人疾恶如仇的性格。一天,同宗仇敌泰赤乌人来捉拿铁木真,妄图斩草除根,哈撒儿手持弓箭进行抵御,掩护铁木真逃出虎口,隐藏在帖儿古捏山的密林里。在哈撒儿十四岁时,当时他们一家住在孛儿罕山脚下的桑沽儿河畔。一天来了几个强盗抢走了他家的八匹骏马。铁木真与哈撒儿追赶,沿途巧遇行猎中的孛斡尔出(后来成为成吉思汗著名功臣),于是三人共同追赶强盗。

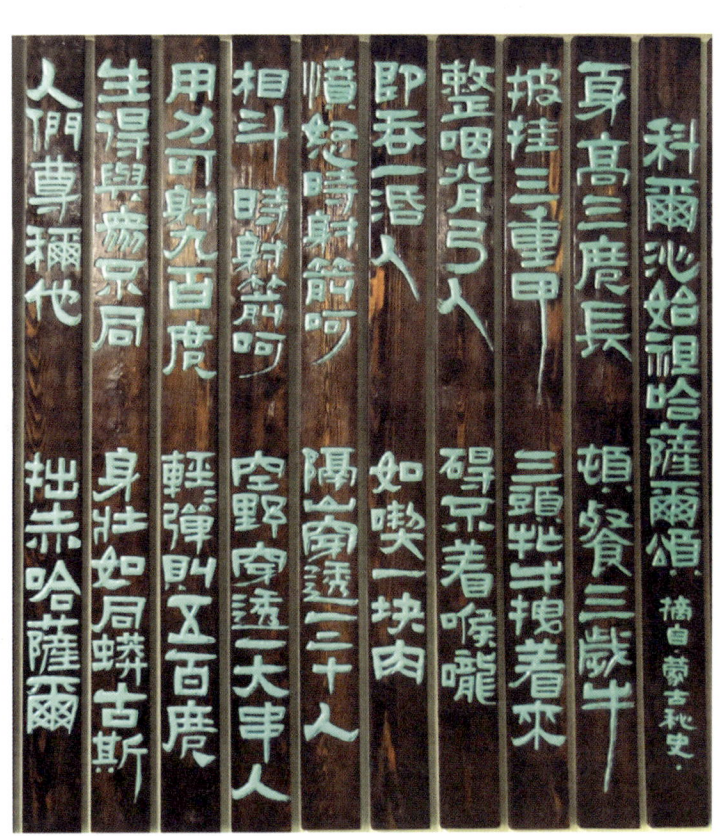

蒙古秘史中对哈撒儿的颂扬(摄于科尔沁博物馆)

由于哈撒儿与乞斡尔出高超的骑射技能,一下子射死强盗七人,其余见势不妙慌忙扔下八匹骏马逃走。哈撒儿十五岁那年,先后两次伴随其兄铁木真到克烈部与王罕结为义父义子。另一次率弟弟别勒古台去札答兰部,会见哥哥铁木真的"安达"扎木合,并借助他们的势力打败了宿敌篾儿乞部。少年时期的哈撒儿不仅勇敢无畏有着高超的射箭技能,而且尊兄爱弟,处处以保护亲人的勇士

折箭训子(《蒙古历史油画长卷》,王延青等创作)

自居,受到了母亲诃额伦的赞扬和兄长铁木真的尊重。

1189年,铁木真被尼鲁温蒙古贵族们拥戴为蒙古大汗,号成吉思汗。为了巩固新生的蒙古汗国政权,成吉思汗组建了一支强大的怯薛军。是年二十六岁的哈撒儿浑身充满着英雄气概,箭术精湛,思维敏捷,神机妙算,出手锐利,对成吉思汗忠贞不二,对强大敌人无所畏惧,因此被任命为云都赤(贴身护卫官),在汗帐前佩刀护卫,并监督军事,行使对逞强跋扈者的砍杀权。同时,哈撒儿可以直接参与汗廷的军机大事,协助其

兄长成吉思汗完成统一蒙古诸部的战争，为建立蒙古帝国的宏图大业，立下了汗马功劳。

1189年（金大定二十九年），成吉思汗当年的安答扎木合不甘心蒙古汗位让铁木真所居，他以其弟给察儿抢劫铁木真部马群被射死为由，联合泰赤乌、塔塔儿、合答斤等13部3万余兵前来攻打成吉思汗，史称"13翼之战"。成吉

13翼之战（《蒙古历史油画长卷》，王延青等创作）

思汗统率军队进行抵抗。哈撒儿亲自率领先头部队出击，将敌人的将帅一剑刺于马下，敌人惊慌逃跑，13翼来犯之敌溃退。由于敌众我寡，成吉思汗率队退出了战场，战斗中不少13翼军士被俘。扎木合倒行逆施，用70口大锅蒸煮被俘部向成吉思汗投诚的嫌疑者，倒行逆施，迫使13翼部众纷纷投靠成吉思汗。得道多助，失道寡助。扎木合迅速走向衰败，后来不得已投靠了王汗。

1199年，成吉思汗联合克烈部的王汗征战乃蛮部。但是在战斗即将打响之际，王汗听信扎木合的挑拨，率

部退出了战场。在得到消息后,为了保密起见,成吉思汗与哈撒儿单独商量,共同决定退师萨里河。可见成吉思汗每每遇到重大军情时,总是与哈撒儿协商并征求意见。1200年,合答斤、塔塔儿、弘吉剌等部组成联军,进攻成吉思汗。成吉思汗再度与王汗组成联军在贝尔湖地区迎战并大获全胜,杀死了塔塔儿部首领,夺取了他们的全部牲畜和财产,把土地和属民分给各部族。以后,

蒙古对克烈部的战争取得了胜利(《蒙古历史油画长卷》,王延青等创作)

王汗在儿子桑昆的挑唆之下,不顾与成吉思汗、哈撒儿的义父子情谊,决心与成吉思汗一争天下,开始了与成吉思汗的战争。

1203年春天,成吉思汗与克烈部王汗在卯温都尔山展开了一场激战,哈撒儿当时不在成吉思汗身边。这次战斗双方损失惨重,撤出战场后成吉思汗清点人马,身边只剩下2600余人。由于哈撒儿没有参战,也可能是导致战役失败的原因之一。离开成吉思汗的哈撒儿也遭遇到了不幸,王汗的军队在合剌温只敦地方袭击并截获了他的妻子和儿女,哈撒儿独自逃往成吉思汗处。成吉思汗见二弟归来大喜,于是与哈撒儿商量破王汗之策,哈撒儿献出诈降之计,派出两名亲信到王汗驻地,诡称自己的妻儿都在王汗处,愿意投奔王汗义父合兵一处,王汗信以为真派遣大将迎接哈撒儿。

这时成吉思汗与哈撒儿已向克烈部驻地进军。前来迎接哈撒儿投诚的克烈部大将发觉中计，想逃跑，却被哈撒儿捉拿。成吉思汗与哈撒儿从他们嘴里得知，王汗毫无发觉，正在摆宴做乐。于是率部日夜兼程，以迅雷不及掩耳之势，将王汗包围在折额温都儿山（今蒙古乌兰巴托东南）隘口。双方厮杀三昼夜，王汗只身逃出，但在途中被乃蛮部人擒杀。蒙古高原上的古老而势力强大的克烈

蒙古与乃蛮部进行决战（《蒙古历史油画长卷》，王延青等创作）

部就这样消亡了。在这场统一蒙古的战争中，哈撒儿施以计谋，为彻底消灭劲敌，赢得战争转机，起到了决定性的作用。

1204年，成吉思汗与蒙古高原上最后的劲敌乃蛮部进行了决战。在战斗中，乃蛮部的太阳汗望见一员大将率中军冲杀而来，忙问身旁的扎木合，"来人是谁？"扎木合巧妙地回答道："是诃额伦用人肉喂养的儿子哈撒儿，他身高力大，能吞食三岁小牛；身穿三层铠钾，能拽三头犍牛；把背弓带箭的人整个吞下，也噎不着他的喉咙！在他发怒时，弯弓可同射三箭，能翻越远山，把10人、20人一起射穿！大拽弓能射900度，小拽弓也能射500度。"太阳汗听后十分畏惧，慌忙率部逃向纳忽昆山。成吉思汗与哈撒儿指挥军队将纳忽昆山紧紧围住，第二天捉住太阳汗，蒙古高原

上最后的劲敌乃蛮部就这样灭亡了。在哈撒儿的辅佐之下，成吉思汗统一了草原蒙古各部。

1211年，成吉思汗开始对金朝作战。1213年的秋天，成吉思汗兵分三路对金展开了强大的军事进攻，命哈撒儿组成左路军，深入到金国腹地，进攻中都以东各州府和辽西地区。哈撒儿一路奋勇作战，率左路军直逼金北京。北

哈撒儿带领军队英勇作战（摄于科尔沁博物馆）

京（今内蒙古宁城）金朝大将奥屯襄统帅二十万大军不敌哈撒儿统帅的蒙古大军，奥屯襄大败并退守北京城，哈撒儿率军对北京城展开了强大的攻势，在凌厉的进攻下，守城金兵投降。攻克北京后哈撒儿乘胜追击，归途中又攻克金国东北诸城镇，而后沿洮儿河回到了蒙古本土。对金的作战充分体现出了哈撒儿的军事统帅和指挥才能。

从1189年铁木真被蒙古部推举为成吉思汗，到1206年建立蒙古大帝国为止的十八年中，在统一蒙古诸部的征战中，由于哈撒儿作为勇猛无敌的将帅立下卓著功勋，成吉思汗因此将崇高的官位和封号授予他和他的儿子们。1206年，成吉思汗建立蒙古帝国后，将征服的领土与属民分封给了自己的黄金家族成员。哈撒儿做为这个家族中的功臣，最初分得了四千户属

民，并且得到了蒙古民族的发源地额尔古纳河流域富饶的土地。具体地域为：北至外兴安岭，东达大兴安岭，南抵呼伦湖、贝尔湖，西到石勒喀河、斡难河。哈撒儿封地的东北与幼弟斡赤斤的封地为邻，南靠三弟哈赤温封地，西接异母兄弟别里古台封地。境内有额尔古纳河、斡难河、德尔布干河、根河、海拉尔河、乌尔逊河。包括今内蒙古呼伦贝尔盟的大部分地区以及俄罗斯、蒙古

1211年成吉思汗开始对金朝作战（《蒙古历史油画长卷》，王延青等创作）

国的一部分地区。按照成吉思汗的命令，哈撒儿的封地享有特殊的地位，有权确定子孙的继承权，有权成立兀鲁思，有权以汗作为称号。因此，有相对的独立性，实际上是大蒙古国境内的一个封国。

哈撒儿分得的领地和属民广而多，又有自己的军队，仅次于幼弟斡赤斤。哈撒儿及其后裔子孙在分封的领地上额尔古纳河流域、呼伦贝尔大草原上游牧生息，仅八十年间就由原来的四十人繁衍成了八百人，因而元世祖忽必烈发出了"哈撒儿的兀鲁斯强大而富有"的感叹。

2. 哈撒儿的儿子们

哈撒儿的子女有四十人左右，但其中著名而享有盛誉者只有三人：也

苦、移相哥和脱忽，其中移相哥最为盛名，他大约出生于1192年。在今俄罗斯赤塔州吉尔吉拉元代古城中发现了一块回鹘蒙古文石碑，被称为"移相哥石碑"。据学者考察，1219年移相哥跟随成吉思汗西征中亚花剌子模国，经过五年的征战，于1224年底凯旋班师。在回到蒙古故土之后，成吉思汗举行了盛大的那达慕大会庆贺胜利，聚会期间进行了射箭比赛，移相哥一箭射

成吉思汗降旨刻"移相哥石碑"（摄于科尔沁博物馆）

中了335度远。为了纪念这罕见的射程，成吉思汗降旨刻"移相哥石碑"。哈撒儿家族又出现了一名射箭高手，从此进一步奠定了哈撒儿后人科尔沁（弓箭士）的美名。

移相哥从花剌子模归来后，1225年秋天又跟随成吉思汗出征西夏。1226年初春，成吉思汗来到翁浑答兰忽都黑地方，他突然感到身体不适，预感到了死期即将来临。跟在身边的宗王之中，只有哈撒儿的次子移相哥。成吉思汗问道："我的儿子窝阔台和拖雷在什么地方，在远方还是在近处？"移相哥说："他们在距此约二三程之地。"成吉思汗立即派人去把他们叫来。翌日清晨，成吉思汗和儿子们坐下来密谈，立下了遗嘱。移相哥鞍前马后跟随成吉思汗，可见成吉思汗十分重用自己的侄儿、哈撒儿的次子移相哥。

1227年7月12日成吉思汗病逝在征西夏的途中。1229年夏天，在克鲁伦河畔举行了全体蒙古贵族参加的忽里台大会，哈撒儿的儿子也苦、移相哥和脱忽都参加了大会。遵照成吉思汗生前立下的遗嘱，拥立窝阔台为蒙古帝国大汗，四子拖雷为监国，幼弟斡赤斤、次子察合台、侄儿也苦、移相哥和脱忽等为汗廷重臣，辅佐窝阔台大汗。

1235年，窝阔台汗召集各地工匠投入了大量财力物力，修建了蒙古帝国的都城哈剌和林。哈撒儿的儿子移相哥也在自己分封的土地上修建了城郭宫殿。考古学家们挖掘出来的吉尔吉拉古城就是"移相哥宫殿"，它在建筑结构、建筑材料、装饰艺术等方面与哈剌和林相同，也采用了红、黄、绿色琉璃瓦当做成建筑物的屋顶。在额尔古纳河左岸发现的黑山头古城（我国境内），与康堆古城、吉尔吉拉古城（俄罗斯境内），形成了额儿古纳河两岸三足鼎立之势，三座城池相距不远，出土文物，古城形式都比较一致。可见它们的关系甚密，都是哈撒儿家族子孙居住的城苑。

相传移相哥仪表堂堂，个子很高，两颊绯红，留着长胡须，长相极像哈撒儿。在哈撒儿家族中德高望重，是一个智勇双全的人物。哈撒儿死后其长子也苦继承其位。也苦死后，他的儿子合儿合孙继位。在他之后，他的叔父移相哥才继承了其位。

1251年蒙哥继承蒙古国大汗之位时，移相哥与其兄弟也苦诚心拥戴，全力支持。移相哥在1253年奉蒙哥汗之命率部出征高丽，先后攻入高丽国的光州，玉果等城池多座，迫使高丽国降服。从高丽国班师归来后，请命讨伐宋朝。第二年春天，又率领所部随蒙哥汗60万大军出征南宋，组成左翼大军。移相哥在这次的征南宋战争中，攻克诸多城镇，功勋卓著。

1257年8月蒙哥大汗在合洲（今

出土的双耳铁罐（摄于科尔沁博物馆）

黑山头古城遗址

四川省合川市）的钓鱼山病逝后，移相哥在忽必烈亲王的率领下继续征南宋。1260年移相哥随忽必烈回到开平府，在阿里不哥（忽必烈幼弟）与忽必烈争夺汗位的斗争中，移相哥与哈丹亲王（窝阔台之子）、阿只吉亲王（察合台之

移相哥等诸王积极拥戴忽必烈为蒙古帝国大汗（《蒙古历史油画长卷》，王延青等创作）

孙)、塔察儿(斡赤斤之孙),爪都(别勒古台之孙),忽剌忽儿(哈赤温之孙)等诸王积极拥戴忽必烈为蒙古帝国大汗和元朝皇帝。当忽必烈与阿里不哥之间发生内讧时,移相哥的军队听命和从属于忽必烈。在蒙哥汗和忽必烈汗时代,移相哥是哈撒儿的继承者,他声誉远扬,积极参与国家大事,德高望重,很受大汗的重视。按照习惯他统辖了父亲及其长幼宗亲的全部军队和部落。

1260年秋,移相哥被忽必烈汗任命为先锋,率领大军北征阿里不哥叛乱,行进至巴昔乞之地两军相遇交战,移相哥获胜。被击溃的阿里不哥惊慌失措,率余部退出哈剌和林,逃到了乞儿吉思地区。移相哥奉忽必烈之命,帅十万军队,驻守哈剌和林。

1261年冬逃到乞儿吉思地区的阿里不哥,经过养精蓄锐准备再战。他派使者向移相哥谎称前来投降,搞突然袭击。移相哥在无防备之下只好往南败退。阿里不哥乘胜向南挺进,忽必烈汗获悉这一军情,火速招集军队出兵迎敌。年底忽必烈汗与阿里不哥大战于析门台湖畔,阿里不哥再次败北。阿里不哥失败后一蹶不振,在漠北和中亚地区游荡了几年,于1263年率部投降。

以移相哥为首的宗王们奉忽必烈汗之命审讯了阿里不哥。宗王们决定宽恕阿里不哥,赐他自由,但跟随他的大臣们全部被处死。此时移相哥年近古稀,但是依然精力充沛。1262年4月忽必烈汗召见移相哥,称赞了他的功德,并赐给他金印。事后移相哥

出土的元代弓箭(摄于艾博云集博物馆)

回到额尔古纳河右岸的吉尔吉拉城自己的宫殿安度晚年。第二年,移相哥所部遭到自然灾害,忽必烈汗下令对其部饥民进行了赈济。相传移相哥活到七十五岁,于1267年病逝。

从移相哥时代起,哈撒儿之位就从长子也苦系转到了移相哥一系。移相哥子孙后辈,世代统辖着哈撒儿的后裔科尔沁部。他们在其分封领地上仍然过着兵民合一的游牧生活,战时出征,平时屯聚游牧。1307年(元大德十一年),元朝成宗皇帝封哈撒儿四世孙巴布沙为"齐王"爵位,以后哈撒儿家族首领都继承了"齐王"封号。其后,哈撒儿家族又繁衍出若干支系家族,形成蒙古科尔沁部若干分支鄂托克,后代各宗王支系的诺颜、台吉根据地位高低,属民多寡,自设宰桑等断事官,管理本部百姓的政刑财赋,管理所领军民,并可以成立自己的怯薛(护卫军)。可见哈撒儿宗王们在其分封领地上的相对独立的势态。在北元时期科尔沁部已经是一个强大的蒙古部落了,他们积极支持北元大汗振兴蒙古的事业,尤其在达延汗时代派出军队参与统一蒙古的征战,实现了蒙古的中兴,为此在征战中也有多位哈撒儿的子孙献出了宝贵的生命。科尔沁部是独立于蒙古左、右翼六万户之外的科尔沁万户,达延汗等蒙古大汗与科尔沁部都恪尽兄弟之礼。只是在林丹汗时期,由于种种原因,兄弟相残,才走向了对立。

北元时期石碑(摄于内蒙古博物馆)

3. 北元时期的科尔沁万户

1368年，元朝失去了对中原的统治。当元惠宗妥欢帖睦尔退走元大都时，哈撒儿之子脱忽大王的后裔图穆勒呼巴图尔，命令自己的儿子哈齐库鲁克亲临保护大汗的安全，与明军激战而死。哈撒儿家族作为蒙古黄金家族的一支，与蒙古正统汗系之间保持着密切关系，哈撒儿后王兀鲁思的崇高威望和权力也长

移相哥的子孙后辈，世代统辖着哈撒儿后裔的科尔沁部（摄于科尔沁博物馆）

科尔沁部旗帜（本书作者设计）

久保持着。蒙古政权退回到蒙古草原后，中国历史开始了北元与明朝的对峙阶段。在北元时期，北元汗廷与哈撒儿后裔科尔沁部的关系是元朝与哈撒儿等诸王关系的自然延续。科尔沁部在蒙古各部封建割据的情况下，辅佐北元汗廷，为蒙古民族的统一和发展做出了贡献。

北元之初，蒙古汗廷的大帐主要活动在西自克鲁伦河，东至

呼伦贝尔大草原,南至兴安岭及西拉木伦河,北至斡难河一带的蒙古高原东部地区,临近科尔沁部牧地。从贝加尔湖到阿尔泰山的蒙古高原西部地区,是察合台、窝阔台、阿里不哥系西部诸王后裔的领地。元朝与西部诸王的关系历来紧张。由于蒙古大汗之位的争夺,西部诸王家族与忽必烈元裔家族的蒙古大汗矛盾很深。1338至1402年间,由于阿里不哥后裔也速迭儿夺取了蒙古大汗之位,蒙古的政治中心,西移到了蒙古高原西部地区。1406年北元大臣阿鲁台、鬼力赤等率东蒙古部众返回北元大汗故地蒙古高原东部地区。1416年阿鲁台与科尔沁部首领阿克萨合勒(阿岱台吉)结盟组成联军,又一次向西进攻卫拉特部,双方在今新疆境内的亨罗纳海斜坡上激战,联军大获全胜。至此以后,蒙古高原、阿尔泰山地区成为东蒙古、西蒙古(卫拉特)、明朝三大势力拉锯争战的主要舞台。

阿岱可汗(1390~1438),1410年登汗位(画像源于《蒙古大汗传略》)

1425年，科尔沁部首领——哈撒儿七世孙阿克萨合勒被右翼永谢布阿速特部首领阿鲁台等人拥戴为全蒙古大汗，号阿岱汗，阿鲁台任太师。这是黄金家族哈撒儿系首次登上北元大汗位。他在位26年。在阿岱汗统治时代，他将哈撒儿家族的势力和影响力扩展到蒙古东部地区。阿岱汗为日后的科尔沁的发展壮大作出了突出的贡献，成为哈撒儿后裔八部之祖，此八部为：科尔沁、杜尔伯特、郭尔罗斯、扎赉特、阿鲁科尔沁、四子部、茂明安、乌拉特。

阿岱汗有两个儿子，长子阿鲁克特穆尔，次子为乌鲁克特穆尔。因为兄弟俩在分财产和属民中发生矛盾，弟弟乌鲁克特穆尔只分得一些"好歹属民"，因此怨恨其兄不公平。1435年左右，遂率领本部人马离开呼伦贝尔大草原，向着"日落方向"迁徙，投奔了卫拉特部首领脱欢太师。脱欢很高兴，把女儿嫁给乌鲁克特穆尔，同时又从自己的卫拉特部众中分出一批属民赐予他，并命名其部为"和硕特"部。和硕特部起初依附于卫拉特绰罗斯部，驻牧在蒙古高原西部的科布多河、扎布汗河、峻奎河流域。以后逐渐强大起来，在1502年成为卫拉特四部之一。因为他们属于成吉思汗显赫的黄金家族成员，从1541年起的数十年里，和硕特部成为卫拉特四部的盟主。几个世纪以来他们在蒙古高原西部、新疆、中亚和青藏高原繁衍生息。其中最辉煌的时期是在17世纪曾经在青藏高原建立了和硕特汗廷，使青藏高原再度在蒙古人的手下得以统一，从而结束了自元末以来三百年左右的分裂局面。

"科尔沁"真正作为蒙古部落的名称，是出现在由锡古锡台统领哈撒儿兀鲁斯时期。锡古锡台是哈撒儿十一世孙，他继承了"齐

科尔沁图腾"弓箭"

王"称号,是蒙古大汗脱脱不花麾下的诸王之一,也是北元科尔沁万户的第一个统治者。在这以后,"科尔沁"一词大量出现在历史文献上。从此,哈撒儿后裔部众就有"科尔沁"之称,真正成为科尔沁万户。

1452年(明景泰三年),卫拉特首领也先杀死蒙古大汗脱脱不花,争夺全蒙古的统治权,自任"大元天盛可汗",开始大肆屠杀成吉思汗黄金家族后裔。也先认为,以科尔沁万户为首的成吉思汗诸弟后裔是卫拉特的隐患,所以决心除掉锡古锡台为首的科尔沁部诺颜。也先设计诱骗锡古锡台到他的帐前,终于杀害了锡古锡台。锡古锡台王被害后,科尔沁势力一度受挫,科尔沁万户一部分人被也先带回卫拉特地区,包括锡古锡台长子孛罗乃,锡古锡台次子兀捏孛罗特因在斡难地区驻牧而幸免遇难。孛罗乃等科尔沁人被押解到卫拉特地区以后,受尽了磨难,后来被喀喇沁太夫人解救,并被送回科尔沁。孛罗乃回到科尔沁以后,承袭了父亲锡古锡台齐王之位,成为科尔沁万户的新首领。

也先剿灭黄金家族的政策在蒙古

科尔沁的弓箭手们(摄于科尔沁博物馆)

内部不得人心，1454年被任枢密院知院的阿剌杀死，东西蒙古再度分裂后，孛罗乃统治下的科尔沁万户势力不断增强。1465年，把持东蒙古朝政的别里古台后王毛里孩杀死摩伦大汗，1468年，孛罗乃一举袭杀了毛里孩，重振了朝纲。杀死毛里孩之后，孛罗乃成为东蒙古的最高统治者。第二年，孛罗乃在另一次战乱中死去。

1469年，孛罗乃的弟弟兀捏孛罗特继承了齐王之位，成为科尔沁万户的最高统治者。1475年满都鲁成为全蒙古大汗，这个时候的北元朝政更加动乱。满都鲁汗于1479年去世，无子嗣。在卫拉特首领也先篡位大肆屠杀成吉思汗黄金家族后，元裔忽必烈系几乎灭门。在这种情况下，兀捏孛罗特曾窥视蒙古大汗之位，向满都鲁大汗遗孀满都海夫人求婚，想借此登上蒙古大汗之位，但是遭到了满都海的拒绝。年芳32岁的满都海毅然按照传统收继婚习惯，嫁与年仅7岁的巴图蒙克，在1480年辅佐他登上汗位，尊号达延汗（1473-1516年）。从此进入了蒙古中兴的达延汗时代。可见在达延汗即位之前，在东蒙古最有实力和影响的是科尔沁万户，在达延汗时代，科尔沁部人口达到20万部众之多。

茂明安部煮肉用的铁锅

在北元达延汗时代，科尔沁万户的统治者是孛罗乃长子鄂尔多固海，他是继兀捏孛罗特之后成为科尔沁万户首领的，他的直属鄂托克就是茂明安部。鄂尔多固海多次协助蒙古大汗出征，为蒙古的统一事业立下了赫赫战功，其名望往往排在达延汗之后，是达延汗坚定的同盟者和支持者。

达延汗是蒙古历史上的"中兴之主"。他改变异姓贵族把持朝政的局面，废除了作为异姓贵族特权象征的太师官衔。在1507年（明正德二年），达延汗派自己的儿子乌鲁斯博罗特到鄂尔多斯万户担任济农（副汗），以恢复其祖先对该部的直接统治。因世袭特权面临威胁，鄂尔多斯、永谢布、土默特等右翼三万户首领杀死了乌鲁斯博罗特，发动了叛乱。

科尔沁骑兵为蒙古统一事业立下战功

1508年,达延汗率左翼三万户及科尔沁万户联军征讨右翼叛军,在达兰特哩衮一带大败右翼联军,取得了对右翼异姓领主的决定性胜利。在镇压右翼三万户叛乱的战斗中,鄂尔多固海率科尔沁部铁骑为达延汗助阵并冲杀在前,其子布尔海等科尔沁各鄂托克首领都参加了战斗,布尔海英勇牺牲。看来,此次战役科尔沁部立了大功。在此基础上,达延汗将自己的子孙分封到蒙古左右翼各万户担任首领,再次确立了黄金家族对蒙古各

反映蒙古族生活的元代陶俑(摄于艾博云集博物馆)

部的直接统治，实现了蒙古的中兴。在这个历史过程中，科尔沁万户是功不可没的。

在取得对右翼的军事胜利以后，鄂尔多固海曾向达延汗建议，将右翼三万户瓜分，把右翼永谢布万户并入科尔沁。但是，达延汗拒绝了他的要求，封自己的儿子巴尔斯博罗特到右翼担任济农，掌握右翼三万户。虽然没有满足鄂尔多固海的要求，达延汗仍然一如既往地尊重科尔沁万户的特殊地位，尊称它为"阿巴嘎科尔沁"（叔王科尔沁），并确立了科尔沁在军事方面对兀良哈具有统辖权。

1547年，蒙古博迪汗去世，其长子达赉逊即位，称达赉逊库登汗（1548~1557）。达赉逊库登汗即位以后，率领察哈尔万户、喀尔喀万户左翼（内喀尔喀部），由克鲁伦河流域至大兴安岭中西段以北地区向东南迁徙至老哈河以东，辽河以西，西拉木伦河流域及其以北的广袤草原地带。两部迅速控制了成吉思汗幼弟斡赤斤后裔所属山阳万户的一部分地域，与右翼土默特部首领阿勒坦汗、辛爱黄台吉（阿勒坦汗长子）等瓜分了与明朝有贡市关系的"兀良哈三卫"。一贯支持蒙古正统汗位的科尔沁部也积极响应达赉逊库登汗，科尔沁万户左翼首领奎蒙克也率其部随达

科尔沁万户左翼首领奎蒙克（摄于科尔沁博物馆）

赉逊库登汗南移驻牧，将统治中心由额尔古纳河流域移向嫩江流域，与北元大汗的势力紧紧靠拢，相辅而行。在这一地区，形成了察哈尔、内喀尔喀、科尔沁三足鼎立之势。在蒙古大汗达赉逊库登的统领和协调之下，各部得到了暂短的发展机遇。他们瓜分了兀良哈三卫，实现了与明朝的互市贸易，生产、生活物资得到了部分保障，形成了漠南东部新的草原游牧集团。该集团与女真各部为邻，成为女真族的乌拉、叶赫等部的宗主部和保护者，并且与他们有着政治、经济、文化各方面的联系。

1588年（明万历十六年）左右，嫩科尔沁部继续往西南扩展，遭到扎鲁特等内喀尔喀部的阻滞后，开始向开原东北边外的海西女真诸部居住的松花江流域一带扩展，一时控制了女真的叶赫、乌拉等部。其具体驻牧地为辽河上游流域、嫩江中下游流域地区，故称嫩科尔沁，其驻牧地东西广870里，南北纵2100里，奎蒙克大帐设在洮儿河。控制着松花江、黑龙江一带的女真各部落，向他们收取贡赋，并以福余卫（兀良哈三卫之一）的名义进入开原与明朝互市，与叶赫、哈达、乌喇等海西女真部关系密切。嫩科尔沁部西与内喀尔喀五部之扎鲁特部及弘吉剌特部相邻，东面和

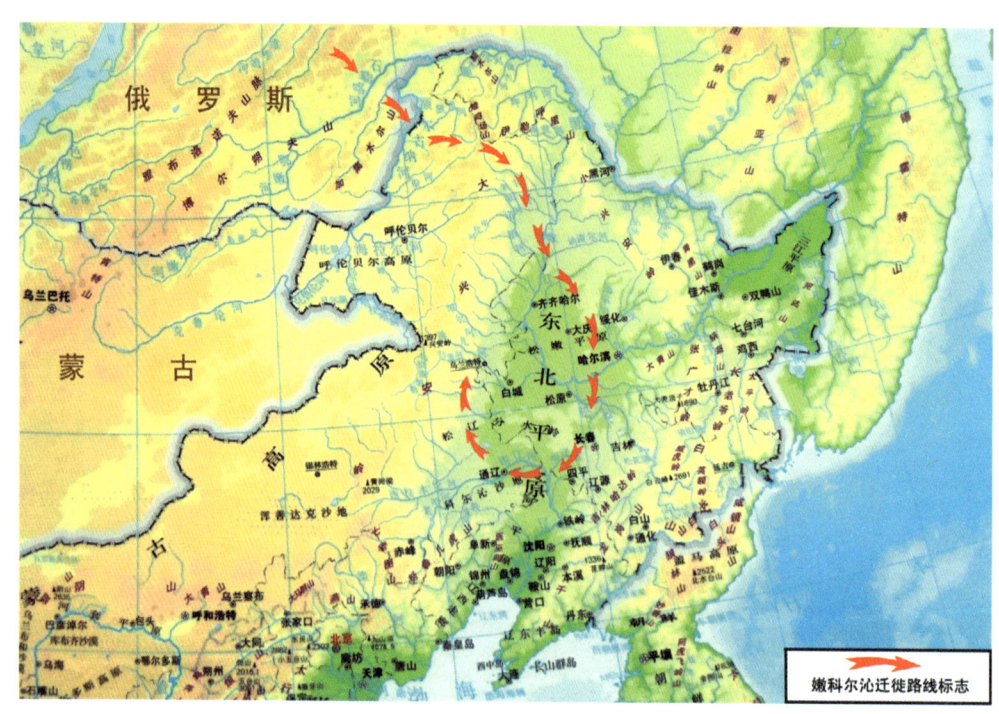

嫩科尔沁迁徙路线示意图（根据《中国地图》地形图部分标绘）

达尔罕茂明安联合旗新宝力格苏木哈撒儿祭奠堂

南面与海西女真交界,北面则与仍驻扎在原地的科尔沁万户的右翼相接。

奎蒙克的身世是这样的:他是哈撒儿14世孙,他的曾祖父是科尔沁万户第一代首领锡古锡台王,祖父为孛罗乃。孛罗乃把科尔沁万户的统治权传给两个儿子鄂尔多固海和图美尼,就形成了科尔沁右翼、左翼两大部,孛罗乃长子鄂尔多固海一系及子孙统领科尔沁右翼。孛罗乃的次子图美尼一系子孙统领科尔沁左翼。图美尼是奎蒙克的父亲,奎蒙克后来继承了科尔沁左翼的统治权。

按照以右为上的科尔沁蒙古族流传下来的习俗,科尔沁右翼首领成为整个科尔沁万户的宗长,集科尔沁汗号和齐王号于一身,统领整个科尔沁万户。科尔沁万户右翼之主虽然拥有汗号,但他们没有像嫩科尔沁(科尔沁左翼)一样得到很好的发展。据史料记载,科尔沁右翼于1633年(后金天聪七年)投奔了女真。但还有更多的部众留居斡难河(现属蒙古国)以及尼布楚(俄罗斯赤塔州)一带。其中部分被喀尔喀车臣汗部吞并,部分成为沙俄属民,融入布里亚特蒙古人中。只有鄂尔多固海之孙多尔济统领的茂明安部一直保留下来,清朝以后迁徙到内蒙古的中西部现包头地区。由于茂明安部属于右翼科尔沁宗长所部,所以祖先哈撒儿的祭奠欧日嘎(纯白蒙古包)一直随该部携带。在今天的内蒙古达尔罕茂明安联合旗，保留有唯一的哈撒儿祭奠堂。哈撒儿的祭奠活动每年举行5次，在农历2月27日、5月27日、7月27日、10月27日 和除夕之夜。

科尔沁万户的左翼首领图美尼有三子。其长子奎蒙克统领部分科尔沁部来到了嫩江流域驻牧，被称为"嫩科尔沁"。图美尼次子巴衮诺颜有二子，其长子昆都伦岱青属部称"阿鲁科尔沁"，次子诺颜泰携四个儿子属部被称为"四子部"（意为四个孩子的部落）；图美尼幼子布尔海统领"乌拉特部"。奎

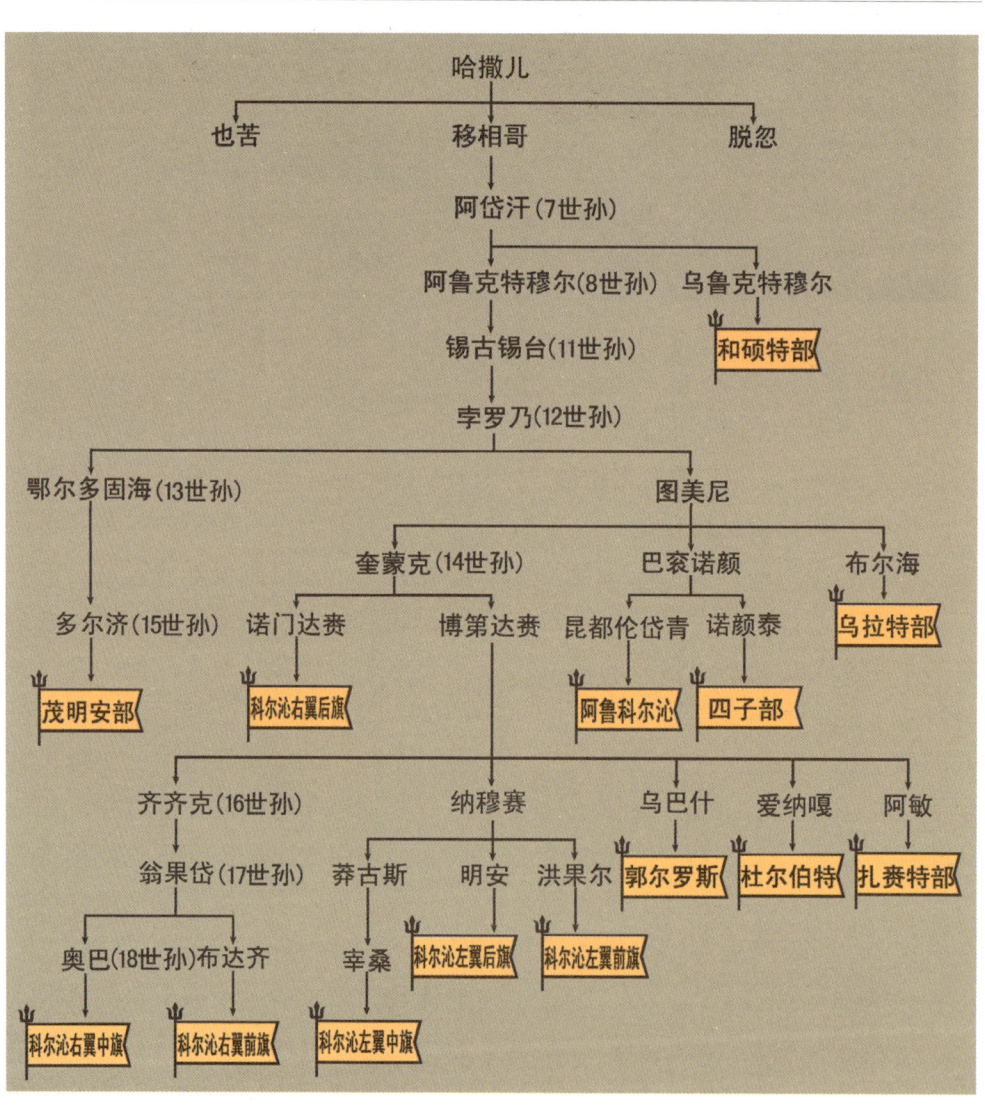

科尔沁世系表（根据《蒙古世系》绘制）

蒙克率领属部迁徙来到嫩江流域驻牧以后，留在呼伦贝尔大草原的巴衮诺颜和布尔海属部茂明安部被称为"阿鲁"部，直到清朝前期清廷把茂明安部、四子部和乌拉特部迁往现内蒙古中西部，阿鲁科尔沁部迁徙到现西拉木伦河以北地区为止，他们之前一直活跃在呼伦贝尔大草原，通称为阿鲁科尔沁。如此看来，在16世纪末17世纪初，整个科尔沁万户分成了两部分，即兴安岭以北的阿鲁科尔沁和嫩江流域的嫩科尔沁。

奎蒙克家族可谓人丁兴旺，其长子博第达赉继续在嫩江沿岸驻牧并向东发展到松花江流域，西从大兴安岭山阳起东至现在哈尔滨以东的广大地区繁衍生息。其长子博第达赉的五个儿子分别统领科尔沁著名的5个鄂托克。长子齐齐克和其叔父诺门达赉（奎蒙克胞弟）统领嫩科尔沁右翼，后来到清朝时期发展成为科尔沁右翼前旗、科尔沁右翼中旗、科尔沁右翼后旗。次子纳穆赛统领嫩科尔沁左翼，后来发展成为科尔沁左翼前旗、科尔沁左翼中旗、科尔沁左翼后旗。三儿子乌巴什统领郭尔罗斯部，八子爱纳噶统领杜尔伯特部，九子阿敏统领扎赉特部。嫩科尔沁在科尔沁万户中发展壮大，其最高首领由奎蒙克及嫡长子齐齐克及嫡孙翁果岱、曾嫡孙奥巴一系传承。翁果岱有黄台吉号，称巴图鲁黄台吉。在整个科尔沁万户中，翁果岱的地位仅次于

原格勒珠儿根城所在地（现黑龙江省杜尔伯特蒙古自治县兴隆村）

科尔沁汗王茂明安首领多尔济汗。因此，翁果岱黄台吉在科尔沁万户中位居第二，在嫩科尔沁部则位居领袖地位。翁果岱与奥巴父子游牧在嫩江流域，同时在嫩江东岸筑格勒珠儿根城（现黑龙江省杜尔伯特蒙古自治县兴隆村），作为他们的政治、经济、贸易中心。在这里，嫩科尔沁游牧一百多年。到了1630年左右，嫩科尔沁归附后金国以后，嫩科尔沁又继续向南扩展，到达了西拉木伦和辽河上游一带游牧，科尔沁部在近400多年的时间里基本稳定活动在这里。组成了以后清朝时期的哲里木盟科尔沁部10旗。

4. 科尔沁部与女真的抗衡与交往

16世纪中叶,翁果岱除了统领嫩江流域的科尔沁诸部外,还控制着松花江、嫩江流域的女真、锡伯、卦尔察、赫哲、达斡尔、鄂温克等少数民族部落,收取他们的税赋。这些部族向嫩科尔沁统治者"每家纳貂皮一张,鱼皮二张",科尔沁贵族们获得这些物资以后,转手与蒙古各部和明朝进行贸易活动,从而增强了科尔沁部的经济活力,使科尔沁首领成为这一地区的实际统治者。

在东北地区的女真族分为建州、海西和"野人"三大部落集团。明朝末年,建州女真部在其首领努尔哈赤的多年经营下迅速崛起,其部下辖苏克素护河部、辉河部、完颜部、栋鄂部、哲陈部、鸭绿江部、纳殷部、朱舍里部等,建州部的控制范围达到抚顺以东的浑河流域,东至长白山,南达鸭绿江的广大区域内。

崛起于东北的女真族

在同一时期,翁果岱等嫩科尔沁部控制着海西女真和"野人"女真部。海西女真包括哈达、叶赫、乌拉和辉发等四部,又称扈伦四部,分布在松花江中游到辉发河流域一带。"野人"女真,又称东海女真,分布在从松花江下游到黑龙江流域,东至现日本海边。

到了16世纪末,努尔哈赤在统一建州女真各部后,开始兼并其他女真部落,首先攻打的是嫩科尔沁控制下的东海女真的扈伦四部。这不仅威胁了扈伦四部等女真各部的安全,而且还损害了嫩科尔沁的切身利益。在这种背

努尔哈赤兼并女真乌拉部的战争

景之下，翁果岱携子奥巴率领嫩科尔沁及其所属各部族联合起来向努尔哈赤发动了战争。这就是历史上有名的九部联军共伐努尔哈赤的战争，史称"古勒山战役"。

据史料记载，在1593年（明万历二十一年）9月，嫩科尔沁首领翁果岱及其子奥巴、莽古斯、明安率领嫩科尔沁左右翼，会同扈伦四部、锡伯部、卦尔察部及女真长白山部，共为9部，组成3万联军，分3路浩浩荡荡杀向建州女真。努尔哈赤得知消息后，首先派遣侦探查明情况，在古勒山地区据险列阵，采取诱敌深入的方法，集中重兵打歼灭战。9部联军有的来自遥远的黑龙江、嫩江流域，有的来自东部长白山地区，他们只求速战，思乡心切，因此思想准备不足。努尔哈赤首先击杀叶赫部首领布斋，联军闻讯溃败四散。努尔哈赤乘势北上追击，"斩级四千，获马三千，铠胄千。"取得了古勒山战役大捷，使努尔哈赤军威大振。此次战役表明努尔哈赤为首的建州部已经成为女真族中较强悍的一支。古勒山战役深化了努尔哈赤与嫩科尔沁诸部的矛盾。

古勒山战役是一次重大战役，它改变了16世纪末东北地区的政治格局。通过这次战役，努尔哈赤在统一女真各部的道路上又前进了一大步，而嫩科尔沁则逐渐失去了他们所控制的扈伦四部等女真部落，其在东北黑龙江、松花江流域的影响力大大减弱。

成吉思汗二弟哈萨尔的部落

科尔沁部

蒙古武士头盔（摄于内蒙古博物馆）

在古勒山战役中失利后，嫩科尔沁为了保卫自己的边疆和利益，与努尔哈赤又发生过多次的战争。1608年（明万历三十六年）3月，努尔哈赤令长子褚英贝勒及其侄阿敏领兵5000人攻打女真乌拉部，围攻宜罕阿麟城。褚英、阿敏军攻陷城后杀乌拉部1000余人。当时乌拉贝勒布占泰与嫩科尔沁部首领翁果岱合兵，出乌拉城约二十里，由于建州兵势难敌，便回撤防守，阻止了褚英军队的进一步进攻。在这之后，叶赫部首领锦太什又受到努尔哈赤的进攻。为了打击努尔哈赤的气焰，科尔沁部翁果岱携子奥巴再次出兵增援，大败努尔哈赤大军，杀死其大将布扬古等，获得了胜利。为了进一步显示蒙古的威慑力量，科尔沁部左翼明安台吉的三个儿子率领铁骑曾深入到后金腹地征战，取得了很大的胜利。这些军事行动，暂时遏制了努尔哈赤的气焰。可见，这一时期科尔沁等蒙古各部坚持与努尔哈赤抗衡，并互有胜负。

努尔哈赤历时20余年征伐，统一了松花江流域和长白山以北的女真诸部。在统一战争中，将女真各部迁至抚顺以东的浑河流域，东至长白山，南达鸭绿江。为适应当时政治、经济需要，建立了军政合一的八旗制度。设议政大臣，与八旗旗主共议朝政，形成政治、军事的中枢决策机构。命人以蒙古文字母与女真语音结合，创建了满文。随着军事力量的日益强大，另立国号的时机成熟。1616年（明万历四十四年），于赫图阿拉（今辽宁新宾西南）建立"后金国"，自立为汗，建元天命，设官建署，分封五大臣。于是，在东北的女真族由北元时代蒙古的附庸变为蒙古的政治和战略上的对手。

1608年宜罕阿麟城之战后，不久

蒙古骑兵中的弓箭手

翁果岱就去世了，其子奥巴继承了嫩科尔沁首领之位，此时嫩科尔沁面临的形势非常严峻。这一时期政治形势有两个显著特点，其一是女真在努尔哈赤的统领下完成了统一，对蒙古各部虎视眈眈。其二是新登基的蒙古大汗林丹汗急于统一蒙古，不能团结蒙古各部，却对他们诉诸武力，威胁着一直相对独立的科尔沁部。奥巴就在这样的严峻形势下开始统领嫩科尔沁部众。

古勒山战役大大提高了努尔哈

赤的威望，蒙古各部与努尔哈赤的交往开始了。1594年1月，奥巴的堂兄、嫩科尔沁左翼首领明安及喀尔喀巴约特部首领老萨首先派遣使臣与努尔哈赤通好。努尔哈赤也在十几年与蒙古各部的交往中逐渐认识到蒙古的强悍，目睹成吉思汗黄金家族的巨大政治影响力，认为单纯用军事力量是不能征服蒙古各部的，遂采取了积极的政治联姻手段，拉近女真与蒙古族的亲缘关系，图谋把蒙古作为女真族建立基业的同盟者。努尔哈赤为了借助成吉思汗黄金家族的血统，以提高自己在女真各部的威望，积极主动地与蒙古贵族联姻。1617年（后金天命二年），努尔哈赤将其弟舒尔哈齐之女嫁给喀尔喀部恩格德力台吉为福晋；1621年，努尔哈赤把聪古图公主嫁给内喀尔喀部古里布什，把宗弟之女嫁给内喀尔喀部莽古尔；1625年，努尔哈赤将侄孙女肫哲嫁给科尔沁部首领奥巴。女真人长期以来处于附属蒙古的地位，所以与蒙古贵族的联姻能够大大提高他们在蒙古和女真各部中的地位。至于蒙古台吉们，他们鉴于努尔哈赤势力在女真各部中的日益壮大，也不得不改变观念，与女真人建立起亲密友善的联姻关系。

这个时期，科尔沁、内喀尔喀与努尔哈赤建立睦邻关系，不过是权宜之计。当他们的重大政治、经济利益受到损害时，不顾政

奥巴（？～1632）（包·巴雅尔绘）

成吉思汗二弟哈萨尔的部落

科尔沁部

努尔哈赤积极主动地与蒙古贵族联姻（摄于科尔沁博物馆）

治婚姻的约束，很快又兵戎相见。1619年，努尔哈赤在萨尔浒战役中大败明军，乘胜攻克明朝的开原、铁岭等城。开原是蒙古科尔沁和内喀尔喀所属扎鲁特、弘吉剌特和巴约特诸部与明朝开展互市贸易的口岸所在地，开原落入女真

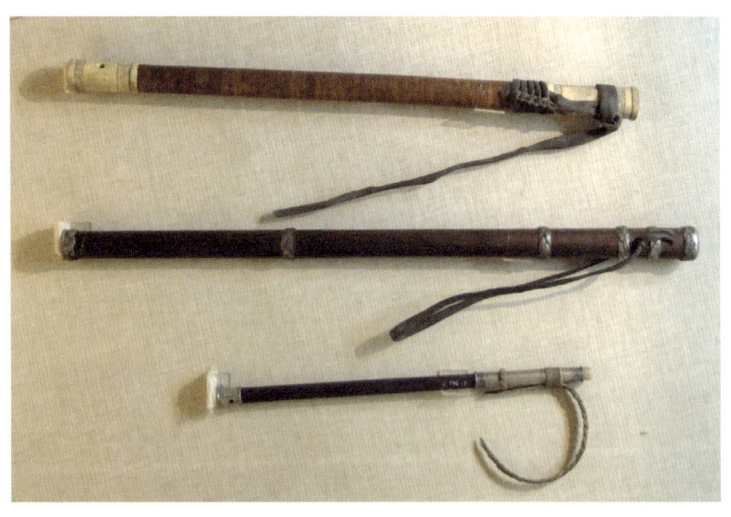

当年科尔沁贵族使用的马鞭和赶马棍（摄于科尔沁博物馆）

人之手，严重损害了蒙古的利益。于是，明安之子桑噶尔等为了从努尔哈赤手中夺回与明朝互市的口岸开原、铁岭两城，同弘吉剌特部首领齐赛诺颜及扎鲁特部台吉巴克、色本等人一起袭击占领铁岭的努尔哈赤的军队。结果惨败，齐赛诺颜及其二子、扎鲁特部落台吉巴克、色本及明安之子桑噶尔等150多人被俘。齐赛诺颜实际是内喀尔喀左翼三部的盟主。深知齐赛诺颜地位轻重的努尔哈赤，将他软禁，作为人质，迫使内喀尔喀诸部就范。齐赛诺颜被俘的消息传到内喀尔喀，诸部首领大为震惊。当时，内喀尔喀最高首领炒花已年老昏聩，各部首领俱持观望态度，没有挺身以武力相救。最终，各部只好遣使求和，此着正中努尔哈赤下怀。是年10月，炒花等答应和努尔哈赤结盟，共同伐明。11月，双方在今通辽市科左后旗哈日乌苏苏木甘查毛都地方举行了隆重的会盟大会，建立了政治、军事性质的同盟关系。

5. 科尔沁与林丹汗的关系

1603年（明万历三十一年），蒙古布延汗去世。1604年，林丹汗即蒙古大汗位。当时，蒙古处于封建割据状态，各自为政。林丹汗的统辖权实际上仅限于大汗的直属部落察哈尔万户。长期习惯于割据，不听蒙古大汗号令的右翼蒙古和漠北喀尔喀贵族认为，林丹汗只是察哈尔一部之汗。当时的察哈尔部，在内与蒙古其他各部矛盾重重，在外与明朝和后金也关系紧张。

林丹汗即位后，对蒙古各自为政、封建割据和在与明互市方面同大汗争利的情况非常不满，决心实现中央集权，加强自己的汗权，统一蒙古各部。林丹汗即位的前期，其实力强大，在科尔沁、内喀尔喀五部等漠南诸部中有较高的声望。林丹汗即位后不久，于1612年（明万历四十年）首次亲率三万人马出兵明朝边界，到了1615年仅在8月

察哈尔蒙古铁骑

一个月之内连续三次攻入明边，惊动了明朝，打出了林丹汗的名气。同时，向蒙古各部首领示以兵威，突出自己的"共主"地位，提高了在蒙古各部中的号召力，当时的蒙古各部首领按照传统仍然听从林丹汗的号令。

香炉（摄于科尔沁博物馆）

据说科尔沁首领奥巴有一匹叫"杭爱"的良马，努尔哈赤曾想以精制的十副盔甲交换而被奥巴所拒绝，奥巴却将这匹良马献给了林丹汗。奥巴的侄儿吴克善有一只猎鹰，林丹汗派人索取，吴克善爱不释手，在奥巴劝说下，吴克善忍痛割爱献给了林丹汗。在最初的十几年里，奥巴听从林丹汗的指令并多次进兵建州女真部。科尔沁部首领奥巴与其他蒙古诸部首领一起，定期前往察汗浩特（林丹汗驻地），朝见林丹汗，并与大汗共同商讨政务大事，参加大汗举行的宴会和围猎等活动，还定期向林丹汗朝贡献物，听从其指挥。可见科尔沁部在当时完全认可林丹汗的蒙古大汗地位。

导致科尔沁、蒙古各部与林丹汗产生矛盾并最后分道扬镳的事情是这样开始的：1619年，在林丹汗的授意下，科尔沁、内喀尔喀部联军与女真作战，最后失利。林丹汗曾严厉投书警告努尔哈赤，广宁为自己的势力范围,不得进攻广宁,同时谴责努尔哈赤分化和拉拢内喀尔喀五部的行径。努尔哈赤对此毫不理睬。1622年,努尔哈赤毅然亲率大军攻打广宁。明朝根据以前的协议希望蒙古出兵援助,可是林丹汗却未派一兵一卒。结果后金轻易占领

广宁古城门

了广宁。此举严重损害了科尔沁、内喀尔喀和察哈尔的切身利益。林丹汗在广宁之战中的消极态度和对后金采取的绥靖政策产生了严重的后果,不仅给明蒙关系蒙上了一层阴影,而且在蒙古内部再一次降低了他的威望,同时也助长了后金的野心。结果,内喀尔喀五部与后金国会盟,建立了政治、军事的联盟。于是,林丹汗施行错误的政策,再次向内喀尔喀诸部诉诸武力,导致扎鲁特部的色本等人逃往科尔沁部避难。后金则乘机加强了对科尔沁和内喀尔喀部的威胁和利诱,甚至渗透到林丹汗直属的察哈尔八大营,唆使敖汉、奈曼二部暗中与后金交往。不久,林丹汗走上了讨伐与武力兼并蒙古诸部的道路。他的一系列错误做法导致了众叛亲离。

1623年,林丹汗声言出征科尔沁部。迫使嫩科尔沁左右两翼25位台吉派遣使臣向后金求援。奥巴也向后金求购弓箭备战。1624年初,努尔

哈赤派遣使臣会见奥巴黄台吉，要求建立联盟。在当时的紧张形势下，科尔沁与后金初步建立了联盟关系。但是，科尔沁部首领奥巴对联盟并无诚意，他之所以参加联盟，是为了对付林丹汗的东征。然而直到次年初，察哈尔始终没有东下，形势逐渐稳定下来。奥巴对后金的态度随之强硬起来，在重大

林丹汗兼并蒙古各部的战争

场合藐视努尔哈赤，借故推辞与努尔哈赤的会盟，并迎娶察哈尔部台吉之女为妃，致使与努尔哈赤的关系变得十分紧张，联盟关系一度濒临破裂。

1625年10月，林丹汗经过处心积虑的备战，终于率领察哈尔大军开始东征科尔沁，直奔嫩江奥巴驻地格勒珠尔根城。该城被包围后，奥巴不得不再次派使臣向努尔哈赤求援。10月10日，努尔哈赤得到消息后，认为这是一次绝好的拉拢科尔沁首领奥巴的机会，遂率领皇太极、莽古尔泰、济尔哈朗等众贝勒并率5000精兵援助

科尔沁。林丹汗看到努尔哈赤率援军到达农安塔时（现吉林省长春市农安县），担心腹背受敌，连夜未敢恋战而退兵。在努尔哈赤的及时声援下，嫩科尔沁逃脱了一场灭顶之灾。林丹汗的东征，彻底把科尔沁推向了对立面，挽救了濒临破裂的科尔沁与后金的联盟。

通过这次林丹汗征讨科尔沁首领奥巴的事件以后，奥巴不得不认真对待与后金的联盟。1626年（后金天命十一年）5月份，奥巴决定到沈阳城会见努尔哈赤，缔结正式联盟关系。

皇太极（1592~1643）

努尔哈赤派三贝勒莽古尔泰、四贝勒皇太极等远迎奥巴，自己则出城10里迎接。双方在沈阳城的南河岸上，举行了隆重的结盟仪式，互赠了贵重的礼品并盟誓结盟。在这次结盟仪式上，还办了两件大事：首先是努尔哈赤授予奥巴"土谢图汗"号，成为清朝以后科尔沁右翼中旗札萨克土谢图和硕亲王之始祖；奥巴的叔父图美被授予"代达尔汉"号，成为清朝科尔沁右翼后旗札萨克镇国公之始祖；奥巴的弟弟布达齐被授予"扎萨克图杜棱"号，成为入清以后科尔沁右翼前旗札萨克多罗扎萨克图郡王之始祖。另外奥巴与后金爱新觉罗家族建立了联姻关系，努尔哈赤迫不及待地把孙女嫁给奥巴，以姻亲关系来加强来之不易的联盟。这次结盟，双方基本建立的是平等互利和联盟关系，但在一些重大事件中，还是有斗争的。

1626年（后金天命十一年）正月，努尔哈赤在攻打明军镇守的宁远城时被大炮击伤，8月死在回沈阳的路上，终年68岁。努尔哈赤死后，其四子皇太极接替汗位，称"天聪汗"，建元"天聪"。皇太极完全继承了其父努尔哈赤对待蒙古的政策,并使该政策发挥到极致。

1625年底,由于林丹汗东征科尔沁无功而返,暂时放弃了对东部蒙古各部的惩罚和兼并战争。1627年秋末,林丹汗针对当前的形势,作出了重大的决定,带领所部人马到西海(青海)地区开辟新的根据地,联合青海藏传佛教的红教派势力和喀尔喀部却图台吉组成新的联盟,以图等待时机成熟,再返回东部统一蒙古各部,以消灭后金政权,重新振兴蒙古。

林丹汗率部西迁后,不再成为科尔沁部的威胁。于是,奥巴开始疏远后金,甚至与皇太极争夺对内喀尔喀部的支配权,拒绝和皇太极一道西征察哈尔,这一系列的举动使皇太极十分恼火。林丹汗的西迁同时也解除了对皇太极的后顾之忧,且后金国力日渐强大,皇太极再也不能容忍奥巴与他分庭抗礼。他深知科尔沁是蒙古一个强大的部落集团,如果科尔沁部不听其调遣,其他蒙古人也难以臣服,于是在1629年初,皇太极严词斥责奥巴并列出其十二条"罪状",要给奥巴一些颜色看看。当时,后金国对

古代战车(摄于科尔沁博物馆)

明战争取得了胜利,又控制了敖汉、奈曼、内喀尔喀、喀喇沁和东土默特各部,后金的实力地位大增。奥巴势单力孤,在后金的强大压力下,不得不在1630年赴后金认错。从此,科尔沁同后金联盟的性质由平等的伙伴,变成了宗主关系。

1632年3月，皇太极决定远征察哈尔林丹汗，传令归附后金的科尔沁部奥巴及扎鲁特、巴林、奈曼、敖汉、喀喇沁、土默特、阿鲁科尔沁、翁牛特、阿苏特等部的首领会师于西拉木伦河畔，集结总兵力约10万之众组成联军。4月下旬，皇太极率领联军向西挺进。林丹汗得到消息后为避其锋芒，率领所属10万之众，西奔库赫德尔苏，经呼和浩特，渡黄河到达鄂尔多斯。皇太极分兵三路穷追林丹汗41天，5月下旬进驻呼和浩特，得知林丹汗已南渡黄河西去，就停止了追击，经宣府、张家口返回。途中收拢了林丹汗所遗部众数万人。

林丹汗又带领察哈尔、鄂尔多斯部众，继续西渡黄河至甘肃大草滩。林丹汗在大草滩永固城一带拥众落帐，等待时机，重整旗鼓，准备东山再起。但天不如人愿，1634年夏，林丹汗不幸因病去世。林丹汗夫人苏泰太后与其子额哲率领察哈尔和鄂尔多斯部众自大草滩返回鄂尔多斯。听到林丹汗病故的消息后，皇太极于1635年2月命多尔衮、岳托、萨哈廉、豪格领兵1万，前往鄂尔多斯寻找林丹汗子额哲。此时苏泰太后和儿子额哲迫于后金大军的包围和劝降，见大势已去，不得已率部民千户并携带元朝的传国玉玺降附后金。后金统治者将察哈尔

满蒙汉皇帝之宝印牌（摄于沈阳故宫）

满蒙汉皇帝之宝大印（摄于沈阳故宫）

部安置于义州，封林丹汗子额哲为亲王。

  1636年3月，漠南蒙古16部49个大小领主齐聚沈阳，承认皇太极为汗，并奉上"博格达彻辰汗"的尊号。同年，皇太极在盛京（沈阳）即位，改国号为"大清"，改元崇德。后金统一漠南蒙古并建立清朝，把北方的蒙古地区变成了入主中原的后方根据地。

沈阳故宫（摄于沈阳）

6. 清朝时期的科尔沁部

清朝是中国历史上最后一个封建王朝、最后一个由少数民族建立的统一多民族的国家、执政时间最长的皇权。而在这"三个之最"背后，有一个被誉为"蒙古长城"的部落就是科尔沁部。它以无可争议的伟业，成为"漠南蒙古二十四部首"和"影响中国历史由来"的蒙古部落。

1636年（清崇德元年），科尔沁部首领巴达礼（奥巴的长子）率领漠南蒙古16部49个台吉集会盛京沈阳，把皇太极推上了大清皇帝的宝座。当时捧蒙古文劝进表的是巴达礼，捧汉文劝进表的是孔有德，捧满文劝进表的是多尔衮。他们向皇太极行三叩九拜礼，承认他为蒙、汉、满的共主。在大清开国及统一蒙古过程中，科尔沁部是有大功的。顺治皇帝称赞说："当太祖、太宗开创之初，诚心归附，职效屏藩。太祖太宗嘉尔动劳，崇封爵号，赏赉有加。"

以1636年"后金"改国号"大清"为标志，科尔沁部及其分支部落就完全成为清入主中原统一中国大业的重要政治、军事力量。由于满蒙结盟和与爱新觉罗皇室特殊的联姻关系，科尔沁部一直为清朝皇家所礼重，使科尔沁一部分贵族进入了清朝政府中枢机构，他们在御前行走，参与了清朝的政治和军事决策。蒙古铁骑也成为清朝国家军

清朝黄龙旗

科尔沁骑兵几乎参加了清朝所有重大战事（摄于内蒙古博物馆）

山海关

队的主力之一,他们南征北战、开疆扩土,为清朝统一中国作出了不可磨灭的贡献。与此同时,也为科尔沁蒙古族自身的繁衍和发展创造了一个比较优越和稳定的社会环境,对科尔沁蒙古人的经济、文化和人口发展起到了一定促进作用。

科尔沁及其分支部落的蒙古铁骑在后金和清朝近300年的统治中,几乎参加了所有重大战事,为清朝立下了汗马功劳。清朝顺治皇帝对科尔沁蒙古的显赫功劳用"非唯礼崇婚戚,抑以其功冠焉"来概括是恰如其分的。据《清史稿》及其他史料记载,他们参加了下述军事行动。

在后金天聪年间和清崇德年间:皇太极即位后,加强了对明朝的攻势,科尔沁骑兵一直作为前驱效力。1629年,奥巴率兵随皇太极进军,从喜峰口越过长城,连克遵化、永平、迁安等城,围困北京,使明廷极为震动。奥巴等骁勇善战,受到皇太极的嘉许。1631年,皇太极率兵攻明大凌河城(今辽宁锦州凌海市一带),科尔沁部明安一马当先,与固山额真和硕图夹击明守城总兵祖大寿,围城三个月,迫使祖大寿降清,大败明军。此役中科尔沁台吉"俱有功",明安得奖赏,明安子昂洪"超进三等副将,赐号达尔罕和硕齐"。从1632年(后金天聪六年)到1638年(清崇德三年),清军连续四次越过长城,进兵明朝大同、宣府边境一带,攻掠明朝腹地,科尔沁部骑兵多立战功。

顺治年间：1644年，清军在明叛臣吴三桂援引下，乘机入关。在清朝定鼎中原的决定性大战中，科尔沁尽发本部骑兵，随多尔衮亲王参加了入关后的多次战斗。先是在山海关打败了李自成的东征军，接着穷追李自成军入河南、陕西，尔后回军至湖北，使长江以北广阔地域尽归清朝。1645年，清军用兵江南，科尔沁骑兵又随豫亲王多铎渡江作战，在击灭张献忠及江南福王、鲁王等明朝残余政权的战斗中，再立新功。顺治年间，正是清廷问鼎四方，战事繁多的岁月。而顺治帝福临则处在孩童年龄。主幼国疑之时，内有孝庄文太后为之周旋，外有国戚科尔沁等部为之拼死作战，终使顺治帝位渐稳，国势逐渐趋于安定。魏源在《圣武记》中所说："科尔沁从龙佐命，世为梯附，与国休戚。故世祖草创初，冲龄践祚，中外帖然，系蒙古外戚息戴之力。"

康熙年间：清军入关虽统一了全国，但政权并不稳固，最大的隐患是以吴三桂、耿精忠、尚可喜为首的三个汉族军阀集团，他们盘踞西南地区，拥兵自重称为"三藩"。1673年"三藩"发难，战火遍及江南，此时在京的蒙古科尔沁部勋贵，争相捐献战马、军械，并请求从征平叛，康熙帝准请，调科尔沁骑兵参加讨逆大军，讨伐吴三桂。经过8年苦战，终于剿灭"三藩"叛乱，使清廷度过了入主中原后最大的一次危机。在这其间，还清剿了陕西叛臣王辅臣；1675年，剿灭了察哈尔布尔尼的起事，科尔沁部分军队驻防大同；1684年，科尔沁骑兵随宁古塔副都统萨布素将军参加了与沙皇俄

科尔沁浮雕（摄于科尔沁博物馆广场）

国的雅克萨之战,收复领土雅克萨,巩固了清朝北疆领土;1688年,噶尔丹入侵喀尔喀时,科尔沁骑兵驻防苏尼特地区,以抵御噶尔丹;1690年,康熙帝决计率兵亲征噶尔丹,科尔沁部骑兵又应诏从征,在乌兰布通大败噶尔丹,随后科尔沁骑兵又进兵喀尔喀的图拉河地区,侦察噶尔丹行踪,同年移兵驻防归化城(呼和浩特);1696年,科尔沁骑兵征噶尔丹,随大将军费扬古败噶尔丹于

雅克萨之战(摄于北京中国军事博物馆)

昭莫多,使噶尔丹全军覆没。

雍正年间:1731年,噶尔丹策凌(噶尔丹侄孙),起兵抗击清军,科尔沁骑兵随清军剿噶尔丹策凌。

乾隆年间:1745年,准噶尔部的达瓦齐掀起更大规模的叛乱,科尔沁部再次从征西北,其统军首领和硕亲王色布腾巴勒珠尔不仅参与军中谋划,并率本部骑兵为大军前驱。当叛军据险顽抗时,他率轻骑绕道奇袭,"师行五夜,乘晓雾之漫山,勇倡百夫,任飞铅之贯肋,有进无退",终于彻底击灭叛军,得到乾隆帝的嘉奖。在这之后,清朝的西北边疆得到巩固,科尔沁骑兵又立大功。

咸丰年间:1853年,太平军兵临直隶直逼北京城,科尔沁一代名将僧格林沁大败太平军,解除了太平天国对清朝的威胁;1856年,英法侵略军舰队闯入大沽口,僧格林沁率领的蒙古骑兵奋起还击,在枪林弹雨中往来驰骋,不避艰险连番冲击,击沉敌舰四艘、击伤两艘、毙敌400余人,英国海军上将何伯负重伤,迫使侵略

军狼狈溃逃,大沽口战役是第二次鸦片战争中中国取得的一次大胜仗,打击了侵略者的嚣张气焰,成为中国近代史上反抗外国侵略战争中的一个光辉战例;1860年,僧格林沁又携蒙古骑兵在通州进行了抗击英法侵略者的著名八里桥大战,此战虽受主和派掣肘和因蒙古骑兵武器落后导致最后失败,但他指挥的蒙古骑兵英勇战斗的精神却是中华民族的骄傲;1860年,僧格林沁统兵赴山东镇

僧格林沁率领蒙古骑兵在大沽口奋起还击英法侵略军(摄于科尔沁博物馆)

压捻军起义,被义军所杀。

同治年间:1865年出兵讨伐甘肃回族马化龙起义军。

从清咸丰、同治年间以后,清朝国势日衰,科尔沁部很少再参加其他战事。

清朝自建立以后,为了拉拢科尔沁等蒙古各部,继续遵照努尔哈赤"北不断亲"的遗训,保持与蒙古的联姻关系。从整个清朝来看,科尔沁蒙古是与清皇室通婚最多的蒙古部落。从1612年努尔哈赤向科尔沁台吉明安遣使求婚,至1912年清朝灭亡,整整300年间共有118位清朝公主和格格嫁到蒙古各部,其中嫁到科尔沁部的就有24人。同时,科尔沁部王公台吉之女嫁给清帝的也有19人,分别做了皇后、妃子及皇室王公的福晋。

清代国母孝庄文皇后,是成吉思汗之弟哈撒儿二十一世孙,科尔沁左翼中旗第一代达尔罕亲王满珠习礼之妹,名布木布泰。1625年(后金天命十年),她只有13岁,就嫁给了皇太极,后来生三女一男。1636年(崇德

元年）被册封为次西宫，是地位显赫的五宫之一，深得皇太极宠爱和信任。她在清崇德末年就参与清朝的军政大事，对兴国大业多有贡献。

1642年（清崇德八年），清太宗皇太极突然病逝，因其死前未来得及立皇储，死后为争皇位，诸王兄弟相争为乱。在这紧要关头，孝庄文皇后凭借强大的科尔沁军事势力和自己的聪明才智，成功地使其子福临于六岁幼龄登上了皇帝的宝座。在孝庄文皇后的尽心辅佐下，顺治帝福临入主中原，定都北京，在统一中国的政治和军事斗争中取得了一系列重大胜利。后来她又辅佐康熙皇帝，并为清"康乾盛世"奠定了稳定的政治基础。对于这种"礼崇姻戚"关系，清朝历代统治者予以高度重视。乾隆皇亲临科尔沁巡查时，曾经赞誉满蒙联姻，特题联姻诗一首：

> 塞牧曼称远，姻盟向最亲。
> 嗣徽彤管著，绵泽励山申。
> 设侯严喧沓，清尘奉狩巡。
> 敬诚堪爱处，未忍视如宾。

清廷还用高官厚禄来拉拢蒙古贵族来巩固其统治。清廷所封科尔沁部各领主爵高位尊，俸银俸缎均高于其他蒙古各部。清朝统治者按照他们忠顺的程度、

清代国母孝庄文皇后（1613-1688）

贡献的大小和在部内的地位及影响，分别授予他们亲王、郡王、贝勒、贝子、镇国公、辅国公等不同爵位。对贡献和影响甚小的蒙古贵族，也顾其传统，授以一、二、三、四等台吉的世爵。获得世爵的蒙古王公贵族，在政治和经济上享有各种特权和优厚待遇。从亲王到辅国公的爵位获得者和札萨克一等台吉、乾清门行走的一等台吉、额驸等，每年领取清廷赐予的岁俸为：亲王俸银两千两（科尔沁亲

王优于其他亲王)、俸缎二十五匹，郡王银一千二百两、缎十五匹，贝勒银八百两、缎十三匹，贝子银五百两、缎十匹，镇国公银三百两、缎九匹，辅国公银二百两、缎七匹，札萨克一等台吉和塔布囊（黄金家族的驸马）银一百

清廷北不断亲，保持与蒙古的联姻关系（摄于科尔沁博物馆）

两、缎四匹。蒙古的亲王至四等台吉，与清廷一般官员相比，执政的官高，不执政的禄厚。内札萨克蒙古一至四等台吉、塔布囊的顶戴、服色和坐褥与内地一、二、三、四品官的官服、坐褥相同。

清廷在使用联姻和高官厚禄怀柔手段拉拢蒙古贵族上层以外，还采用两面手法，来加强对蒙古地区的管理。首先是建立统治蒙古的盟旗制度。蒙古族部落历来以大汗统治，小的部落以台吉统领，部落首领对鄂托克及宰桑（非黄金家族异姓官吏）享有绝对统治权。清兼并蒙古诸部后，完全取消了蒙古各部的传统体制和原有的领属关系，建立了统治蒙古各部的盟旗制度。盟旗制度是顺应清朝对蒙古统治的需要而产生的新体制。

1636年大清立国（清崇德元年）设旗编佐开始，把满八旗的组织推广到整个蒙古地区，将蒙古划分为内属蒙古和外藩蒙古，又将外藩蒙古

清代蒙古札萨克官服（源于《MONGOLIAN ARTS AND CRAFTS》）

札萨克之印（源于《MONGOLIAN ARTS AND CRAFTS》）

分为内札萨克旗和外札萨克旗。旗和鄂托克虽有相似之处，但并不是在蒙古部落鄂托克的基础上改建的。较大的蒙古部落划分为几个或十几个旗，有的小部落却独成一旗。有的盟由数部组成，有的盟则以一个部落组成。

清廷以嫩科尔沁4部为基础建立了10个旗，组成了哲里木盟，驻牧在嫩江、西辽河流域；把阿鲁科尔沁部（四子部、茂明安、乌拉特），从呼伦贝尔地区迁徙到内蒙古中西部河套和阴山一线以后，组成了乌兰察布盟6个旗（另含喀尔喀部达尔罕旗）；另从阿鲁科尔沁部分出阿鲁科尔沁旗迁徙到西拉木伦河以北编入昭乌达盟。在清初属于科尔沁及其分支部落共编16个旗（和硕特部没有统计在内）。这些旗同属于外藩蒙古内札萨克旗，各旗札萨克都由黄金家族的哈撒儿后裔台吉世袭。

哲里木盟所属旗为：科尔沁左翼前旗，1636年（清崇德元年）设旗，旗府驻帐于伊克岳里泊（一说鄂勒济布里特）；科尔沁左翼中旗，1636年设旗，旗府设于伊克唐噶里克坡（一说唐哈里克）；科尔沁左翼后旗，1649年（清顺治六年）设旗，旗府设在双和尔山（一说济尔哈朗图）；科尔沁右翼前旗，1636年设旗，旗府驻于锡喇布尔哈苏（一说翁衮山）；科尔沁右翼中旗，1636年设旗，旗府设在巴音胡硕山之南的塔克禅；科尔沁右翼后旗，1636年设旗，旗府设在额默勒图锡里；郭尔罗斯前旗，1648年（清顺治五年）设旗，旗府位于古尔班查汗（又译为固尔班笃洛噶）；郭尔罗斯后旗，1648年设旗，旗府驻地是嘉朱温都尔（汉名榛子岭）；杜尔伯特旗，1648年设旗，旗府位于托克托尔坡（一说图布森锡埒图）；扎赉特旗，1648设旗，旗府大帐驻于图卜新察罕锡里。4部10旗会盟于科尔沁右翼中旗境内的哲里木山下，故命名为哲里木盟。

乌兰察布盟所属旗为：四子部落旗，原驻牧于呼伦贝尔兴安岭地区，1630年（后金天聪四年）派遣伊尔扎木墨尔根台吉向后金献驼马貂皮等贡

四子部落旗帜（摄于四子王府）

物表示归附，皇太极设宴，赐伊尔扎木墨尔根台吉与大贝勒岱善之右叙座庆贺。1636年（清崇德元年）设旗，之后，四子部首领率部参加了后金对明朝的征战。1649年（清顺治六年）奉清廷之命，四子部落旗由呼伦贝尔西迁到归化

四子王府旧址（摄于四子王府）

土默特部以北的锡拉木伦河流域锡拉查汗淖尔一带草原，旗府驻帐于乌兰额日格；茂明安旗，1633年（后金天聪七年）其首领车根偕其叔父固穆巴图鲁、台吉达尔玛岱滚、乌巴什等携千余户属民归附后金。皇太极举行了盛大的庆宴，并赏赐甲胄、雕鞍、银币等，随之设旗。此后，茂明安部奉诏告别呼伦贝

杀虎口（摄于山西省右玉县）

尔，边征战、边迁徙，1664年（清康熙三年）清廷赐牧于艾布盖河源，今达尔罕茂明安草原；乌拉特部，1633年（天聪七年），乌拉特部落首领携带大量驼、马和珍奇贵重的兽皮，率部前来后金朝贡，受到了后金朝廷的款待，并赏赐了金、银、丝绸和盔甲，兵器等物，乌拉特部正式归附了后金。1648年（顺治五年）设乌拉特前、中、后三旗，1649年奉诏由呼伦贝尔西迁，1652年抵达河套北，阴山、狼山、乌拉山（木纳山）之间的现牧地。4部6旗会盟于四子部落旗境内的乌兰察布地方。

昭乌达盟所属旗为阿鲁科尔沁旗。1634年，后金把阿鲁科尔沁部一支从呼伦贝尔调往西拉木伦河以北地区驻牧（相当于今阿鲁科尔沁旗和开鲁县西南部地区）。1644年（清顺治元年）设阿鲁科尔沁旗。与阿鲁科尔沁旗会盟的有敖汉、奈曼、扎鲁特、巴林、翁牛特6部9旗。

清朝统治者在蒙古各部设旗的同时，颁布法令，施行"封禁政策"，禁止各旗互相越界往来。清朝在划定旗界的基础上，严禁蒙古王公贵族和牧民越界游牧或旗与旗之间随便往来。若有违者，王公罚俸一年，牧民罚牲畜。蒙古人和喇嘛出境，必须向管旗章京报明情况。1843年（清道光二十三年）规定：各旗蒙古人及喇嘛等出境，于各管官名下发给票据，并由各旗派员巡查，如有私自出境者，勒令回本处治罪。1728年（清雍正六年）又规定，内外札萨克蒙古王公及牧民等进关者（到内地），皆由山海关、喜峰口、古北口、张家口、独石口、杀虎口出入。入关时，将人数报明登记，出关时，仍对照原数放出。除以上六个关口外，其他关口不准出入。至五台山礼拜者，其随行人员数额也有限制，亲王不得超过八十人，贝勒、贝子不得超过六十人。

严加阻止蒙古人学习和接触汉文化。清廷曾规定，蒙古王公台吉等不准聘请内地先生教书（学汉文）或充书吏，违者治罪。其公文呈词，也不得擅用汉文。严格限制内地汉人出关经商和种地。内地商人到蒙古经商，必持有理藩院发给的票证。并限定一

五台山（摄于山西省五台山）

年催回。不准滞留各部娶妻立产，不准取蒙古名字，违者照例治罪。

封禁政策的采取，其目的在于强化清廷的统治，防止蒙古各旗联合或与汉人联系，到了清朝晚期，随着对蒙古土地的放垦政策的施行，汉族农民进入蒙地开垦，清廷不得不放宽或废除了这些规定。

清廷还利用宗教来软化蒙古人。清朝统治者征服蒙古各部时，藏传佛教早已传播于蒙古各地。清朝初期的统治者并不信仰黄教，但他们了解到黄教的思想和教义使人迁善去恶，有助于统治。于是清朝统治者利用蒙古人笃信黄教的特点，进一步提倡和推行黄教，把它当作统治蒙古族人民的主要政策之一。他们首先是笼络和利用黄教上层。清朝统治者深知外藩蒙藏惟喇嘛之言是听，对于征服和统治蒙古各部关系重大。从17世纪20年代起，清朝统治者征服蒙古各部时，有意识地争取了很多蒙古大喇嘛，如察哈尔禅师呼图克图等。为了进一步拉拢蒙藏黄教上层，1639年皇太极派察汉喇嘛至西藏，欲迎达赖喇嘛。1652年五世达赖喇嘛应邀来京。1687年，康熙帝将章嘉活佛（漠南蒙古最大活佛）请至北京。1693年，章嘉活佛奉命进驻北京法源寺，被封为札萨克达喇嘛。康熙皇帝首先笼络并争取了喀尔喀部哲卜尊丹巴活佛，使喀尔喀举部归顺清朝。1693年封哲卜尊丹巴为达喇嘛，掌握漠北喀尔喀宗教管理权。为了进一步拉拢蒙古族，1744年乾隆皇帝把行宫雍和宫改为喇嘛寺，使雍和宫成为全国规格最高的一座佛教寺院。

北京雍和宫（摄于北京雍和宫）

康熙帝曾说："修一所庙胜用十万兵。"科尔沁地区更是盛行建寺之风。蒙古王公、贝勒、达官贵人、富豪人家以建庙为荣，相继兴建寺庙，喇嘛人数不断增多，几乎家家有喇嘛，有的甚至把独生子也送至寺庙出家。据不完全统计，在漠南大小寺庙共有1000余座，喇嘛20万以上。喇嘛被免除兵役、徭役和赋税负担，这一政策实际上鼓励了广大平民弃俗从僧，使大批为生活所困的牧民，云集各庙宇，念经修佛。清朝对蒙古地区实行的宗教政策极大地阻碍了蒙古族人口的发展，并动摇了蒙古民族的尚武反抗精神。

佛经（源于《MONGOLIAN ARTS AND CRAFTS》）

7. 近、现代的科尔沁部

清朝经过第一次、第二次鸦片战争以后国力日衰。由于需要向西方列强偿付巨额赔款，朝廷企图用放垦蒙地的办法以增加一部分收入，另外也想利用"移民实边"来巩固北部边疆和对蒙古地区的统治，同时又想把广阔的蒙古草原作为缓解内地人口压力的缓冲地带，于是就由封禁政策逐渐转变为放垦。到20世纪初，放弃封禁而全面放垦蒙地，开垦了大片蒙古草原。

1883年（清光绪九年），设立官办的"押荒局"，以后特派垦务大臣胁迫蒙古王公报垦土地，招商承放。当时丈放的土地已不以亩计，而以山脊水沟为界，其放垦程度之剧烈可以想见，除了在哲里木盟东部（郭尔罗斯、杜尔伯特、扎赉特）等垦区大量扩大耕地面积外，并在阴山北部（四子部、茂明安部）、河套东部（乌拉特部）、伊克昭盟东北部、昭乌达盟东南部、卓索图盟、呼伦贝尔盟东南部等

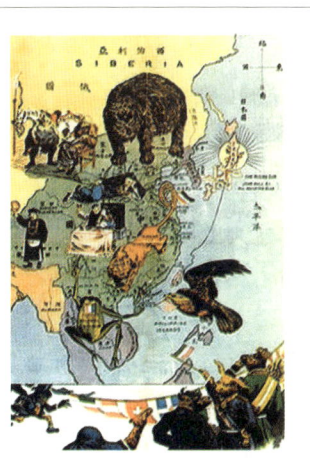

帝国主义瓜分侵略中国图

广大地区出现了大小不等的新垦区，使大片的草原牧场被开垦。

1878年（清光绪四年），清廷废除了禁止妇女出关的法令。1910年（清宣统二年）清廷发布政令，全面解除"蒙禁"，原定禁止出边开垦、与汉人通婚、蒙古人学习汉文、蒙古人取汉名等律条一律废除。鼓励"辟地利、启蒙智、化畛域、通文字"，以改变对蒙古的政策。同时公布：凡蒙汉通婚者，均由该管官酌给红花，以示旌奖。 从此，汉族移民北上完全走上合法化的轨道，从而大大加快了移民的速度。至清末，内蒙古移民人数多达160万人。随着清末的移民活动，内蒙古部分旗已经完成了由畜牧经济转变成农耕经济的历程，从一个传统单一的游牧社会逐渐向半农半牧的多元化社会方向发展，在很多蒙古地区形成了一个以蒙古族为主体、汉族为多数的大杂居、小聚居的民族分布格局。

从清末至民国，由于蒙地的开垦，汉族移民的大量进入，统治当局陆续在蒙旗境内设置了统治汉人的县级行政机构，施行蒙汉分治，使昔日的蒙古地区出现了蒙汉分治、旗县并存的局面。

哲里木盟旗县并存的情况是这样的：1800年（清嘉庆五年），在郭

当年内地农民走西口的古道

尔罗斯前旗境设置长春厅，1913年（民国二年）改为县；1806年（清嘉庆十一年），在科尔沁左翼后旗境设昌图厅，1913年（民国二年）改为县；1877年（清光绪三年），在科尔沁左翼中旗境设奉化、怀德县，1914年（民国三年）改奉化为梨树县；1880年（清光绪六年）在科尔沁左翼前旗境设康平县；1889年（清光绪十五年），在郭尔罗斯前旗境设农安县；1902年（清光绪二十八年），在科尔沁左翼中旗境置辽源州，1913年（民国二年）改为县；1904年（清光绪三十年），陆续在科尔沁右翼前旗境设置洮南府，1913年（民国二年）改为县；在科尔沁右翼前旗境设靖安县，1914年（民国三年）改称洮安县；在科尔沁右翼前旗境设开通县；在札赉特旗境置大赉厅，1913年（民国二年）改为大赉县；1905年（清光绪三十一年），在科尔沁右翼后旗境设安广县；1906年（清光绪三十二年），陆续在科尔沁右翼中旗境设醴泉县，1914年（民国三年）改称突泉县；在郭尔罗斯后旗境置肇州直隶厅，1913年（民国二年）

由于大量开荒引起的科尔沁草原沙化

当年的乌兰察布草原现在被开垦成农田

改为县；在杜尔伯特境置安达直隶厅，1913年（民国二年）改为县；在郭尔罗斯后旗境置肇东设治局，1913年（民国二年）改为县；1907年（清光绪三十三年），陆续在郭尔罗斯前旗境设长岭县；1910年（清宣统二年），在科尔沁右翼后旗境设镇东县；在郭尔罗斯前旗境部分地区设德惠县。

乌兰察布盟旗县并存的情况是这样的：1903年（清光绪二十九年）在达尔罕旗南部设武川厅。1919年（民国八年）在茂明安旗南部设固阳设治局，1926年（民国十五年）改固阳县。1903年（清光绪二十九年），在乌拉特三旗的东南部，设大佘太、五原、临河设治局，1912年（民国二年）设五原县。1932年（民国二十一年）改大佘太设治局为安北县、临河设治局为临河县，归绥远省管辖。蒙地的开垦和大量内地汉族移民的进入，形成了新的政治体制。这在科尔沁地区、乌兰察布地区和其他蒙古族集聚地区充分体现出来。首先，分割了蒙旗王公的治权。由于广设厅县，许多蒙旗的辖境大为缩小，有的旗已大部分被分割，有的旗则因被划为县治而辖境名存实亡。其次，旗县间利权分割。原来蒙旗是蒙地的唯一所有者，县没有征租权。放垦蒙地后，出现了地价与地租两种土地价格，并在县与旗之间实行分割，造成了极大的

科尔沁由牧转农后使用的部分农具

混乱。第三,双重管辖权导致双重负担。蒙汉杂居混合,本无地界可寻。但由于旗管蒙民,县管汉民,给老百姓带来不便。更为严重的是蒙汉民族的双重负担问题。在蒙旗管辖的未放垦地方,汉人只向蒙旗负担。但在县治覆盖的蒙旗私垦地,汉族就要承担旗和县双重负担。同样,蒙旗要求旗下属民纳钱当差,县又要求生活于县域内的蒙族农民纳税。"蒙汉分治"和双重税收严重影响到旗和县的关系及蒙汉两族之间的关系,事实表明这种体制不符合现代行政管理规律。

由于对蒙地的开垦,大量挤占了蒙古人的牧场,迫使失去草场的牧民逐渐改变了几百年来的传统牧业经济观念,拿起锄头向汉族农民学习耕耘方法,由牧民变成了地地道道的农民。因此,科尔沁蒙古人的农民队伍逐渐扩大。到了20世纪二三十年代以后,哲里木盟4部10旗基本上完成了由牧向农的转变,但是仍然保留了部分畜牧业经济成分。这一转变,是对科尔沁蒙古族草原畜牧文化的巨大冲击,使科尔沁文化融入了汉族农耕文化成分,发展成今日的多元复合型科尔沁蒙古族历史文化。一部分牧民无法适应形势,只好赶着畜群西迁,到尚未来得及开垦的西部、北部地区,寻找新的牧场,继续从事传统的畜牧业生产。这在乌兰察布盟的四子部、茂明安部、乌拉特部表现得最为明显,这三部的蒙古人基本上没有转入农耕,而是选择了传统的牧业,让出了南部大片草场,移牧到北部草原放牧,因此他们较好地保持了蒙古族传统的文化。这种经济和生产关系的变革,冲击了几百年来蒙古人古老的游牧传统观念,客观上造成了各种矛盾的交织,使一部分

乌兰察布牧民由于牧场被开垦举家搬迁

失去牧场的蒙古人进一步贫困化。

1904年起,从白音达赉(卓索图盟土默特左旗人)、陶克陶胡(郭尔罗斯前旗四等台吉)起义开始,蒙古地区的抗垦起义此起彼伏。1916年,奉系军阀张作霖大量放垦科尔沁土地,到1928年达尔罕旗(科左中旗)四分之三的土地被放垦,牧场急剧缩小,牧民被迫背井离乡,此举严重损害了蒙古族牧民的利益,放垦引起当地牧民的不满,因而爆发了嘎达梅林抗垦的武装起义斗争。

嘎达梅林,当时在札萨克达尔罕亲王府任梅林(官职),本名那达木德。1929年初,"东北易帜"后不久,张学良继续推行开垦蒙旗土地的计划。嘎达梅林多次到垦务局反对开垦,被免职,并因此而被押回本旗投入监牢。嘎达梅林的妻子牡丹其其格伙同一些抗垦牧民劫牢反狱,将嘎达梅林救出。于是嘎达梅林打起起义大旗,组织领导了一支700多人的抗垦军队,提出了"打倒测量局,不许抢掠民财"的口号,袭击垦务局和垦

嘎达梅林起义(摄于科尔沁博物馆)

荒军,驱逐测量队。起义队伍受到蒙古族牧民群众的普遍拥护和支持,他们转战于哲里木盟、昭乌达盟一带,为了蒙古民族所生存的土地,与军阀、王公的放垦政策进行了英勇武装斗争。旗王公与东北军阀相勾结,调重兵日夜追剿。1931年4月5日,抗垦的起义队伍在今通辽北舍伯勒图附近新开河(今

乌力吉木仁河）畔的红格尔敖包屯渡口，准备渡河南去时，被东北军包围歼灭，嘎达梅林英勇战死。嘎达梅林的头颅被悬挂示众。五个月后，九一八事变爆发，东北军撤入关内，放垦草原的计划没有得以继续实施。后来在乌力吉木伦河边，蒙古民众为了纪念嘎达梅林的起义修建了梅林庙，从此嘎达梅林成为蒙古民族所颂扬的民族英雄。

嘎达梅林的起义虽然失败，但是放垦草原的计划被延迟。嘎达梅林的起义是为了保护蒙古民族赖以生存的土地。而放垦对草原生态系统的破坏是极大的，这在以后的科尔沁地区明显显现出来。昔日富饶美丽的科尔沁草原，由于滥垦滥伐，今天大部分都已沙化，成为"科尔沁沙地"。目前科尔沁沙地总面积达8000万亩，是中国最大的沙地之一。

1931年"九一八事变"以后，日本帝国主义全面占领中国东北，哲里木盟10旗相继沦陷，科尔沁蒙古族又遭受到日寇所蹂躏。1937年"七七事

抗日烽火（摄于内蒙古博物馆）

变"爆发，中国进入到全面抗战阶段。这时候一批蒙古族爱国王公人士和进步青年革命者相继投入到轰轰烈烈的抗日爱国斗争中去了，在科尔沁大地和乌兰察布草原传诵着他们的英勇事迹。

"九一八"事变之后，在内蒙古东部势力和影响最大的科尔沁王公、科左

中旗札萨克达尔罕亲王那木济勒色楞拒不投附日伪。日本关东军司令官本庄繁、特务头子土肥原贤二派人拉拢劝诱,希望他追随溥仪出任伪政权要职,均遭拒绝。1931年末,他化装成平民逃出沈阳避居北平。"七七"事变后,日军在北平再次威逼他出任伪职,他以有病为由加以拒绝,从此闭门谢客,直到抗战胜利为止。乌拉特前旗前札萨克石拉布多尔济的遗孀奇俊峰(蒙古名色福勒玛)不甘附逆,于1938年2月率卫队摆脱日伪控制投奔绥西国统区。国民政府致电嘉奖慰勉,并先后委任奇俊峰为乌拉特前旗保安司令、护理旗札萨克和绥境蒙政会委员。奇俊峰将旗保安队扩编为600多人的武装,在绥西坚持抗日。乌拉特后旗前札萨克的遗孀巴云英(蒙古名德力格尔),因日伪军不断进逼,携幼子率本旗保安队进入后套五原加入抗日阵营,亦受到国民政府的电慰嘉奖。巴云英之子被任命为护

从科尔沁走出了一批革命者(摄于科尔沁博物馆)

理札萨克、本旗防守司令,巴云英被任命为绥境蒙政会委员并实掌本旗军政大权,也在绥西地区坚持抗日。茂明安旗札萨克被日本特务机关迫害致死后,其夫人额仁庆达赖毅然处死本旗亲日分子,摆脱日伪羁绊投奔了五原国统区。这

些蒙古王公贵族的所作所为较好地保持了蒙古民族的民族气节，受到了旗民的拥护。

在科尔沁大地还活跃着一批蒙古族革命者。1929年，共产国际派遣已经参加苏共的朋斯克、特木尔巴根等回到哲里木盟做地下工作。朋斯克和特木尔巴根是1925年由内蒙古人民革命党（当时内蒙古人民革命党是接受共产国际领导的革命政党）输送到苏联东方大学深造的热血青年，他们在苏联其间系统学习了马克思列宁主义理论。1929年秋，朋斯克和特木尔巴根在苏联受到中共驻共产国际代表瞿秋白的接见，同时受到接见的还有乌兰夫、佛鼎等人。指示他们回国后要开展反帝、反封建斗争，将蒙古民族的民族解放斗争与中国革命联系起来。他们的地下斗争直接受共产国际的领导。特木尔巴根和朋斯克辗转回到哲里木盟后，在蒙古族学生和农牧民群众中间宣传革命道理，灌输反封

内蒙古人民革命党党证

建、反军阀、反对帝国主义的思想，并联系了早期参加内蒙古人民革命党的博彦满都等人共同工作。

"九一八"事变后，内蒙古东部地区一片混乱。蒙奸甘珠尔扎布、正珠尔

扎布打着"争取民族独立"的招牌成立了"内蒙自治军"。当时沈阳东北蒙旗师范学校汇集了一批如哈丰阿等忧国忧民的蒙古族知识青年,他们怀着寻求民族解放的理想,为了蒙古民族的独立富强,参加了内蒙自治军。这时,朋斯克、特木尔巴根先后来到内蒙自治军,开展地下工作,企图把自治军掌握在自己手里,改造成为抗日的军队。朋斯克和特木尔巴根向自治军中的学生队介绍了苏联、蒙古的情况,揭露内蒙自治军的虚伪性和反动性,号召蒙古民族要团结起来,共同反对日本帝国主义和军阀的压迫,为解放全内蒙古而斗争。此举对进步学生教育鼓舞很大。这其间,他们在蒙古族知识青年中发展了一批内蒙古人民革命党党员,其中有哈丰阿、阿思根、那钦双和尔、王海山、都固尔扎布、包彦、乌云达来、包玉昆、高布扎布、宝音图等20余人,这些人成为日后内蒙古自治运动的骨干力量。朋斯克和特木尔巴根及时向共产国际汇报工作,请示今后的行动计划。根据行动计划安排,一部分人潜伏在伪兴安警备军中,另一部分人打进兴安西省公署,以伪满洲国公务员身份掩护开展工作,特木尔巴根以小学教员的身份做掩护。

他们撒下的革命种子,却在生根发芽,开花结果。哈丰阿等人还做了大量的宣传工作,组织同胞阅读进步书刊,召集会议,介绍苏蒙情况,号召蒙古族青年团结起来,为振兴民族而奋斗。他们还出版了蒙古文刊物《新蒙古》,发展了数十名内蒙古人

蒙古族骑兵积极参加人民解放战争

民革命青年团团员。在抗战胜利前夕的1945年8月11日，王爷庙伪陆军军官学校的青年军官在哈丰阿、王海山、都固尔扎布等策动和领导下，毅然将全部日本教官打死，举行起义，配合苏联红军解放了王爷庙，并在中国共产党领导下，组建了东蒙自卫军，后来他们中的大部分成长为内蒙古各级领导骨干。

抗战胜利后，朋斯克、特木尔巴根、哈丰阿等高举民族解放的旗帜，在国共两党激烈争夺东北和东蒙的斗争中，始终站在共产党一边。"8.11"起义后，特木尔巴根和哈丰阿等迅速恢复了内蒙古人民革命党东蒙本部，建立了内蒙古人民革命青年团，组建了东蒙古自治军，发表了《内蒙古人民解放宣言》，协助苏联红军维持地方秩序，建立地方政权，剿匪反霸，打退和粉碎了国民党军队对东蒙的进攻，并派代表参加了中共中央在东北召开的东北人民代表会议。还指派包玉昆到张家口同乌兰夫领导的内蒙古自治运动联合会取得联系，从而促成了1946年承德"四·三会议"的召开，为内蒙古自治政府的成立铺平了道路。特木尔巴根、哈丰阿也在这时光荣地加入了中国共产党。

还值得一提的是从科尔沁走出来一批无产阶级革命知识分子。他们在求学过程中接触到中国共产党主张，接受了马克思主义，毅然参加了共产党组织，并投入到民族解放的战火中去。他们有的去了革命圣地延安接受革命的洗礼，有的参加了八路军、抗日联军与日寇顽强战斗，有的在敌占区隐蔽战线工作，参与了"一二·九"学生运动，他们成为科尔沁蒙古族的精英，为民族的解放作出了贡献。这些人最后又接受中国共产党

朋斯克

哈丰阿

王再天

的派遣，返回到蒙古民族的自身解放——内蒙古自治运动中去。这些人有孔飞、关起义、王再天、廷懋、吴涛等。

1947年5月1日，在科尔沁右翼前旗的王爷庙（乌兰浩特市），内蒙古自治政府宣告成立。这标志着内蒙古人民的革命斗争和民族解放事业取得了伟大胜利。乌兰夫当选为自治政府主席，哈丰阿当选为副主席，特木尔巴根、奎璧、阿思根等21人当选为自治政府委员，博彦满都当选为参议长。毛泽东、朱德随即发来了贺电。贺电说："曾经饱受苦难的内蒙同胞，在你们领导下，正在开始创造自由光明的新历史。我们相信蒙古民族将与汉族和国内其他民族亲密团结，为着扫除民族压迫与封建压迫，建设新蒙古与新中国而奋斗。庆祝你们的胜利。"

内蒙古自治政府全体委员合影

二、科尔沁及分支鄂托克（旗）历史沿革和概况

蒙古科尔沁部极其分支部落，都是哈撒儿的子孙。经历了自形成以后600多年的历史演变，现在已经发展成为我国蒙古族中人数最多的一支，其总人口数占到我国蒙古族人口的半壁江山。当科尔沁部以哈撒儿封地为基础，在石勒喀河、额尔古纳河、呼伦贝尔地区形成以后，经历了元朝时期的兴盛，北元时

科尔沁始祖哈撒儿弯弓搭箭塑像（摄于科尔沁博物馆前广场）

期和硕特部的西走，后来嫩科尔沁部的南迁，以至到清朝初年阿鲁科尔沁4部的西迁，致使科尔沁及其分支部落散布在中国大西北到东北的大半部国土，他们为祖国的统一和中华民族的生存发展作出了贡献。科尔沁蒙古族谱写了一部雄壮的历史诗篇。

1947年5月1日内蒙古自治政府成立，在当时内蒙古境内的科尔沁各旗和黑龙江省的杜尔伯特旗就陆续建立了人民政权；随着东北"辽沈战役"的结束和东北全境的解放，郭尔罗斯旗也建立了人民政权；隶属原乌兰察布盟的四子部落旗、茂明安旗、乌拉特3部5旗在绥远1949年9月19日起义以后，建立了人民政权；生活在西北边疆的和硕特部在解放以后也建立了人民政权（将在后卷书中介绍）；科尔沁极其分支部落纷纷建立人民政权之后，这标志着生活在中国的蒙古族的彻底解放。这些科尔沁及其分支部落经过几百年的变迁，发展到今天。

1. 嫩科尔沁各鄂托克

16世纪中叶（1522年前后），科尔沁始祖哈撒儿第十四世孙奎蒙克率领自己名下的属部，从原分封地石勒喀河、额尔古纳河和呼伦贝尔地区迁徙到嫩江流域游牧，将这一地区的札赉特、杜尔伯特、郭尔罗斯等蒙古部以及达斡尔、索伦、锡伯、卦尔察部和少数女真人归并之后，以嫩江流域为驻牧地，并为了区别于留守故地的阿鲁科尔沁部将其称之为"嫩科尔沁部"。1636年后金政权改国号为清，并对蒙古地区实行盟旗建制。嫩科尔沁部划分为科尔沁左翼前旗、科尔沁左翼中旗、科尔沁左翼后旗、科尔沁右翼前旗、科尔沁右翼中旗、科尔沁右翼后旗、札赉特旗、杜尔伯特旗、郭尔罗斯前旗、郭尔罗斯后旗等十个旗，统归哲里木盟管辖。因此有清一代将哲里木盟也称之为"嫩科尔沁十旗"。

解放以后根据行政区划撤销了科尔沁右翼后旗、科尔沁左翼前旗和郭尔罗斯后旗。科尔沁右翼后旗：清末析出今镇来县，部分并入内蒙古科尔沁右翼前旗、扎赉特旗管辖；科尔沁左翼前旗（宾图旗）：清末析出今辽宁省法库县、彰武县、康平县一部分，1949年2月撤销旗制，除一部分土地归苏鲁克旗（彰武县）和康平县外，其余部分土地归科左后旗，另外将阔阔格尔、博尔嘎苏塔拉二村划归库伦旗，建成牧场；郭尔罗斯后旗：清末析出黑龙江省肇州县、肇东县，余下部分于1956年撤销郭尔罗斯后旗，设置肇源县，隶属于黑龙江省。

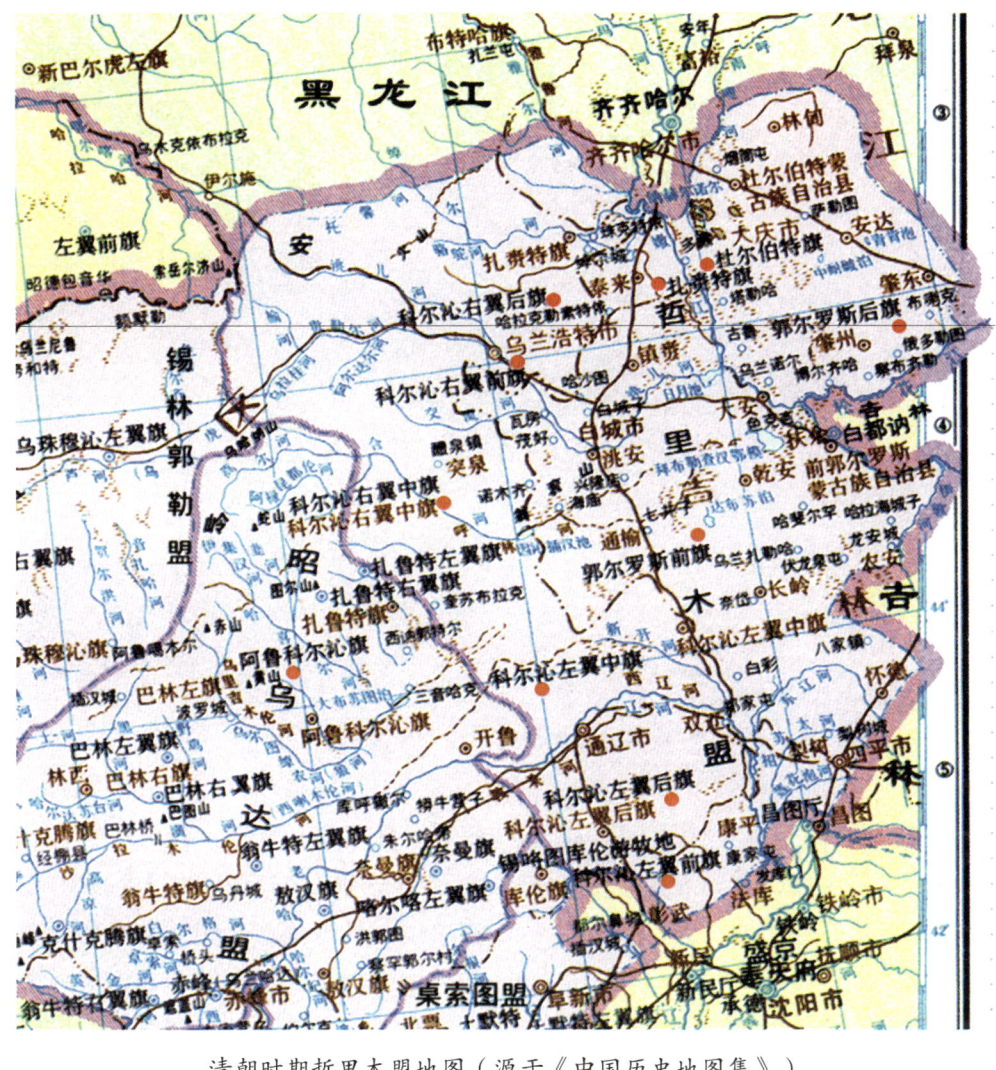

清朝时期哲里木盟地图（源于《中国历史地图集》）

(1)科尔沁右翼前旗

科尔沁右翼前旗隶属内蒙古兴安盟，位于兴安盟中西部。南连突泉县、科尔沁右翼中旗和吉林省白城地区，北接呼伦贝尔市新巴尔虎左旗、鄂温克族自治旗和扎兰屯市，东北邻扎赉特旗，西靠锡林郭勒盟东乌珠穆沁旗，西北部与蒙古国接壤，面积19375平方公里。总人口348359人（2000年），其中蒙古族159869人。旗人民政府驻乌兰浩特市。

春秋时期曾经是东胡之土地；战国为燕国北疆；东汉至北朝时是东部鲜卑属地；唐代为河北道北部；辽代时期是契丹族的家园；金代女真人占据；蒙元时期属中书省泰宁路北境；

科尔沁右翼前旗地图（源于内蒙古测绘网）

明属蒙古泰宁卫；清为札萨克图郡王封地；1946年建立人民政权，是内蒙古自治运动的发祥地，归内蒙古自治政府和内蒙古自治区管辖；1969年划归吉林省白城地区所辖；1979年划回内蒙古自治区。

北部是大兴安岭山地，南部为浅山丘陵，东部地势平缓。河流众多，主要有洮儿河、归流河、哈拉哈河等。属温带大陆性季风气候，年平均气温摄氏4℃左右。年降水量410-480毫米。无霜期90～120天。

经济以农、牧、林业为主，有耕地260万亩，天然草牧场1841万亩，林地687万亩；主要矿藏有大理石、萤石、花岗岩、硅石、铬铁、钼等30余种；野生动物有国家一类保护动物黑鹤、丹顶鹤，二类保护动物鹿、盘羊、猞猁，三类保护动物紫貂、棒鸡、野鸡、黄羊等；交通便捷，白城

内蒙古自治政府成立"五一大会"会址

至阿尔山铁路纵贯南北,111国道横穿东西,302国道、202省道和旗乡公路构成公路网络。

旗境内旅游资源丰富。草原景点有乌兰毛都草原、勿布林草原、桃合木草原、满族屯草原等;旗内有众多文物古迹遗址,如金界壕、索伦乌敦南山古文字古迹等;还有爱国主义教育基地内蒙古自治政府成立时的"五一"大会会址、乌兰夫办公旧址、苏联红军纪念塔、索伦惨案烈士碑、巴拉格歹惨案烈士墓、好仁侵华日军飞机场遗址、察尔森中村事件遗址等;还有巍峨的成吉思汗庙和具有500年历史的佛教圣地葛根庙。

(2)科尔沁右翼中旗

科尔沁右翼中旗隶属内蒙古兴

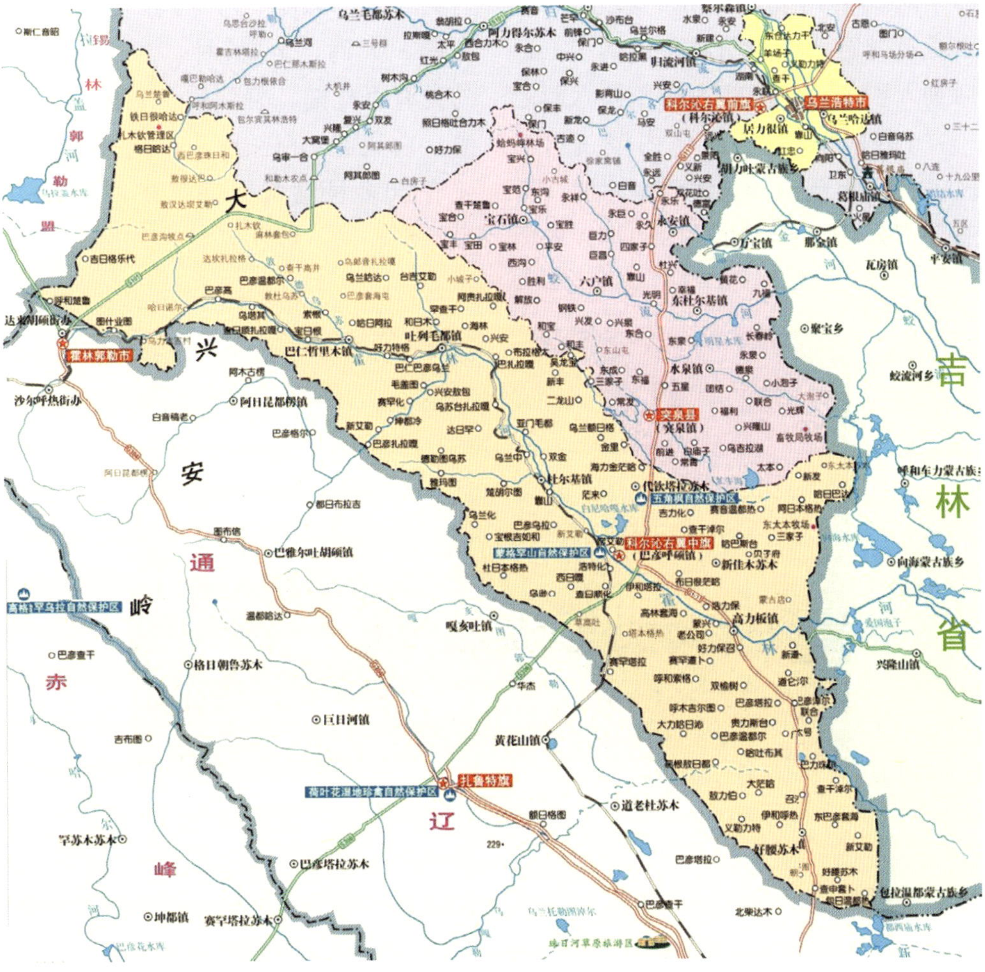

科尔沁右翼中旗地图(源于内蒙古测绘网)

安盟,位于兴安盟南部,地处科尔沁草原腹地。东邻吉林省洮南市、通榆县,南、西接通辽市科尔沁左翼中旗、扎鲁特旗,西北连锡林郭勒盟东乌珠穆沁旗、通辽市霍林郭勒市,北靠突泉县、科尔沁右翼前旗。面积15613平方公里。总人口251303人,其中蒙古族207973人,蒙古族人口占全旗人口的83.17%。旗人民政府驻白音胡硕镇。

唐代为河北道北部;辽代为东京道黄龙府北境;明属蒙古泰宁卫,后划入科尔沁;清初为科尔沁六旗之一;1947年以后一直属内蒙古自治区;1969年至1979年随哲里木盟(今通辽市)划归吉林省;1980年兴安盟恢复时,由哲里木盟划入兴安盟。

地处大兴安岭南麓,属于山前丘陵洪积台地;霍林郭勒河流经本旗,呈西北向东南狭长状。属半干旱大陆性季风气候。年平均气温5.6℃,无霜期平均120天,年降水量388毫米。

经济以牧业为主,草牧场面积达到113.3万公顷,农作物播种面积165万亩。有国家级科尔沁草原湿地珍禽自然保护区,内有国家一级保护的鸟类白鹳、黑鹳、丹顶鹤、白头鹤、白鹤、大鸨、金雕7种,二级保护的鸟类有白枕鹤、蓑羽鹤、灰鹤、大天鹅、白琵鹭、白额雁、小鸥等29种,还有20多种猛禽。地下矿产有银、铅、铜、铁、锌、高岭土、稀土、珍

白音胡硕镇五角枫广场

珠岩、黑耀岩、共岗、大理石、硅石、叶蜡石、煤等。通霍(通辽至霍林郭勒)铁路纵贯南北。省际大通道穿过本旗,全旗公路通车里程1130公里。

名胜古迹有图什业图王府、辽金时代金界壕、吐列毛杜金城、巴拉哈达洞

壁题记等。旗内佛教庙宇众多，有遐福寺、阐教寺、双福寺、广福寺、慈福寺5座寺庙。科尔沁右翼中旗拥有内蒙古"四胡之乡"、"安代之乡"、"乌力格尔之乡"等诸多称号，是科尔沁蒙古文化的发祥地之一。

(3)扎赉特旗

扎赉特旗隶属内蒙古兴安盟，位于兴安盟东部。东邻黑龙江省龙江县、泰来县，南接吉林省镇赉县，西靠科尔沁右翼前旗，北连呼伦贝尔市扎兰屯。面积11837平方公里。总人口399883人（2000年），其中蒙古族162626人。旗人民政府驻音德尔镇。

扎赉特旗地图（源于内蒙古测绘网）

春秋战国时为东胡游牧地；汉晋时为鲜卑地；南北朝为室韦地；唐代为室韦都督府所辖；金代为临潢泰州辖境；元代初为辽阳泰州辖境，后改隶中书省，为成吉思汗三弟斡赤金的封地；明代为兀良哈三卫朵颜卫境，明万历年以

多澜湖的塔

后,科尔沁部首领博第达喇将科尔沁部以河为界,划给自己的儿子们做牧地,其九子阿敏分得嫩江以西的绰尔河流域,始号扎赉特部;1648(清顺治五年)设扎赉特旗,隶属哲里木盟至民国时期;东北沦陷时期隶属伪兴安总省;1947年10月成立人民政府,1954年5月,隶属呼伦贝尔盟;1969年7月,随同呼伦贝尔盟一并划归黑龙江省管辖;1979年7月,划归内蒙古自治区管辖,初隶呼伦贝尔盟,1980年1月复归兴安盟。

地处嫩江右岸,大兴安岭东南山麓。由山地、丘陵和松辽平原组成。河流有绰尔河等74条河流。属温带大陆性季风气候,年平均气温3.2℃~4℃,年降水量400毫米,无霜期120~140天。

农业经济发达,有耕地289万亩。主要粮食作物有玉米、大豆、谷子、高粱、小麦、水稻、马铃薯等农作物。野生动物种类繁多,马鹿、野猪、黑熊、锦鸡、飞龙、狍子、猞猁、水獭、狐狸、草兔、灰鼠、丹顶鹤、白天鹅、沙鸡等珍禽野兽。矿产资源较为丰富,有铜、铁、大理石、石灰石、水涮石、石榴石、花岗岩、煤、石油、金、油砂等10余种矿产。旗境内公路形成网络总里程达864.6公里。

旅游资源有图牧吉国家级自然保护区、大小神山、绰勒水库、杏花山、杨树沟瀑布、金界壕等旅游区和3处清代喇嘛庙等。

(4)科尔沁左翼中旗

科尔沁左翼中旗隶属内蒙古通辽市,位于通辽市东北部。东接吉林省双辽县,南邻通辽市科尔沁左翼后旗,西连开鲁县,北与扎鲁特旗、吉林省通榆县和内蒙古兴安盟科尔沁右翼中旗接壤。面积9811平方公里。总人口520678人(2000年),其中蒙古族374673人。是内蒙古自治区蒙古族人口数量最多的旗县。旗人民政府驻保康镇。

科左中旗历史悠久,从元朝开始这里一直是蒙古民族的游牧地;公元1636年(清崇德元年),清廷在这里正式设科尔沁左翼中旗。是清代国母孝庄文皇后的故里,嘎达梅林的故乡。

地处松辽平原西北部,由平原、

沙丘、坨沼组成；河流有西辽河、新开河、乌力吉木仁河三条河流贯穿旗境；属大陆性季风气候。年平均气温5.2℃，年降水量250～435毫米，无霜期140天。

经济以农业为主，兼营畜牧业。耕地面积350多万亩。粮食作物有玉米、

科尔沁左翼中旗地图（源于内蒙古测绘网）

高粱、谷子、水稻、大豆、小麦、马铃薯等。牲畜品种有牛、猪、羊、马、驴、骡、鹅等。大牲畜以科尔沁黄牛为主，已列为全国商品牛基地。动物资源可分为五大类，即野兽类、野禽类、鱼类、两栖爬虫类和昆虫类。能源矿产资源丰富，主要有石油、天然气、煤炭。交通方便，铁路有大郑（大虎山至郑家屯）、平齐（四平至齐齐哈尔）、通霍（通辽至霍林郭勒）和通让（通辽至让湖路）等通过境内。公路四通八达。

孝庄文皇太后雕像

(5)科尔沁左翼后旗

科尔沁左翼后旗隶属内蒙古通辽市,位于通辽市东南部。东北部与吉林省双辽市接壤,东部和南部与辽宁省彰武、康平、昌图县相邻,西部和北部与库伦旗、奈曼旗、开鲁县、通辽市和科左中旗相连。面积11481平方公里。总人口394698人(2000年),其中蒙古族283352人。旗人民政府驻甘旗卡镇。

科尔沁左翼后旗地图(源于内蒙古测绘网)

战国时期属东胡活动地区;汉及魏晋南北朝时期鲜卑族控制该地区;唐代属契丹民族住地,隶属唐朝设置的松漠都督府;辽时为上京道头下军州地;金为临潢府路所辖;元代隶属于中书省宁昌路北境;明时曾属福余卫游牧地;明朝末期,科尔沁部取代福余卫移驻该地;1636年(清崇德元年),清朝在科尔沁等部设旗建制,1650(清顺治七年)设科尔沁左翼后旗,也称博王旗;民国时期,归属奉天省;"九一八"事变后,伪满州国设东科后旗公署,隶属兴安南分省和兴安总省;1945年日本投降后,建立民主政府,隶属科尔沁左翼三旗联合办事处;1947年6月,恢复东科后旗民主政府，归属内蒙古自治区，1953年6月，哲盟撤销，归属自治区东部区行署；1969年，哲里木盟划归吉林省；1979年又归属于内蒙古自治区。

地处科尔沁沙地与松辽平原交接地带，地形由西南向东南倾斜。主要河流有西辽河、东辽河、红河等。属于大陆性季风气候。年平均温度5.8℃。无霜期148天。年降水量在200～400毫米。

经济以畜牧业、农业为主，草原牧场辽阔，素有黄牛之乡的称誉。耕地面积退耕还牧后压缩到242万亩，粮食作物有玉米、高粱、糜黍、荞麦、大豆、马铃薯、水稻、小麦等。野生动物有哈什蟆、环颈雉、鹌鹑、沙半鸡、山兔、麝鼠、黄鼬、狐、獾和狼等。已探明的矿藏资源有煤、矽砂、采石、草碳和天然碱等。交通发达，有大（虎山）郑（家屯）铁路、平（四平）齐（齐哈尔）铁路通过境内。国道"304"、"203"，省道"303"、"305"贯穿境内。

科左后旗是清代著名爱国将领僧格林沁的故乡，旗内建有僧格林沁博物馆。另外，著名名胜古迹有吐尔基山辽代古墓、阿古拉双合尔山等。还有被誉为"沙地明珠"、"天然植物园"的大青沟。

(6)杜尔伯特蒙古族自治县

杜尔伯特蒙古族自治县属黑龙江省所辖县级民族自治地方。位于黑龙江省西南部，地处松嫩平原腹地，东邻大庆市，西隔嫩江与泰来县、镇赉县相望，南与肇源县毗连，北与齐齐哈尔市、林甸县接壤。总面积为6176平方公里，人口24.7万人（2000年），蒙古族人口4.37万人。县政府所在地为泰康。

此地金属蒲南路，明属福余卫，清初设杜尔伯特旗。杜尔伯特，蒙古语，意为"四"。据《蒙古秘史》记载，是一个具有悠久历史的蒙古部落，1547年（明朝嘉靖二十六年）驻牧于呼伦

僧格林沁博物馆

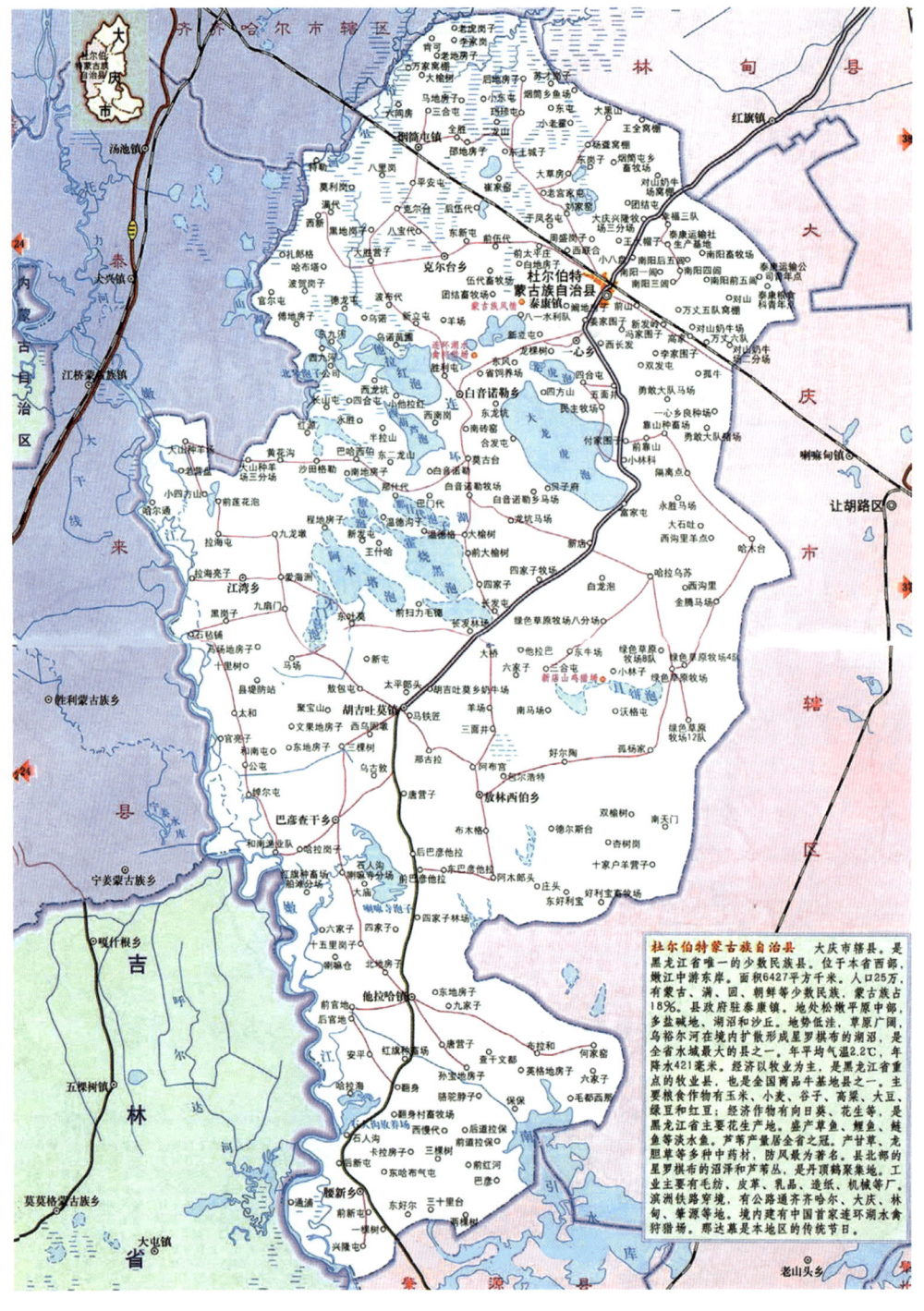

杜尔伯特蒙古族自治县地图（源于内蒙古测绘网）

贝尔草原的元太祖成吉思汗弟哈撒儿第十四世孙奎蒙克带领部众,从呼伦贝尔迁牧于大兴安岭东南的嫩汇、松花江和辽河下游地区游牧,由奎蒙克之孙爱纳嘎承袭了杜尔伯特部。清初,1648年(清顺治五年),将杜尔伯特部改设杜尔伯特旗,隶属哲里木盟。民国时期实行旗县分治,隶属黑龙江省管辖。东北沦陷后,杜尔伯特旗划归嫩江省管辖。日本投降后建立人民政权,隶属嫩江省。1949年5月,撤销嫩江省后,划归黑龙江省管辖。1956年10月10日,国务院批准,撤销杜尔伯特旗,设置杜尔伯特蒙古族自治县。

地处松嫩平原,地势平坦开阔,从北向南略倾斜。主要河流有嫩江、乌裕尔河等。属温带大陆性季风气候,年平均气温3.6℃~4.4℃,无霜期为147~153天,平均降水量为411.6毫米。

草原面积广阔,总面积达460万亩,占全县总面积的49.7%。同时有耕地195.7万亩。水草丰美,物产丰富,素有"绿色的净土"和"天然宝库"之美称。境内河流、湖泊密布,水产品和芦苇产量大。石油、天然气资源储量丰富,是大庆外围油田主要产区。地热等资源也十分丰富。交通便利,形成铁路、公路、水路等纵横交错的交通运输网络。

主要的旅游景点有:寿山滑雪场、大庆草原赛马场、阳光温泉花园、连环湖国际水禽狩猎场、寿山旅

杜尔伯特草原

游度假村、石人沟、松林公园、乌呼木勒、北极岛、当奈湿地、蒙古风情园、德力戈尔蒙古部落、天湖公园、阿木塔生态旅游度假村等。

(7)前郭尔罗斯蒙古族自治县

前郭尔罗斯蒙古族自治县属吉林省所辖县级民族自治地方,地处吉林省西北部,松辽平原东北部。正北隔嫩江为黑龙江省肇源县;东北以松花江为界与扶余县隔江相望;东南与农安县接壤;西南与长岭县为邻;正西与乾安县毗连;西北与大安市交界。总面积7103平方公里。全县总人口55.2万人,其中蒙古族5.7万人,占总人口的10.3%。

西周、春秋、战国时期为秽貊地;汉、魏、晋、南北朝属夫余国;唐初为高句丽所据,在唐代的渤海时期属渤海夫余府;辽代为契丹游牧地,属上京道临潢府长春州辖;金初,仍属长春州辖,隶属泰州昌德军;元代属开元路,归辽阳行省、中书省管辖;明初,为元初功臣木华黎的后代纳哈出所控,属泰宁、朵颜、福余三卫;1425年(明洪熙元年),元太祖弟哈撒儿十四世孙奎蒙克来此地驻牧,号嫩科尔沁,并分四部,奎蒙克之孙乌巴什统领"郭尔罗

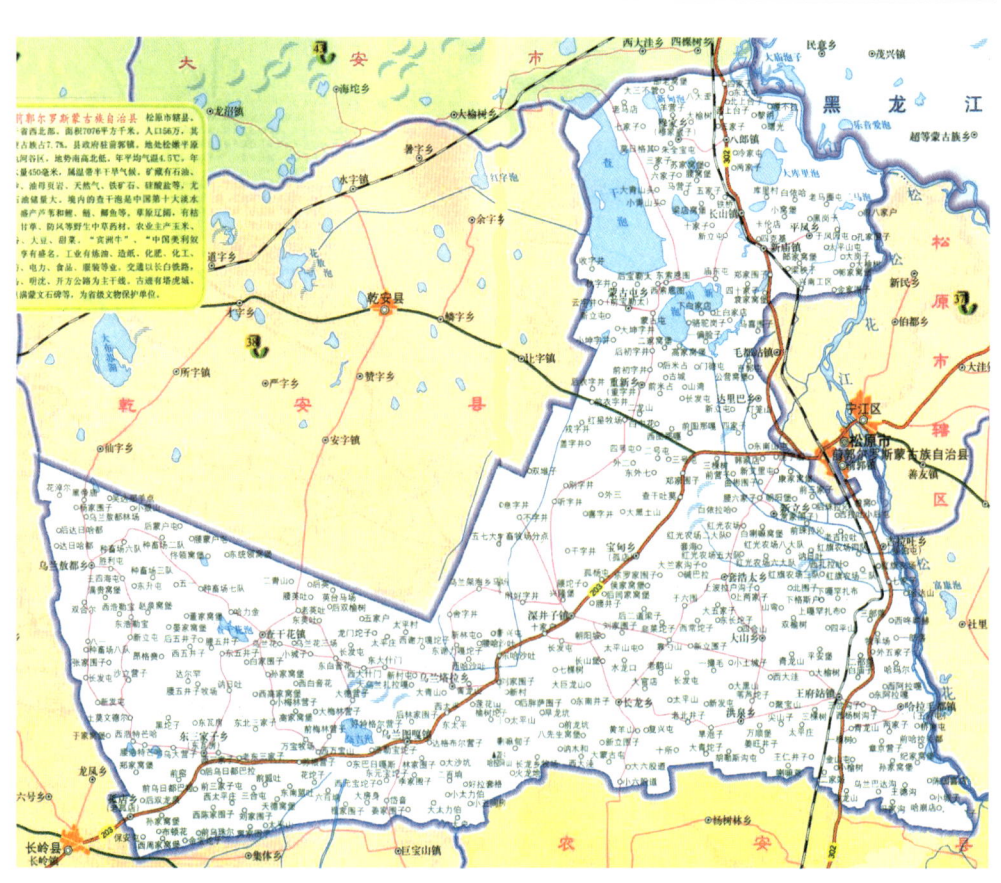

前郭尔罗斯蒙古族自治县地图(源于内蒙古测绘网)

斯"部；1636年（清崇德元年），乌巴什之孙固穆，被封为"札萨克辅国公"，从此郭尔罗斯部二旗为固穆所辖，属于哲里木盟十旗之一；民国初期仍沿袭清朝建制；1932年东北沦陷后，属伪满吉林省辖；1945年东北光复后，隶属辽吉省；1948年东北解放建立人民政权，归吉林省辖，1956年1月1日，正式成立前郭尔罗斯蒙古族自治县，隶属吉林省白城专区。

地形由高到低呈西南—东北走向，由台地和风蚀岗地逐渐变为平地。松花江和嫩江从东部和北部边境流过，形成了沿江冲积平原。属于温带大陆性季风气候，年平均气温为4.5℃，无霜期130天至140天，年平均降水量为400～500毫米。

自然资源丰富，是国家粮食生产重点县，现有耕地329万亩，境内的前郭灌区是东北四大灌区之一。盛产玉米、水稻、大豆、高粱等粮食作物。有草原270万亩，是良种细毛羊基地县、黄牛生产基地县。查干湖是我国十大淡水湖之一，面积60万亩，盛产鲤、鲢、鲫等20多种淡水鱼，是渔业和芦苇生产基地。矿产资源有石油、矽砂、紫砂陶土、油母页岩、膨润土、天然气、高岭土、泥炭、石英等。交

查干湖畔

通运输四通八达，长白铁路贯穿南北，图乌、明沈、开方三条国省干线公路和18条乡级公路交织纵横。松嫩两江航道畅通，是松原地区的交通枢纽。

旅游景点有辽金古城遗址塔虎城、清代满蒙文石碑、王爷府、查干湖、水

龙坑等人文和自然景观。境内美丽的查干湖国内闻名,旅游区内建有成吉思汗广场,塑有成吉思汗、陶克陶胡、苏玛、蒙古骑兵团的铜像。

2. 阿鲁科尔沁各鄂托克

16世纪中叶,奎蒙克率领嫩科尔沁从呼伦贝尔地区迁走之后,留下他的两个弟弟巴衮诺颜和布尔海以及他的侄儿多尔济。巴衮诺颜有两个儿子,长

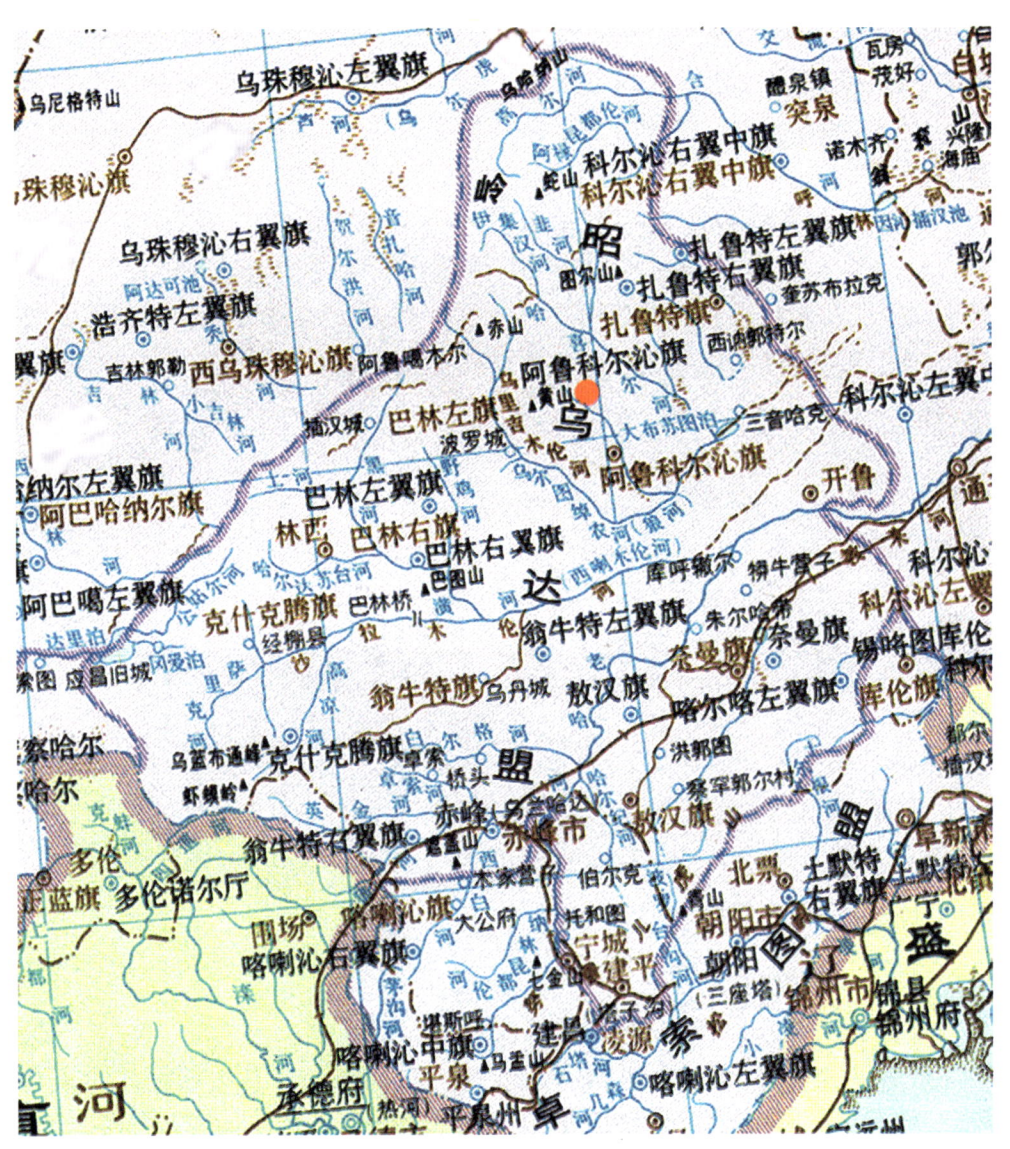

清朝时期昭乌达盟(源于《中国历史地图集》)

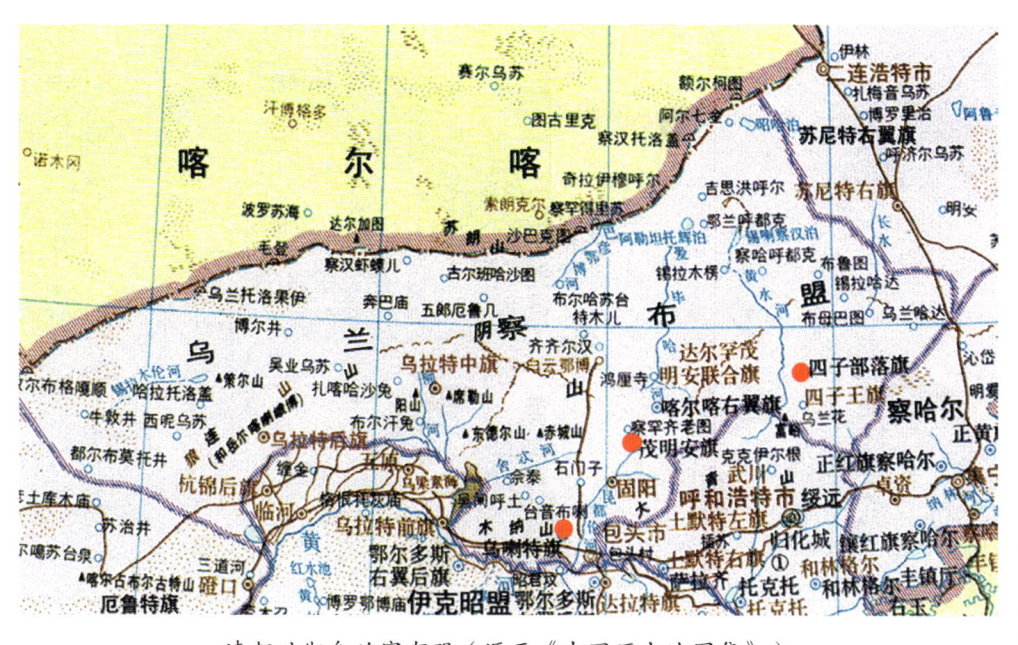

清朝时期乌兰察布盟（源于《中国历史地图集》）

子昆都伦岱青统领阿鲁科尔沁部；次子诺颜泰统领四子部；布尔海统领乌拉特；多尔济统领茂明安部；这4部统称为阿鲁科尔沁，也叫阿鲁蒙古。昆都伦岱青所部继承了阿鲁科尔沁名号，在清初迁离呼伦贝尔草原，移驻西拉木伦河流域，成为清代昭乌达盟（今赤峰市）阿鲁科尔沁旗，延续至今。茂明安部在清康熙年间，告别呼伦贝尔草原迁至今包头以北，成为乌兰察布盟茂明安旗（今包头达茂旗）。四子部在清顺治年间告别呼伦贝尔草原迁徙到今呼和浩特以北，成为乌兰察布盟（今乌兰察布市）四子王旗。乌拉特部也在清顺治年间奉诏迁离呼伦贝尔，成为乌兰察布盟的乌拉特前旗、中旗、后旗（今巴彦淖尔市乌拉特前旗、中旗、后旗）。三旗札萨克同驻现乌拉特前旗，牧地分布在乌拉特前、中、后旗三地。

这些先后离开呼伦贝尔大草原的哈撒儿子孙来到新的驻牧地以后，发扬草原马背民族的优良传统，辛勤游牧在这片土地上，在300多年的时间里，为祖国统一大业，巩固北部边疆，发展草原牧业经济，建立了不朽功绩而载入史册。

(1)阿鲁科尔沁旗

阿鲁科尔沁旗隶属内蒙古赤峰市，位于赤峰市东北部。东邻通辽市扎鲁特旗和开鲁县，南连翁牛特旗，西与巴林左旗和巴林右旗交界，北连锡林郭勒盟西乌珠穆沁旗。总面

阿鲁科尔沁旗地图（源于内蒙古测绘网）

积14555平方公里。总人口302453人（2000年），其中蒙古族118231人。旗人民政府驻天山镇。

春秋战国、秦汉时代，先后属东胡、匈奴、乌桓、鲜卑地；隋唐时期，为契丹游牧地；辽代，归属上京临潢府；金代，属北京路；元代为辽王耶律留哥的封地；明代，初为兀良哈泰宁卫领辖，1432年左右，哈撒儿十三世孙图美尼的次子巴衮诺颜，初留牧于呼伦贝尔地方，阿鲁科尔沁部于1630年（后金天聪四年）归顺后金，1634年后金分封牧地于现在的地方，1644年（清顺治元年）始建阿鲁科尔沁旗，至今沿用此名称，清隶属于昭乌达盟，由热河都统节制；民国前期，隶属热河省；1933年（民国22年）7月，阿鲁科尔沁旗沦陷，划归伪满兴安西省；1945年日本投降后，阿鲁科尔沁旗人民政府成立，隶属热河省，1949年5月20日，阿鲁科尔沁旗划归内蒙古自治区；1969年8月1日，随昭乌达盟划归辽宁省；1979年7月1日，重归内蒙古自治区。

地处大兴安岭南段山地东麓，地貌地势表现为山峦起伏、丘陵广布、平川狭长，总体为北西高、东南低，是大兴安岭山地向科尔沁沙地过渡带。属中温带半干旱大陆性季风气候区，平均气温5.5℃，无霜期95～140天，年均降水量300～400毫米。

经济以畜牧业为主，农业占一定比重。有耕地面积155万亩，主产绿豆、小豆等，是本旗农产品主要出口产品。另外种植玉米、高粱等粮食作物。矿产、石油资源丰富，主要有

天山镇

金、银、铜、锡、铁、铅、煤、石油、天然气、石灰、大理石等矿38种。交通运输条件较好。全旗公路通车里程达到1000多公里，集通铁路横贯旗境内117公里。

(2)四子王旗

四子王旗隶属内蒙古乌兰察布市，位于乌兰察布盟东北部，阴山北麓。北与蒙古国交界，东与苏尼特右旗、察哈尔右翼后旗、察哈尔右翼中旗为邻，南

四子王旗地图（源于内蒙古测绘网）

连武川县、卓资县，西与达尔罕茂明安联合旗接壤。总面积24016平方公里。总人口183713人（2000年），其中蒙古族16253人。旗人民政府在乌兰花镇。

春秋战国及秦汉时为匈奴辖地；魏晋南北朝时为拓跋氏居地；隋朝时为突厥族牧地；唐朝时属振武军兼大单于大都护府；辽代时期属丰州东北境，隶西京道；金属西京路；元朝时为净州路；明朝时为土默特部属地；清朝初期封给元太祖成吉思汗胞弟哈布图哈撒儿后裔，称四子部落旗；民国属绥远省乌兰察布盟；1950年4月1日，四子王旗人民政府成立，隶属绥远省乌兰察布盟；1954年3月6日，绥远省与内蒙古自治区合并，四子王旗归属内蒙古自治区乌兰察布盟。

南部为阴山山地和山前丘陵区，地势由东南向西北逐渐倾斜。北部地势平坦开阔，属乌兰察布草原。主要河流锡拉木伦河，另有呼和淖尔湖。属中温带大陆性气候，年平均气温3℃，年降水量313毫米，无霜期112天。

经济以畜牧业为主，农业占一定的比重，主要农作物有小麦、莜麦、马铃薯、胡麻、油菜籽等。野生动物有盘羊、黄羊、野驴等。现已探明的矿藏有铜、镍、金、锰、铅、锌、铁、钨、萤石、石膏、芒硝、石灰岩、珍珠岩、电气石、石英、煤炭、石油等。其中白乃庙铜矿储量丰富，石油储量具有开采价值。交通以乌兰花镇为中心四通八达，有连接各乡、镇、苏木和临近旗县的公路。

四子王旗是神舟飞船主着陆场（新华社发）

四子王草原是举世瞩目的我国载人航天飞船主着陆场，几年来"神舟飞船"都在本旗成功着陆。旅游景点有格根塔拉草原，每当夏秋之际，绿草如茵、鸟语花香、蓝天碧水、白云彩虹、炊烟缕缕、牧笛声声，人欢马叫、牛羊追逐，一幅令人陶醉的草原美景。格根塔拉附近有远近闻名的王爷府。另外还有许多召庙、古墓群、古城遗址及近期出土的犀牛化石群等供旅游者参观。

(3)达尔罕茂明安联合旗

达尔罕茂明安联合旗隶属内蒙古包头市，位于乌兰察布盟西北部，阴山北部。北与蒙古国交界，东与四子王旗接壤，西与乌拉特中旗相

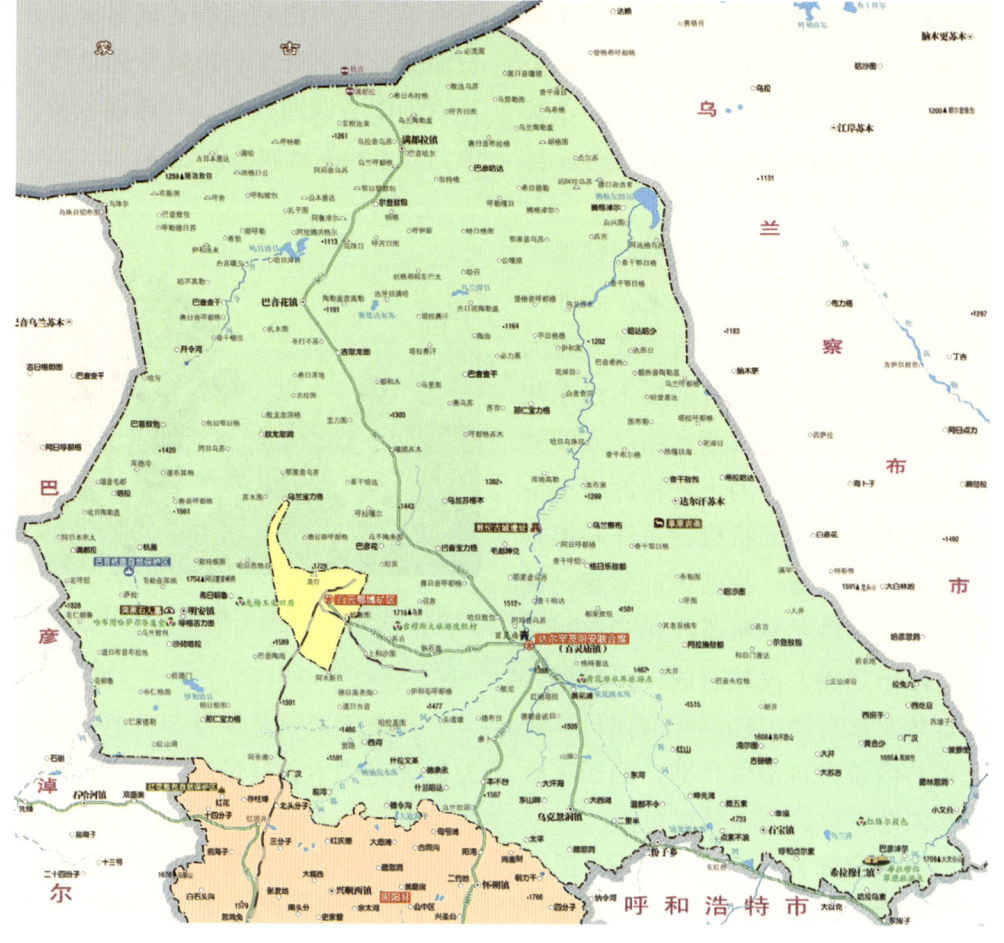

达尔罕茂明安联合旗地图（源于内蒙古测绘网）

连，南与武川县、固阳县毗邻。总面积17410平方公里。人口100294人（2000年），其中蒙古族15307人。旗人民政府驻百灵庙镇。

　　清初设置茂明安旗，1950年8月与达尔罕贝勒旗（又名喀尔喀右翼旗）合并，成为现在的达尔罕茂明安联合旗。原茂明安旗属范围在现达尔罕茂明安联合旗的西部地区。1735年（雍正十三年）清廷指定给茂明安部落旗的牧地是：在张家口外八百里，东南距京师二千二百四十里。牧地傍艾布盖河源。东界达尔罕贝勒旗，西界乌拉特旗，南界归化城土默特（现南部地区划归固阳县），北界瀚海（外蒙古）。广百里，袤一百九十里。

　　地处大青山北麓，内蒙古高原中部地带。地势南高北低，向北倾斜，南部为低山丘陵，北部为低缓丘陵，

百灵庙抗日武装暴动纪念碑

中部为高平原,地势平坦开阔。主要河流有希拉穆仁河、艾不盖河等季节河。最大湖泊是腾格淖尔,水面3万亩。属温带半干旱大陆性气候。年平均气温3.6℃,年降水量250毫米,无霜期120天。

经济以畜牧业为主,草场面积1.6万平方公里。农业主要分布在南部,农作物以小麦、莜麦、马铃薯为主,经济作物以油菜子为主。野生动物有黄羊、狐狸、百灵鸟等。矿产资源丰富,主要有稀土、铁、金、铜、镍、铬、锰、银、萤石、石灰石、石英石、石墨、珍珠岩、石膏、芒硝、长石、煤炭、石油等。其中稀土矿储量丰富,成为国家发展的战略物资。交通以百灵庙镇为中心104、211公路分别通往呼和浩特市、包头市,形成苏木、乡公路网络。

百灵庙为北疆重镇,镇内有著名

的达尔罕贝勒庙（清康熙赐名广福寺），新建有百灵庙武装抗日暴动纪念碑。希拉穆仁河畔的后席力图召（又名普会寺），过去是呼和浩特市席力图召活佛避暑行宫，现已成为自治区主要游览胜地。还有闻名于世的岩画和印证蒙元文化的敖伦苏木古城遗址等。

(4)乌拉特前旗

乌拉特前旗隶属内蒙古巴彦淖尔市，位于巴彦淖尔市东部。东邻包头市九原区、固阳县，西靠五原县，南隔黄河与鄂尔多斯市杭锦旗、达拉特旗相望，北连乌拉特中旗。面积7476平方公里。人口325288人（2000年），其中蒙古族11576人。旗人民政府驻西山嘴镇。

汉属五原郡；唐隶安北都护府；元隶云内下州；明为蒙古所据；清初设旗（亦称乌拉特西公旗），属乌兰察布盟；1958年划归巴彦淖尔盟，并将安北县并入；1960~1963年曾归属过包头市。

全旗地形多样，东有乌拉山、东北有德龄山、查石太山，三山中间为大佘太川、小佘太川和明安

乌拉特前旗地图（源于内蒙古测绘网）

川。乌拉山南麓与西南部为黄河冲积平原。平原南临黄河，北有乌加河，沟渠纵横。湖泊有乌梁素海。属典型的大陆性气候，年平均气温为6～7℃，无霜期100～145天。年降雨量200～250毫米。

全旗有可耕地214万亩，有草牧场635万亩。前山、河套内属黄灌区，总面积2500平方公里。已建成了五级配套的排灌系统。主要农作物有小麦、玉米、油葵、花葵、甜菜、番茄、瓜果、枸杞等，其中瓜果负有盛名。前山的枸杞以品质俱佳畅销区内外。全旗牲畜种类有羊、猪、牛、马、骡、骆驼等。野生动物资源280属503种。矿产资源非常丰富，已探明的有煤、铁、金、铜、硫、云母、珍珠岩、芙蓉石、膨润土、沸石、花岗岩等40多种。交通便利，包兰铁路横贯境内，京藏高速公路、110国道

成吉思汗二弟哈萨尔的部落

科尔沁部

乌拉特部雕像

横穿旗境,公路干线四通八达。

景色秀美,旅游资源富集。塞外明珠乌梁素海是全国八大淡水湖之一,湖面苇蒲葱茏,百鸟鸣唱,风光绮丽,是人们观光旅游、休闲度假的理想胜地。位于乌梁素海南侧的乌拉山大桦背,素有塞外"小华山"之美称,山天相接、峰奇石异、松柏长青,极富观赏性。小佘太秦长城保存完好,已申报国家重点文物保护单位。此外,阿力奔天池及乌拉山前赵长城遗址、三顶帐房、秦汉古城遗址、秦汉古墓等古迹,也都是游人的好去处。

(5)乌拉特中旗

乌拉特中旗隶属内蒙古巴彦淖尔市,位于巴彦淖尔市东北部。北与蒙古国交界,东与达茂联合旗、固阳县毗邻,南与乌拉特前旗、五原县、临河市、杭锦后旗接壤,西连乌拉特后旗。面积22744平方公里。人口135768人(2000年),其中蒙古族23316人。旗人民政府在海流图镇。

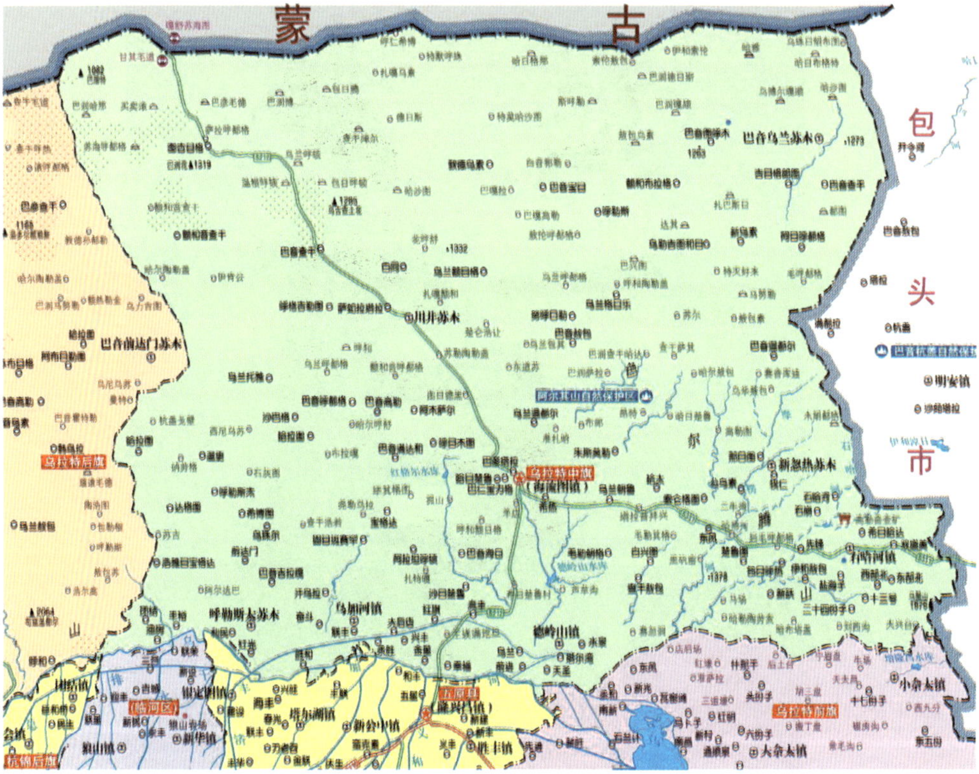

乌拉特中旗地图(源于内蒙古测绘网)

明为蒙古游牧地。1648年（清顺治五年），设乌拉特中旗。次年迁至乌拉特草原，亦称乌拉特中公旗。属乌兰察布盟。1952年9月与乌拉特后旗合并为乌拉特中后联合旗。1958年5月归巴彦淖尔盟。1970年10月析出潮格旗（后改名乌拉特后旗）。1981年更名为乌拉特中旗。

阴山山脉横贯旗境南部，阴山以南属河套平原，以北地域为辽阔的乌拉特草原，丘陵山地交错，沟谷盆地相间。主要河流有乌加河和阴山以北的石哈河、海流图河、牧仁河等季节性河流。属高原大陆性气候。年平均气温4.5℃，年降水量200～250毫米，无霜期120～180天。

本旗以牧业为主。阴山北麓有1.9万平方公里广袤的天然牧场，盛产细毛、半细毛羊和二狼山白山羊。富饶的阴山南麓为黄河灌区，有耕地100多万亩，主要作物有小麦、玉米、葵花、籽瓜等作物。动物资源有野驴、石羊、黄羊、狼、狐狸、野鸡、野鸭、老鹰、猫头鹰、灰鹤、天鹅、野兔、獾子、猞猁等。矿产资源丰富，其中煤炭、铅锌硫铁矿储量丰

乌拉特中旗哈撒儿广场

富，是我国北方重要的有色金属和化工基地。另有品种繁多的非金属矿藏如：菱镁矿、石墨、花岗岩等，还有冰洲石、碧玺、玛瑙等珍贵宝石矿藏。交通便利，以公路为主。

美丽富饶的乌拉特中旗历史悠久，文化灿烂，境内现存著名的阴山岩画、

赵长城、秦长城、千年古榆沟、爬柏沟，恐龙化石群等遗址遗迹，主要旅游景点有希热庙、甘其毛都口岸、奇石林等。

(6)乌拉特后旗

乌拉特后旗隶属内蒙古巴彦淖尔市，地处巴彦淖尔市西北部。北与蒙古国交界，东与乌拉特中旗接壤，南与杭锦后旗、磴口县相连，西与阿拉善右旗毗邻。面积24925平方公里。人口48978人（2000年），其中蒙古族13667人。旗人民政府驻赛乌素镇。

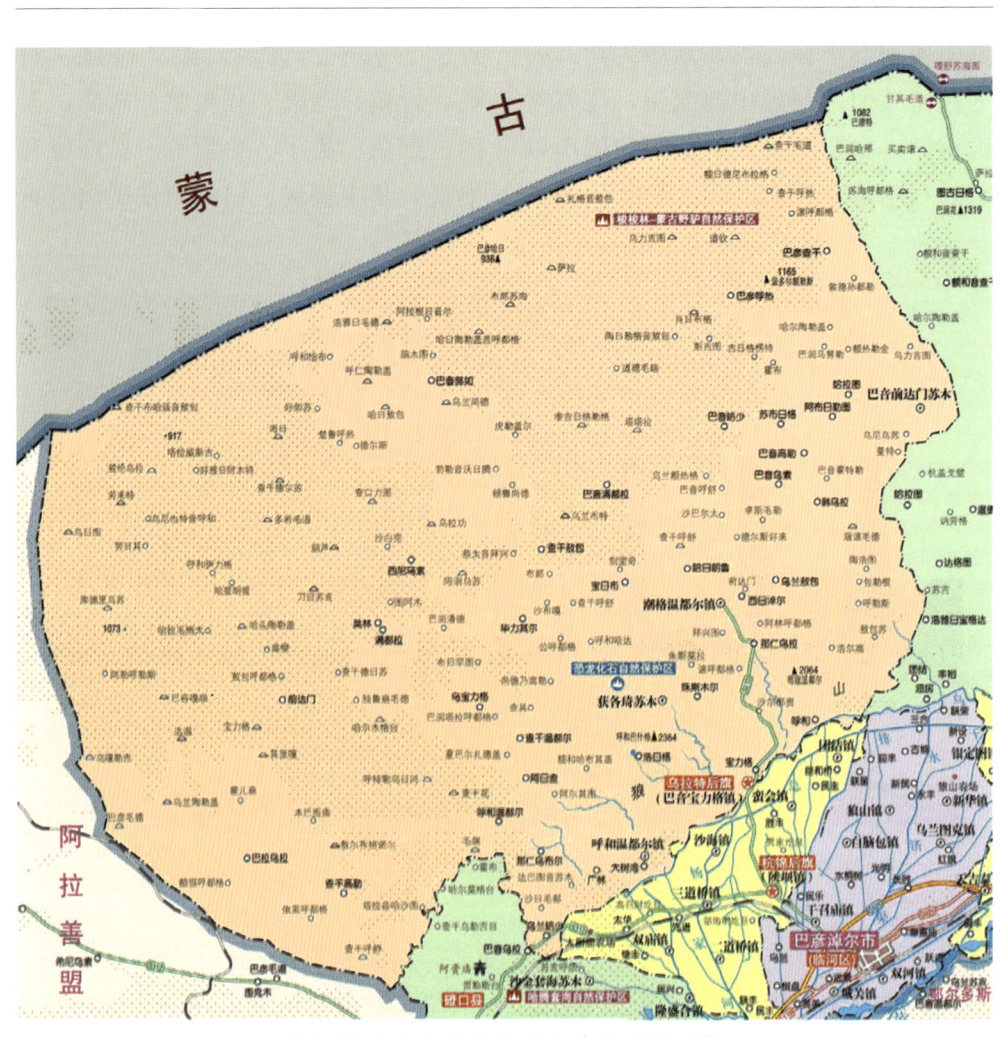

乌拉特后旗地图（源于内蒙古测绘网）

从战国时是匈奴牧地；明为蒙古部游牧地；1648年（清顺治五年）清廷将这一带广大牧地封赐给乌拉特三公旗（乌拉特前旗、乌拉特中旗、乌拉特后旗，隶乌兰察布盟），自此乌拉特部始自呼伦贝尔移居于此，乌拉特后旗又称乌拉特东公旗；1952年9月与乌拉特中旗合并为乌拉特中后联合旗，1970年10月又析出，称潮格旗，1981年10月恢复现名。

阴山山脉横亘旗境南部，阴山以北多山地、丘陵、戈壁，阴山以南属河套平原。较大河流有莫林河、宝音图河、东乌盖沟、达拉盖沟等季节性河流。属高原大陆性气候。年平均气温3.8度，平均降水量96～105.9毫米，年均无霜期130天。

经济以畜牧业为主，全旗天然牧场3529万亩。牲畜优良畜种有戈壁红骆驼、中国白驼、二狼山白山羊和细毛羊、半细毛羊等。有耕地面积5.13万亩，分布在阴山以南冲积平原，主要粮食作物有小麦、玉米。野生动物资源十分丰富，有黄羊、石羊、野驴、狼、狐狸、野兔、山鸡、沙鸡等。矿产资源十分丰富，有铜、锌、铅、镍、铀、铁、硫、油页岩、玛瑙、萤石、石榴石、芒硝、大理石、

乌拉特后旗境内的岩画

石膏、云母、花岗岩等。公路交通以敖川边防公路、临赛公路、固察公路为骨干，形成城乡交通网络。

旅游资源有巴音满都呼恐龙化石保护区、阴山岩画、善岱古庙、马奴庄园、梭梭林—蒙古野驴保护区等旅游景点。

戈壁红骆驼

三、科尔沁各部风俗习惯

科尔沁部及各分支部落发展至今，风俗习惯受周边蒙古部落和其他民族的影响，已经发生了一些变化。由于历史分布和文化发展不尽相同，基本形成了两大民俗文化区。这就是内蒙古、东北科尔沁民俗文化区和内蒙古中、西部科尔沁分支部落民俗文化区。前者包括内蒙古通辽市、兴安盟的科尔沁各旗县和吉林省郭尔罗斯、黑龙江省杜尔伯特的蒙古民族聚居区，后者包括内蒙古四子部、茂明安部、乌拉特部等诸旗县蒙古民族聚居区。

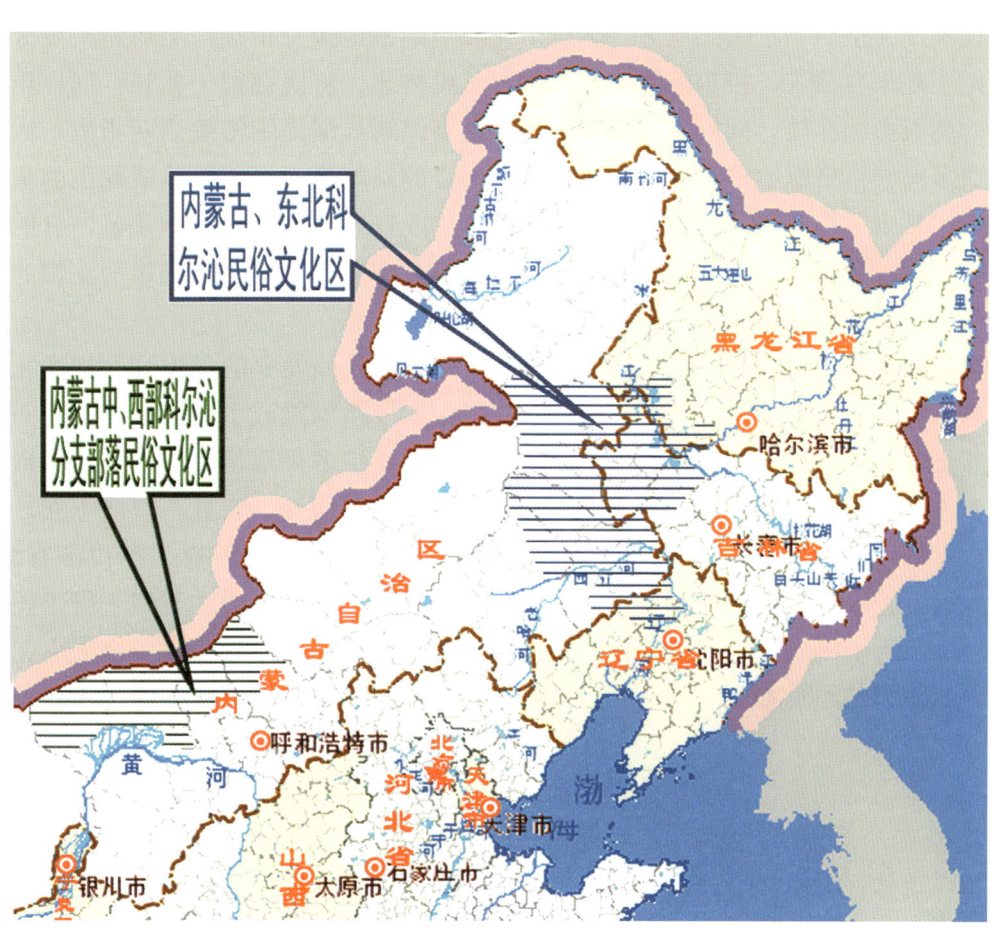

科尔沁民俗文化区分布示意图

1. 内蒙古、东北科尔沁民俗文化区

历史上科尔沁是蒙古族中最大的部落。由于科尔沁部与满族密切的联姻关系，蒙、满文化和风俗习惯相互产生了影响。两民族尤其在服饰方面影响最大，科尔沁服饰甚至影响了大清朝廷。据大清太宗皇帝皇太极说："我两国（指大清和蒙古）语言虽异，衣冠则同，"说的就是满族与蒙古族的服饰的相

似之处。另外康熙皇帝的启蒙老师科尔沁人苏麻喇姑参与制定了清朝开国冠服，因此她是旗袍最早设计者。清代孝庄文皇后、孝端文皇后等五宫后妃全是来自蒙古，科尔沁服饰对清初的朝服影响非浅。同样的结果，由于众多满族格格嫁给了科尔沁贵族，随嫁也带来了很多奴仆家丁，使科尔沁服饰也较多地注入了满族文化因素。另外，自清朝后期以后，关内汉族大量移居东北地区，也给科尔沁地区带来了汉族文化的因素，使蒙古族、汉族之间的文化影响，渗透到了生活的方方面面。虽然诸多影响因素产生了一定的作用，但是科尔沁部仍然较好地保持着传统的蒙古族文化特点。

(1)科尔沁服饰

妇女服饰：

未出嫁的姑娘一般穿大襟长袍、扎腰带。一般不穿坎肩、不穿开衩长袍，习惯在大襟扣上挂绣有花鸟图案的荷包，里面放有针线夹或各类香草。有的姑娘在脖子上带银质佛像或玛瑙、珊瑚项链。姑娘戒指不能戴在大拇指和无名指上。科尔沁的小姑娘到六七岁就要扎耳眼，到十三岁时要留全发。梳辫子的时候先把头发拢到脖子后面用带有小珊瑚的绳子或红绸绳细密地缠三指宽，然后将头发分三股辫起，将底部留一扎长，同样用珊瑚绳或红绸绳细密缠绕两指宽。大一点的姑娘头顶还裹粉色或绿色的头巾，或在额头带一条珊瑚额箍，有的姑娘有带镶水獭毛、库锦边的毡帽的习惯。

科尔沁妇女穿的长袍分便袍和礼袍，长度至脚踝或小腿。便袍多用布做面，礼袍多采用丝绸。便袍基本形制为立领、筒袖、右衽、直筒下摆、无开衩，在领口、大襟、袖口镶有3道沿边或组合宽沿边，类似于男子长袍，多在劳动或日常生活中穿着。礼袍是种叫"桑楞"的镶宽边长袍，外形与普通长袍相似。一般用红、粉、绿绸制作，这种袍子的最大特点是在袍子的领口、大襟、垂襟、下摆、袖口到肘部用各色库锦镶有多道组合宽沿边和宽边绣花饰条，非常华丽精美。除此之外科尔沁妇女还习惯穿着一种半袖长袍。天冷时在这种半袖袍的袖筒里还带有用羔羊皮或水獭皮做

科尔沁女子头饰（源于《吉祥内蒙古》）

里、库锦做面的袖套为手臂取暖。

科尔沁妇女春秋的时候头带绸缎手绢，穿两侧开衩棉袍、夹袍、开衩大襟坎肩、夹裤、彩线盘花布靴、布袜子等。在夏天裹头巾，穿单袍，脚穿袜子和绣花鞋。他们在皮袍边沿用黑绸镶边，缎袍、大襟坎肩的襟部、肩口、袖口、下摆等位置镶有各色库锦。妇女腰上不系腰带。妇女平时在头顶盘两髻，包裹丝绸头巾。逢年过节或聚会时年轻的妇女们会盛装打扮，盘五簪头，穿绣花长袍、长坎肩、绣花靴子等，穿戴齐备。

科尔沁妇女头饰为五簪盘头发式，较多地融入了满族妇女头饰特点，这是区别与蒙古族其他部落头饰的明显的特征。新娘从结婚之日起就开始梳这种发式，以此代表已婚的象征。按照科尔沁婚礼的传统习惯，新郎、新娘向父母、上天行叩拜礼后要举行新娘的分发仪式。分发仪式由男方请来的德高望重、子孙满堂的"分头爹"为新娘分头，然后女方的嫂子们为新娘穿大襟长袍、长坎肩、绣花缎靴，带发筒、额箍，梳妇女特有的五簪头，佩戴坠饰、胸饰和耳坠等。

妇女带的护耳类似于无顶的帽子，也是科尔沁女子的独特装饰。

冬天的护耳用水獭或狐狸皮做里，绸缎做面。护耳外部绣有花鸟卷草纹且在耳垂部戴有3条飘带。妇女带护耳不仅能防寒还能露出精美的头饰，是种实用、装饰并重的饰品。

男子服饰：

科尔沁男子服饰有年龄和季节的区别。中老年人不穿用色彩鲜艳的服饰，儿童不穿坎肩马褂，青壮年的服饰则色彩鲜艳、种类繁

科尔沁妇女服饰（摄于科尔沁博物馆）

科尔沁女子头饰（源于《吉祥内蒙古》）

多。科尔沁男子春秋季服饰主要有钉有羔皮或平绒的圆顶立檐帽、礼帽、夹马褂、有开衩的棉袍、去毛皮袍、夹袍、丝绸腰带、夹裤、去毛皮裤、夹套裤、去毛皮套裤、布制盘线靴子、布袜子等。男子长袍有马蹄袖和无马蹄袖两种，在喜庆节日他们头戴圆帽和礼帽，身穿长袍马褂、脚登盘线大绒靴子。科尔沁尖头靴子的式样各地也有所不同。有的地方穿底小于帮的尖头靴子，有的地方穿底和帮子相齐的尖头靴子，有的地方穿帮稍大于底的靴子。男子夏季服饰主要有头巾、平绒圆帽、礼帽、白色单衫、单裤、布靴、布鞋、丝绸腰带等。他们所戴的夏季圆帽前半檐可上下活动而起遮光作用。男子在盛夏也有穿单裤单褂和布鞋的习俗。鞋有夹条和无夹条两种。男子冬季服饰主要有四耳狐皮帽、陶尔其克帽、风雪帽、无开衩的熏皮袍、白茬皮袍、吊面皮袍、皮裤、吊面皮裤、棉裤、布靴子、牛皮靴子、香牛皮靴子、毡袜、布袜等。吊面皮袍有二茬皮袍、羔皮袍、秋羔皮袍等。

在逢年过节、喜庆的节日，男子头戴貂皮或水獭皮红缨圆顶立檐帽，身穿团花缎吊面皮袍、外套对襟坎肩

科尔沁男子服饰（源自《蒙古族服饰图鉴》）

科尔沁布靴

或马褂，腰系背侧垂以两个活结穗子的腰带，脚登有24个盘花图案的大绒靴子。在腰带右侧挎银质图海，下挂银鞘餐刀，腰带左侧挎银质图海，下挂有银链圆别子的火镰，在腰带左前侧要悬褡裢，内装玛瑙、玉石、翡翠鼻烟壶，腰带背侧挎有6个飘带的烟荷包。新郎除穿戴上述服饰之外还要佩带弓箭。中老年则头戴棕褐色圆顶立檐帽、陶尔其克帽，身穿蓝色或棕色长袍、腰系紫色或深灰色腰带，脚登用青线绣有盘花图案的布靴子或香牛皮靴子，并佩带皮制烟荷包和大烟袋。有的地方中老年人也挎火镰餐刀。

由于时代的变迁，现在科尔沁蒙古族普遍接受了现代服饰，与周边的汉族穿戴几乎相同，但是在婚嫁喜庆和节日里，很多人还是要穿起科尔沁传统民族服装，参加各种活动。

(2)科尔沁婚俗礼节

在科尔沁，结婚之前，首先由男方家长托媒说亲定亲，一般女方家长往往找些理由，婉言谢绝，以示女方占上方。经过几番说情，女方家长即使同意，也不直言许诺，而是以隐语做些暗示。

定婚之后，男方选择吉日，举行宴席，女方的人主要以亲戚朋友

银碗、鼻烟壶、烟荷包和烟袋（源自《MONGOLIAN ARTS AND CRAFTS》）

为主到男方认亲，男方家也邀请一些亲属参加宴席，新婚向来宾按辈分依次敬酒。

过去，男方的聘礼，多为牛、马、羊等牲畜及金钱、布匹、绸缎。蒙古族崇尚九，九是数中之大数，表明长寿之意。聘礼，牛马羊和其他物品数从一九到九九为止。家境贫寒，不能具九数，则尚奇数，由一至五、七头（只）不等，附带金钱、布匹、绸缎、金银首饰、手镯、戒指等。尤其"塔图尔"（盘头用的额箍等）是非常贵重的嫁妆。

男方选好吉日良辰，当然须征得女方同意。时日定下之后，如期举行结婚大礼。第一天女宴，次日男宴。新郎前去女家迎亲，穿长袍，束腰带，佩戴弓箭、蒙古刀、烟荷包，骑马与陪郎同往。同时还请一位首亲（蒙古语称图如胡达），另请一位德高望重、儿女双全的人作为"分头爹"、"贺勒木日沁"（宾相）等其他迎亲人员若干人，乘车骑马携带酒肉（苏斯）另备1辆马车迎亲。

到女方家门口，女方却闭门不纳，佯作拒娶。当男方"贺勒木日沁"问为何不欢迎时，女方的"贺勒木日沁"则说道：

看您桂冠锦袍，像是探亲的嘉宾，

科尔沁婚礼剧照1

看您披弓挂箭，像是打猎的路人；
若是走错了门庭，南有大路可寻，
若是找不到猎物，北有深山老林。
您的故乡在何地？您的祖先是何人？
这时，男方的"贺勒木日沁"答道：
科尔沁是我的家，哈撒儿是我的祖先，
为着隆重的礼节，穿了长袍马褂，
为了蒙古的礼节，骑上了高头大马，
为着阿爸额吉许下的金玉良缘，
我们才千里迢迢来到你家，
迎娶你家如花似玉的姑娘。

如此这般再三盘问，对答，女方才让娶亲人进入家门。

开宴后，新郎在陪郎的伴随下向客人敬酒。宴毕，新郎向岳父岳母敬献哈达、点烟、磕头致礼。至黄昏时，女方摆"沙恩图"（踝骨宴）。开宴前，由新娘的嫂子2人为新郎着装。上装时地上铺毡子用谷米做出图案，让新郎站在上面，着长袍，穿蒙古靴子，挎带四迭

65厘米长、6.5厘米宽，绣有图案的白布带两条，系在新郎红腰带的两侧，白布带上还系着丝织红色荷包。新郎上装完毕，女方酒宴就开始，入席的有新郎及陪郎，有新娘的姊妹若干人，新娘在姑娘们的背后，用绿色或粉红色的纱巾蒙头伴睡。这时，厨师用托盘端上煮熟的"乌查"（羊背），其中必有带踝骨的腿骨肉。托盘刚要放到桌上的霎时，陪郎和姑娘们争夺踝骨，如被新娘一方抢到手，新郎请求对方还回踝骨，女方叫新郎唱歌、点烟、屈膝问好，戏弄新郎至深夜为止。如被陪郎抢到，则免去受罚。

翌晨，良辰已到，女方组织亲友送亲，一般有二十到三、五十人不等。送亲队伍中必有一名首席诺彦和首席夫人，以掌握送亲事宜。新娘由几名妇女抬上篷车，新郎、陪郎及男方客人骑马在前引路，先朝着吉祥方向出发，再向男方家行进。送亲队伍男的骑马，女的坐

科尔沁婚礼剧照2

科尔沁婚礼剧照3

车。至新郎家附近时,男方派人迎接新娘和宾客。到男方家门口,新郎取火点燃篝火,与新娘一齐在供桌前跪拜天地,由分头妈用一根银簪,将新娘的"少女"头从前额分到后脑,称"分头"。接着,新郎新娘踏着毡子走向屋门。这时男女双方的"贺勒木日沁",站在门口开始辩论,男方"贺勒木日沁"用哈达捏着一把木杈横挡在门口,提出种种疑问,不让新娘进屋。女方"贺勒木日沁"一一对答。辩论结束后,让新郎新娘进屋。这时,喇嘛开始诵经祝福,新郎新娘洗脸净手,向佛像、火神叩拜。然后女方首席夫人给新娘换装、梳头,梳成"五簪盘头",还系用珊瑚、翡翠制作的额箍(塔图尔)一条,戴红花、耳坠,胸佩三样件,腕戴金银镯,指戴纯金银嵌珊瑚戒指。装束已毕,新娘就叩拜公婆和男方其他长辈。

男方用全羊、火锅等美味佳肴凑成双数,即8

碟8碗或20碟8碗等丰盛的酒宴招待送亲宾客，歌手们也敬酒献歌，致使女方客人满意为止。宴毕，送亲宾客回归。男方另备酒席一桌，蒙语称"毛劳尔"。酒席上由女方首席诺彦代表送亲队伍，向男方长辈托付送交姑娘，并好言恳请对新媳妇多加体贴关照等。女方送亲人员起程回归时男方也欢送数里。双方骑马者，同辈相嬉，互相夺帽，各不相让，赛乘技，赛快马，一片欢腾。

晚上，新郎新娘入洞房之前，由分头爹妈主持用一根红线连着双杯满酒，让新婚夫妻互叩三头，双方举杯饮酒。然后，吃长寿面，以示夫妻二人互敬互爱，美满幸福，白头偕老。

新婚过后三天，女方亲属带着礼品来看望新娘，称"额日格勒特"（会亲家），男方摆宴款待。之后，新娘携新郎回娘家。

科尔沁婚礼剧照4

(3)狩猎活动

远古的蒙古族是狩猎民族，在很长时间内，科尔沁蒙古族仍把狩猎作为生产生活的一个部分。到了近代，由于定居和农业经济的发展，对狩猎有了一定限制。但为了获得野味食品和娱乐，人们仍特别喜欢狩猎活动。狩猎，有单猎和群猎两种，个人打猎一般是只身独往，或在朋友中邀几位同行。集体围猎通常是全家族、全嘎查（村）的集体活动，一般在每年的初冬开始。

平时打猎，一般都是各地自行规定时间。这多半是小型的、分散的狩猎活动。大型围猎活动常常是几个嘎查，甚至是几个苏木的联合行动。俗称"打大围"。这种活动带有强烈的娱乐性质，各嘎查的勇士和猎手们都踊跃参加。在集体狩猎中要进行多种比赛，要比猎获物多少、比乘马技术、比枪（箭）法等等，根据优劣，对获胜者奖以猎物。这种集体围猎，通常要选一有狩猎经验又德高望重的人为"阿宾达"，作围猎的总指挥。

集体围猎范围很大。他们通常从很远的地方向预定的中

元人秋猎图

心前进,形成一个很大的包围圈。然后不停地、小心翼翼地驱赶野兽。蒙古族猎人有很巧妙的驱赶野兽的办法。这种办法叫"赶仗",就是当遇到了停立、静卧或缓缓前进的野兽,猎手开枪又嫌距离远,探不上,再往前走又会把野兽惊走时,于是射手就埋伏在草丛中,赶仗人骑马或赶车从外圈迂回绕到野兽前面。野兽见到了，就要调头一改方向；赶仗人就再迂回到野兽前面。经过几次迂回调动野兽前进方向，野兽就进入到了射手的潜伏区。这样，赶仗人向前一赶，野兽就径直奔潜伏的射手跑去，射手选择最好距离，开枪就可打倒野兽。对于狐狸、野兔之类的小型猎物，往往采用"布鲁"直接击打，高手能在数丈外准确击中猎物。人们尽兴地进行围歼，这样能够获取很多猎物。

打猎时，有一些共同遵守的规定，凡是用枪、箭、布鲁打的猎物，谁打的归谁；狗咬的，谁都可以抢，只要抢到手，往上一举，谁也不许再抢了。有些老人跑不动，就在野兽常出没的路上下"窝什"（一种网类狩猎工具）。对此，谁也不能抢。"窝什"套住了野兽，就是主人不在也不能取走。

经过几天的集体狩猎，人们各显神通尽兴围猎。最后"阿宾达"总结本次狩猎的经验并通报成果，同时拿出部分猎获物奖励比赛的获胜者，结束了集体狩猎后大家满载而归。

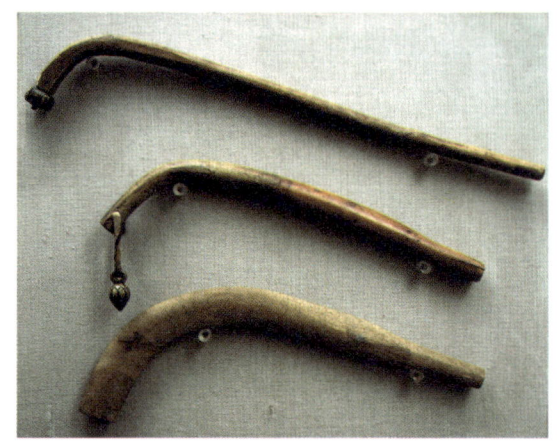

打猎用的"布鲁"（摄于内蒙古博物馆）

(4)科尔沁的崇拜和祭祀

内蒙古通辽市、兴安盟的科尔沁风俗习惯区里流传着很多忌讳、崇拜和祭祀习惯，这是他们在几百年里的游牧生活中形成的习惯，突显了他们的地区民族特色。

祭火：

科尔沁蒙古族对火有种种忌讳和崇拜。不能从火上走过，对落地的火苗不能踩踏熄灭。不能在火上洒倒奶子、水等液体物。不能在火上挥动红布。不能把葱蒜皮放入火里。不能用铁、木棍刺火。火盆的顶上不能放东西，冬天火盆里永远保留火种不能熄灭。新郎新娘结婚时必须跪拜火神。新分家时必须从原家引来火种火源。每早对火献火饭（炒米拌黄油加糖）。火饭必须永不间断地存放，并把它放在清洁而位置较高的地方。对火献火饭时口念三次"献给火神爷！"并向火撒三次火饭。出门寻找牲畜时，特别是远行或路过险要地段时拜火烧香祈祷火神保佑。蒙古民间有"火神爱吃红枣"之说，平时要备好祭火用的红枣。科尔沁蒙古族家家都有祭火的专日，有的一年四季祭火，有的每月祭一次，有钱人家专门请祭火的喇嘛。最隆重的祭火是农历腊月二十三日过小年，这天家家都祭火。用火做各种去除灾害的仪式。若帽子掉地，被人畜踩过，用火在帽子上来回挥动三次以示净化。若瓢盆被猪狗舔吻过，也用火净化，甚至挤奶用的奶桶也用火来净化。妇女做完新衣服特别是给喇嘛做的衣服，必须用火净化，否则认为穿戴者运气不佳。小孩发烧时也用火来净化。

祭灶：

与祭火相同，对炉灶也特别注重祭祀。平时在锅台上不准放置不干净的东西。不许把斧子、镰刀放在锅台上。灶门破损时须即时修补。烧火时不准脚踢柴火。柴火里忌讳掺入猪粪狗屎。冬季被雪水湿透的靴鞋不准在灶门上烘烤。农历腊月二十三日或平时请喇嘛祭火

用于"祭火"的器具（摄于内蒙古博物馆）

神时也须祭灶。祭灶时，在灶门口烧干柴，放供品进行祈祷。

祭天：

平时，人们把上天"腾格尔"尊称为父天、苍天，并时时祈祷上天保佑一切。被雷击的东西称之为上天惩罚，打雷时不准大声喊叫或在路上奔跑。在野外拾

祈祷上天保佑一切

到四棱形金属（有的是古代箭头）当做"腾格尔苏木"（天箭），珍藏或挂在婴儿摇篮的挡头上，有的挂在孩子脖子上。科尔沁蒙古族在农历腊月三十和正月初一有拜天的习俗。青年男女结婚时跪拜天。饮酒时首先把第一盅酒向上抛洒来祭天。老年人祝福小孩时也常说"云彩上老天看中你，门缝里佛爷看中你"。有的患重病者或无子女者，每晚向着四方跪拜祈祷上天保佑。

祭祖：

科尔沁蒙古族不仅有尊老敬老的美德，而且对过逝的祖辈长者更是供奉至极。人们把第一口饭菜称为"德吉"，献给所奉的神仙佛祖后，再献给过世的祖辈人。特别是逢年过节时，把丰盛的肉食、饭菜"德吉"放在碗里供奉祖先。婚宴、过节、腊月二十三、清明节之日必须给祖先烧供品，意为给祖先送去一年享用的饮食、衣服。清明节须到祖坟上添土烧供物扫墓。

祭敖包：

每年的秋高气爽的丰收季节定期举行祭敖包，祭敖包时，必然举行盛大的那达慕大会等娱乐活动。进行赛马、摔跤、射箭比赛。比赛中取得优异成绩的根据名次都有不同的奖品。在祭敖包前还推举组织管理人员，蒙古语为"尼日巴"。尼日巴在祭敖包之前到附近各村屯化缘收集钱财、粮

祭敖包请喇嘛做法事

食、肉类、奶制品和哈达，以备祭敖包时用。平时祭敖包请喇嘛，特别情况下还请萨满师做法事。喇嘛烧香念经，祭祀者献供品并进行祈祷。若遇旱灾、牲

祭尚喜树时挂满哈达和经幡,五颜六色,别具风采

畜得病、庄稼受虫灾时也祭敖包以祈祷去除灾害。

祭尚喜树:

尚喜树就是村、屯、嘎查附近生长的老龄独棵榆树,科尔沁蒙古族认为尚喜树是龙王神的化身,因而特别崇拜。尚喜树除定期祭祀外,每遇干旱、牲畜得病,庄稼遭虫灾时都要祭祀。祭祀的准备工作、方法、步骤与祭敖包相同,从远处看去,尚喜树挂满哈达和经幡,五颜六色,别具风采。

祭土地、山、水神:

科尔沁蒙古族视山川、河谷、原野等所有的地方都有神存在。因此,盖房、挖墓穴、开垦、挖沟等须动土时，首先请喇嘛祭祀土地、山、水神，献白食以祈求保佑。这样祭祀祈祷后，认为可以避祸降福，万事如意。若逢娱乐、祭奠、喜庆日、婚宴等，都要祭土地、山、水神，并献供物。

祭井：

与祭敖包、祭尚喜树等一类的定期祭祀活动外，多数村、屯、嘎查在遇严重旱灾时，在祭敖包、尚喜树的同时祭井求雨。一般在傍晚月亮出来后，头戴柳条环，不穿上衣只穿裤子，光着脚，围井边唱祈祷词边跳"安代"舞。

祭场院：

场院就是农村庄稼收割后扬晒、脱粒的场所，祭场院一般没有固定的日子和时间，祭祀者（场院主人）将最后打完粮食入库之日定为自家祭场院的吉日，并邀请近亲朋友参加。生活富裕者宰杀猪牛，一般户宰杀羊，贫穷者也要打些野物以供祭祀之用。祝颂人把酒、手扒肉各盛两份，一份放在粮堆上供祭碾子之用，一份捧在手上，领大家绕着粮堆边走边祝颂，并把祭品向外抛撒。祭祀完毕，祭户设宴款待来客。

(5)居住

科尔沁部蒙古族从呼伦贝尔草原迁徙到西拉木伦河、西辽河、嫩江、松花江流域驻牧以后，长期居住在蒙

蒙古族"安代"舞（摄于昭君文化节）

贵族的院落

古包内，保持着草原游牧生活，一直到清朝末年才逐渐定居下来。由于关内的汉族农民依据清朝的放垦政策，大量开垦科尔沁草原和牧场，使当地的草原牧场逐渐缩小，科尔沁的蒙古族最后不得不逐渐弃牧开始农耕，在风俗习惯上受到汉族文化的影响，随之也发生了一些变化。变化最大的是住房。在居住上由蒙古包转为住房，在19世纪末叶、20世纪初叶基本完成了转型。

在蒙古族上层，王公贵族多住砖瓦结构的房屋。由于等级的不同，住房也有很大的差别。旗札萨克王爷的正房、厢房皆为七间，为回廊式建筑；王公近亲长辈为五间；一般台吉为三间。亲王、贝勒、贝子、镇国公、辅国公的府邸多数为"滚龙瓦"，一般官员（如梅林、章京）及台吉多改为"鱼鳞瓦"。等级森严，不得逾越。

一般农牧民均为土平房。一栋两间、三间居多，人口多者，也有五间的。墙壁为"干打垒"土墙。这种墙比较结实，一般数十年、上百年都不倒。后来也有用土坯垒墙的，上面使用粗木柁梁和椽子支撑，用柳条或芦苇席盖顶并抹以混有谷草的泥组成房顶。

瓦房子的窗户多为花格窗，里面糊纱或叫"粉莲丝"的白纸，晚间外挂"套窗"。土平房、则用粗麻纸在外面糊窗，纸上掸油用以防雨。于是民间歌谣把它称为关东城三大怪之一，言"窗户纸，糊在外"。

科尔沁蒙古族的住房，传统为三

科尔沁普通民居（摄于内蒙古博物馆）

面炕，即除南北炕外，还有西炕。西墙北侧供佛爷，晚辈不许坐西炕。

(6)乌力格尔艺术

乌力格尔，蒙古语意为"说书"，是科尔沁蒙古族的一种曲艺形式，主要流传于内蒙古、东北科尔沁蒙古族聚居区，其他蒙古族聚居区也流行。这种艺术具有浪漫的色彩，有着近二百年的历史。当年乌力格尔艺人们身背四弦琴或者潮尔（马头琴），在大草原上漂泊流浪，传唱蒙古族的英雄史诗和各种美好的传奇故事。来到蒙古包和王爷贵族们的官邸，一人一琴，自拉自唱。精彩的说唱形式，成为科尔沁草原上最受人们欢迎的艺术之一。

据学者考察，乌力格尔说唱艺术是受汉族的曲艺艺术京韵大鼓、评书、莲花落的启发，经过几代蒙古族艺人的改造，在漫长的历史发展进程中创造出的具有浓郁民族特点和地方特色的优秀曲艺，成为蒙古族的一种喜闻乐见的说唱艺术形式。她的出现，受到了科尔沁以及其他地区蒙古族的普遍喜爱。

乌力格尔的唱腔音乐结构为多曲体，表演形式为单人坐唱、坐说、不化妆、不着装，无身段表演，四胡伴奏退得稳，分得清，进进出出，变换迅速"。这段话基本概括了乌力格尔的表演形式。有伴奏乐器的乌力格

乌力格尔表演（摄于科尔沁博物馆）

尔表演通常为一人自拉胡琴说唱，唱腔的曲调丰富多彩、灵活多变，其中功能特点比较明确的有"争战调"、"择偶调"、"讽刺调"、"山河调"、"赶路调"、"上朝调"等。

乌力格尔的表演技法可以归纳为说功、唱功、做功三种。说功要求节奏感鲜明，吐字清晰，用蒙语叙说，也操入一些汉语和当地方言、土语说唱。唱功讲究字正腔圆和声音的轻重、高低、缓急、快慢等变化。做功是艺人辅以说唱的表演技法，艺人们通过手、眼、身、步、法等变化模拟曲（书）目中的具体生活情节，刻画其中人物的形态、性格、情绪变化等，以烘托气氛。

乌力格尔的艺术积累非常深厚，节目有短篇、中篇和长篇之分，尤以长篇最为吸引人，《镇压蟒古斯的故事》、《唐五传》、《全家福》、《殇妖传》、《羌胡传》）、《忽必烈汗》、《黄金史》、《西汉》、《元史演义》、《青史演义》、《白音那元帅》、《春秋战国》、《大西梁》、《北辽》、《三国演义》和《红楼梦》等都是其中的经典。乌力格尔节目的题材来源非常广泛，有的源于民间故事，如《太阳姑娘》；有的出自文人或艺人创作，如《青史演义》；有的源于民间叙事诗、叙事民歌，如《嘎达梅林》、《达那巴拉》；有的据现实生活中发生的事件创作，如《红太阳》、《烟酒之害》、《整齐的林落》；还有的从汉族相类式形式或文学故事移植改编而来，如《三国演义》、《封神演义》、《杨金花夺印》等。

历史上穿梭于内蒙古大草原和东北各蒙古族聚居地的乌力格尔艺人可谓群星璀璨。知名者有清代的旦森尼玛、白音宝力告、绰邦、叁不拉、萨仁满都拉、贺力腾都古尔、白坦奇、乌日塔那斯图和席恩尼图。民国时期的扎那、金宝山、常明、蒯莽、孟根高力套、额尔敦珠日合、布仁巴雅尔、温都苏、札木苏和希日布。新中国成立以来的琶杰、毛依罕、扎那、道尔吉、却吉嘎瓦、劳斯尔及包良、来喜、乌力吉桑、孟邦柱、仁钦、舒林、特格喜巴雅尔、德木希格、甘珠尔、元宝、特木尔高勒、孟根敖拉，等等，都以乌力格尔表演艺术的高超而深受人们的欢迎。

对于广大的科尔沁蒙古族群众来说，乌力格尔不仅是他们文化生活的主要方式与手段，而且也是他们学习知识和娱乐的重要手段，在他们心目中，乌力格尔占有十分重要的地位。

大型乌力格尔表演

2. 内蒙古中、西部科尔沁分支部落民俗文化区

17世纪中叶以后，四子部、茂明安部、乌拉特部根据清廷的派遣，从东北

方的呼伦贝尔大草原移牧到现在的内蒙古中、西部草原地区驻牧。因为该地区与周边的察哈尔、喀尔喀、鄂尔多斯、土默特等部临近，经过300多年的接触和交往，他们的风俗习惯和文化融合了更多周边的蒙古部落的因素，已经和同宗的科尔沁部有了明显的区别。这三部直至今天，仍然保持着草原民族的特点，以畜牧业为主，因此较好地保留了蒙古民族的风俗习惯，形成了自己独特的文化民俗区。

(1) 服饰

四子部、茂明安、乌拉特三部的男女老少皆穿长袍、靴子。穿长袍的优点很多，骑马骑骆驼可用袍襟裹腿部，不致受凉；夜间睡觉，还可盖着御寒。长袍有皮袍、夹袍和单袍之分。而男女老少的袍式互不相同。

皮袍是用绵、山羊皮及羊、驼羔皮或兽皮缝制的有大襟的长袍，皮袍分白板儿和吊面儿两种，白板儿皮袍主要用卧羊时的羊皮，经过鞣制后做成的不吊面儿皮袄。因其板儿厚，毛长、结实、御寒性能特别好，最适合数九寒天外出放牧时穿戴。吊面皮袍是以秋后宰杀的羊皮或羊、驼羔皮、兽皮（狐狸、豹皮）等为里子，用布或绸缎罩面儿的长袍，主要在冬春季节走亲串友，参加喜庆婚宴、接待贵宾或过节时穿戴。

夹袍是用里外两层布料或绸缎缝制的袍子。它较轻巧，适合春秋季节穿

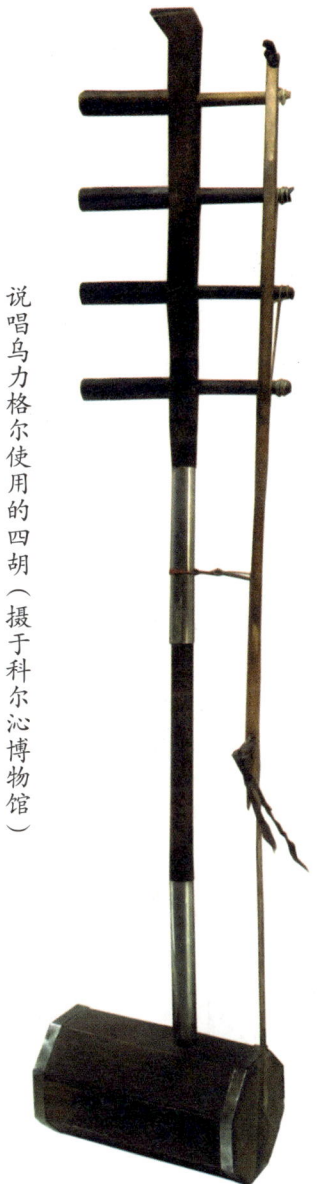

说唱乌力格尔使用的四胡（摄于科尔沁博物馆）

用。单袍则是用单层布料或绸缎缝制的袍子。它轻巧凉爽,最适合夏季穿用。

长袍是由袍领、大襟、内襟、后背、袖筒、马蹄袖、纽扣、绲边儿、衩构成,袍领宽约6～7厘米,领边儿缝有用其他颜色布料、绸缎绲制成的一道、二道或三道细条儿(亦称绲边儿),大襟边缘也有同样的颜色和同样质地数量的绲边儿。绲边儿是用于袍面儿颜色不同的布料或绸子、库锦剪成细细的条儿,专门在袍领和大襟边缘缝制的一种圆棱形边儿。女袍袖口缀绲边儿,男袍袖口则缀马蹄袖。单、夹袍的马蹄袖用料与袍面儿一致,吊面儿袍的马蹄袖则多用羔皮或贵重的兽皮缝制。长袍子依着对领、右肩前、右腋下、胯部等五处有纽扣,一处有一或二、三并扣。这要与绲边数相同。纽扣主要是纽襻儿结成的桃疙瘩纽扣,一般是与镶边色调相同的绸制成。也有用牛角和铜、银制成的精美纽扣。

男子喜欢穿蓝色或棕色较肥大的袍子,腰间系一条成幅绸缎,不垂穗,扎腰带时,将长袍从腰间向上略提一下,这样系上腰带既显灵巧、干活儿方便,又能显出男子汉的威风。妇女喜欢穿红色、粉红色、绿色、紫色、蔚蓝色较瘦小的袍子,不扎腰带,显得苗条而健

男子服饰(摄于科尔沁博物馆)

精美的鼻烟壶（源自《MONGOLIAN ARTS AND CRAFTS》）

美。而老年人的长袍则要宽松、柔软，有一至两道绲边儿。

男子到了成年，要在腰带左方带刺绣花的宽长褡裢（荷包），褡裢长约30多厘米，宽约16厘米，刺绣各种花纹图案，制作精美，内装鼻烟壶。腰带左侧靠后佩带火镰盒和烟具袋。火镰盒儿下端装有火镰（取火工具），上部为香牛皮袋子，内装火绒和火石。男人抽生烟和旱烟。烟袋锅儿用银或铜铁制成，烟嘴儿大部分是玉石或翡翠；烟具袋是用布、绸缎或皮革制作，刺有各种图案和花纹，烟具袋上端系有精制的银链儿或铜链儿，链子末端有扣火盅和烟锅勾等用具。腰带前右方佩带刺绣的绸制碗袋，内装银碗或木碗，与褡裢对称。右胯还配带蒙古刀，刀鞘上有插筷子孔，插着筷子。因为蒙古民族在其漫长的游牧生活中形成了一种良好的生活卫生习惯，无论何时何地都习惯用自己的碗、筷和刀子，从不乱用别人的餐具。配带的刀鞘多为木刻或铜制，长的约30厘米，短的约10厘米，刀把、刀鞘和筷子上镶有银饰，一般刀较长，又与烟具袋对称。一般刀鞘链长又粗，多以银制，链另端有火镰，挂在后腰正中。妇女一般只带绣花的非常美观的小荷包。内装小鼻烟壶，系在肩前纽扣上，放入上襟内，不配带其他装饰。在蒙古地区，无论在什么场合，若不带自己的碗、筷，就受别人的嘲笑，说"没带碗筷，等于没带嘴。"

男子的帽子（源自《MONGOLIAN ARTS AND CRAFTS》）

男子冬天一般戴圆锥筒形顶的皮帽。顶部缀有桃疙瘩顶戴，帽檐儿小，帽耳儿高。帽檐、帽耳多为羔皮、狐皮或貂皮、水獭皮。帽耳根部有一条扁形带子，用作系帽。还有两条扁形飘带垂于帽后。皮帽虽有多种，但其形状基本相同。后来也戴帽沿儿圆、后边开衩的扁圆顶帽子，夏季也戴蒙古礼帽。妇女一般戴圆锥筒形顶帽。夏季多用蓝、红、紫色布绸头巾，并将头巾一端垂下以示美观。

未婚女子梳一根长辫，头饰很简单。15岁以下少女的头饰称"陶尔"。15岁以上的少女头饰称"库克勒"。已婚妇女的头饰较复杂、华贵，头蓄两条发辫，将辫子折叠于脑后，用两个镶有珠宝的银制的和方形发夹固定，整套头饰由"萨嘎寺部尔嘎（一种垂饰）、随克（坠子）、"苏格苏尔格"、额箍、蝴蝶、额穗子等组成。还有一个"敖尔回勒（一种垂饰）"和"希尔布勒（一种发饰）"等。头顶部戴镶有金银、珍珠、珊瑚的头圈。头网下垂珠宝串的数十穗垂至眉上，称额箍。脸呈桃形，两鬓有"随克"，各分垂两侧，到胸前以银制圆形环相连，称"黑烈古都苏"，再从圆环各分垂至胸两侧，下端各有5个穗的垂链称"好勒宝"。这些头饰都用金、银、珍珠、珊瑚、绿松石、青金石精制而成。上述头饰轻者2~3公斤，重者可达5~8公斤。妇女一般生产劳动时不戴头饰。已婚妇女一般过30岁后就基本不戴什么首饰了，到60岁以后，选一吉日请来喇嘛诵经受戒，不再戴头饰，只戴一顶紫红圆帽或紫红绸布。

蒙古人无论春夏、秋冬都穿靴子。靴子多用香牛皮、鞣革，缎子、布匹、毡子制作。夏秋季多穿半腰布靴，蒙古语称麻海，外贴布面儿或缎面儿，靴帮和靴子上刺有各种花纹图案，穿起来柔软轻便，更适合老年人穿。冬天穿圆鼻三道脸香牛皮皮靴、翘鼻三道脸香牛皮皮靴（亦称喀尔喀靴子）或马靴。翘鼻靴的帮上贴有花纹图案，靴

女子服饰（摄于科尔沁博物馆）

整套女子头饰（源于《吉祥内蒙古》）

内有衬皮或衬毡。靴宽大，内套棉袜或毡袜，袜比靴高6～10厘米，露出靴外的袜用布、绸缎吊面儿，也有刺绣各种花纹图案的，它既可作装饰，又可护膝，在骑马、驼时足蹬皮靴可保踝，走路可护脚，冬季更能防冻御寒。

(2)婚俗礼仪

四子部、茂明安、乌拉特三部来到内蒙古中、西部地区以后，婚俗习惯受到了周边蒙古部落文化的影响，吸收了他们的精彩内容，使婚礼更具民族特色。另外，蒙古民族早在800年前的成吉思汗时代，成亲时就从远方娉娶，绝不允许近亲成亲，保持了种族的优秀，这个习惯因种种客观因素慢慢演变成现代蒙古民族"成亲奔远方，娶亲在天亮"的传统习惯。在结婚仪式中，不忘他们部落的发祥地，呼伦贝尔大草原。

定亲：

传统的定亲形式，一般程序是有儿子人家的父母看中某家姑娘之后，就请喇嘛查看属相是否相合，若无大妨就请一位懂礼节、明事理的

①新人

婚礼（网上下载）

"昭齐"（媒人）到女方家提亲。如果女方父母同意，来提亲者就向女方父母献哈达，被视为定亲。王公贵族都讲究门当户对，身份相同互相之间才能订亲。还有一种叫定"娃娃亲"。就是如果两家父母是好朋友，而且两家的妻子都已经怀孕，就"指腹为婚"，如果生的都是男孩儿或都是女孩儿则结拜成兄弟或姐妹，如果生的是异性孩子则定"娃娃亲"。两家儿女到了成婚年龄就选一个黄道吉日举行结婚典礼。在今后的生活中两人若遇到什么挫折或不顺当的事，也只能请喇嘛诵经免灾，保佑其平安，而绝不允许退婚。

商定和送彩礼：

双方定亲之后，选定一个吉日商定送彩礼事宜。男方家长携带全羊、白酒、哈达，由"昭齐"陪同前去女方家商定彩礼的数目（牲畜及金钱）。女方家也早已备好茶水，并请来附近德高望重的人陪同。根据男方家的家庭情况，来商定好所要彩礼数目。在商定彩礼这一天，女方家把姑娘送到亲戚

新娘的随嫁品（摄于内蒙古博物馆）

家借宿，叫"瞒姑娘"。男方的家人一进姑娘家，首先向其全家人请安并向其长辈们递鼻烟壶，询问女方家这一年的水草长势、牲畜膘情，并拿出全羊、白酒等礼品交与女方主人，同时向主人家的佛龛献上哈达，向灶火敬黄油。通过这些礼节之后开始谈正题。此时，男方家的来人首先说："男大当婚，女大当嫁，两家儿女结为姻缘是长生天之意，我们商定彩礼，共商喜事。"接着女

方家提出彩礼数目。这样，双方经过多次商谈最终本着双方儿女的终身幸福，达成了彩礼数目的一致意见。事成之后，女方设宴招待来人。送彩礼时只有"昭齐"一个人去送。女方家也为了双方儿女今后的幸福、安康，不嫌弃男方家所送来的牲畜的品质而一一收下，并设宴热情款待送彩礼之人。

婚礼的准备工作：

为了儿女能够平安无事、白头偕老，男方家人还要请喇嘛或明事理的人选择结婚酒宴的良辰吉日，选择婚礼时的亲家正副代表、诵经喇嘛、迎送亲的人、婚礼的司仪、宾嫂、姑娘、女婿上马下马的时辰和坐骑的毛色等事宜。然后做如下准备工作：发婚礼酒宴请贴、请诵经喇嘛、请傧嫂、准备婚宴酒水和苏斯，准备招待婚宴来宾的蒙古包、待嫁姑娘所穿戴的三套衣服及在婚宴上用的礼品和哈达等。

斟奶酒用的酒壶（源自《MONGOLIAN ARTS AND CRAFTS》）

新郎接亲：

等到婚礼举行这一天，新郎就要起程去女方家迎亲。迎亲人数双方事先议妥，一般为五至九名（单数）。新郎着色彩鲜艳的新郎装、挎箭袋、骑骏马，十分英武，携带给新娘制作的蒙古袍、坎肩、靴子、耳坠及送给女方亲眷的礼品。蒙古族赠送礼品时必须亲手递送到接受礼品者手中，否则认为不恭敬。

新郎抵达女方家,女方早已在门外铺好一块儿毡子,摆一方桌,上置奶食、点心和白酒,由一名祝颂的人带领几名敬酒人,欢迎娶亲队伍。女方家把迎亲队伍请进包内后,摆上全羊席,斟满美酒,举行联欢宴。首先由双方祝颂人(司仪)相互致祝颂词。迎亲的人向女方家人请过安之后,女方祝颂人首先向男方提问:"祖籍在何处,祖先为何人?"男方祝颂人答道:"说起祖籍,是那美丽的呼伦贝尔。说起祖先,是那英武的哈撒儿,为了美好的姻缘到此前来娶亲。"女方祝颂人还要向男方问九九八十一件礼品是否都带齐,男方祝颂人对其所带来的礼品一一作回答。

之后,女方将邀请接亲队伍入席进行欢宴。宴会开始时,新郎铺展袍襟行跪拜礼向参加婚宴的人敬酒,婚礼祝颂人开始诵唱祝酒赞词。祝酒赞词述说毕,大家共同举杯祝愿道:

新郎接亲(源于《内蒙古》画册)

"愿这美好的祝福永伴我们。"接下来歌手高歌祝福婚姻美满,最后在这优美的歌声中结束女方家迎新郎的酒宴。

姑娘离家前,在两位宾嫂的陪同下,走到父母双亲前聆听教诲。父母晓示姑娘:"自古以来男大当婚,女大当嫁,你嫁到他乡要做公婆的孝顺媳妇,丈夫的好伴侣,孩子的好母亲。"新娘起程时辰一到,新郎过来把女方家预先准备好的羊胫骨卸开,把羊胫骨与羊踝子卸到只留下一条连接肉后,把胫骨递给新娘,自己握住另一端猛地一拽,羊踝子就留在新郎手中。新郎把羊踝子用薄布或哈达裹好掖进右脚靴筒内。这时迎亲的人进入包内抢走新娘,由一个人搀扶她骑上男方家带来的迎亲坐骑,姑娘也表示出不肯离开父母的样子哭闹一阵,迎亲队伍才返回新郎家。

婚礼仪式:

从女方家到男方家的途中,娶、送双方并不是只顾赶路,还有热闹的追逐戏逗场面。迎亲队伍临近男方家时,途中有男方家人迎接新娘,见面寒暄之后迅速返回报平安,女方也派报平安人到男方家,向等候参加婚礼的人请安后,快马加鞭返回送亲队伍中。这时迎亲队伍已到男方家的浩特,先按顺时针绕浩特转三圈。

当娶亲的队伍接新娘回到男方家时,门外已铺好一块大白毡或地毯,

双嘴奶茶壶(源自《MONGOLIAN ARTS AND CRAFTS》)

同辈人出门迎接,长辈的在家里依次坐定,饮酒取乐,等候娶亲仪式。女方送亲的必须在迎亲桌前接三杯酒后,方可进屋。新娘到达门前,在别人的搀扶下,同马鞍一起滑落在白毡或地毯上,因为新娘的脚是不能着土的。由宾嫂们簇拥着,脚踏白毡单独领进一个蒙古包内,新娘进入蒙古包后,在蒙古包的东南角炉灶前磕头。新娘拜完火后,由分发父母用新郎刀鞘上的两根筷子把新娘

接亲送亲的队伍（源于《内蒙古》画册）

的头发往两边梳理好蒙上盖头，领新娘进入宴会主蒙古包，再由一位宾嫂揭起盖头，让其向长辈及婆家众亲戚磕头行礼。公公婆婆给儿媳赠送适令母畜（牛马驼羊），象征人畜兴旺。接下来婆婆给儿媳尝鲜奶，亲手为儿媳佩戴上银镶红珊瑚的戒指、手镯，亲吻儿媳右脸，给其换上全套服饰。之后请诵经喇嘛给

迎亲并接受长辈的礼品（源于《内蒙古》画册）

新娘赐名。婆婆用新起的名字叫过儿媳,新娘就正式成为这家的人了。届时,男方歌手正在屋里引吭高歌,以示热烈欢迎。

结婚盛宴(酒宴)开始时,必须先上奶茶,而后敬酒,跟着放"乌查"(全羊)。敬酒时必须念祝酒词,放乌查时必须唱放乌查颂词,之后就唱婚礼歌,即三福歌。在这期间,新郎、新娘在伴郎、伴娘或宾嫂子的陪同下,给来宾一一敬酒。主婚人和一些长辈每接一杯酒,还要祝颂一番。所有的人在几名特邀歌手的带领下,一起尽情地欢唱,古老悠扬的蒙古民歌此起彼伏,歌声、欢笑声伴着美酒佳肴使婚礼达到高潮。按习惯欢乐要持续到第二天,富贵人家的婚礼甚至长一些。

送亲人提出起行时,男方要向每个送亲的致以薄酬,并在门外较远处铺上毡,摆上方桌,搁两块圆饼和一只羊头,这时屋里唱起一首辞行歌,由双方主婚人(亲家正代表)手捧银碗,斟酒祭天三杯,祭地三杯,互敬三杯,向坐骑头敬酒三杯后,致谢告别。女方送亲人上马后,接住男方递来的羊头一边扔向外手(右手),一边飞驰而去。

探望闺女和回门:

聘姑娘的当天,女方父母亲是不送亲的。而在其姑娘出嫁后的第三天或第七天,父母亲带上礼物,必须探视姑娘,并在姑娘家住上1-2天。这主要是看一看姑娘嫁到婆家后的生活情况,同时也难免鼓励姑娘几句,说好好适应新

刺绣品(源于《蒙古族图案》)

环境，好好理家之类的话。如果父母不来探望，那么姑娘就不便回门了。

婚礼中最后的仪式是回门，是由婆婆领着儿子、儿媳，带上乌查或一套茶礼，去看望儿媳父母家的一种礼仪。回门没有固定的时间，一般是婚后的适当时候。回门虽不复杂，但也很重要，因为未回门，就意味着婚礼还未结束，两家亲家也不便互相往来。回门时，女方家要设酒宴，款待亲家和女婿。这样，一个完整的婚礼程序才告结束。

(3)饮食文化

居住在内蒙古中、西部的四子部、茂明安部、乌拉特部蒙古族的饮食分为：奶食类、粮食类、肉食及野生植物类四大类食谱。

奶食类（牛羊驼马奶制品）：

奶皮（蒙语称乌如莫）是将鲜牛羊奶煮沸，多次扬沸冒起泡后形成一种粗麻粒状油层，取出凝结后就是奶皮。奶皮是奶食的精品，味道香甜可口营养丰富，是拌食炒米和喝茶时的上等食品。炖制奶皮要掌握好火候。为使油层加厚，要及时铲下锅沿上粘贴的部分，并多次添加生奶。加奶适当和火候适当，就能制作出厚奶皮。火小奶皮单薄，火大则味焦，如加白糖可以得甜奶皮。

奶油（蒙语称卓亥）。奶油的制作是将鲜奶盛进器皿中存放，随着奶子的凝结，油脂逐渐浮在上面，一至两天后，在奶子的表面形成一层油脂体就叫卓亥。取出卓亥后剩余的称凝乳。卓亥可以直接食用，也可对茶或放糖拌炒米食用，也可熬奶茶喝。

黄油（蒙语称希日陶斯）。将卓

蒙古奶茶

亥或奶皮子放进容器中温火加热、油脂逐渐浮在上面，将清亮部分的液体撇出，即得黄油。黄油是奶食中的精品，营养丰富，可做多种食用。

酸油（蒙语称胡其太陶苏）。提取黄油后剩余的叫酸油。酸油可以当餐食佐料，也可对茶喝。

奶豆腐（蒙语称胡日达或毕锡勒格）。将鲜奶放入容器凝结后，撇去奶油，将剩余的稠乳放锅内加温榨干乳清，用勺反复揉搓，直到成糊状，再把它倒入木模中压实后取出晒干即可。加糖即成甜奶豆腐。

酪蛋子，也叫奶渣（蒙语称苏木格）。将凝乳用温火充分煮熬，榨干乳清，使成稠状，不经搓揉捞出晒干成酪蛋子。酪蛋子是蒙古族牧民最普遍食用的奶食品。

酸奶（蒙语称艾日格）。将鲜奶放置在阳光下或温度较高的地方，使奶发酵，产生酸味，便成酸奶。制作时必须适时搅拌，充分发酵。酸奶营养丰富，是夏季良好的饮料、止渴祛火，有消食解毒功效。

蒙古食品

奶酒。将鲜奶揭去奶皮后倒入木桶中，随时搅拌，利用奶中乳酸杆菌发酵成酸奶，经过蒸馏冷却就得奶酒。每百斤牛奶可得5至6斤奶酒，奶酒以马奶酒为上品，酒精含量20%～30%。味醇厚、甘甜，是蒙古族牧民待客的最佳饮料。

肉食类：

手把肉。以上等羯羊为最佳，尤为大尾羯羊为上乘，将羊宰杀后，去头蹄内脏，根据全羊的生理结构，解成八块或数十块，不加佐料在冷水中煮沸约四十分钟，用刀割开，肉内微有血丝，即可食用。手把肉鲜嫩可口，营养丰富，美味异常，易于消化。未吃完的手把肉在次日早餐时用，可切成片泡茶食用。食用手把肉时需用蒙古刀切削，不得用嘴啃食，否则认为不恭。

全羊宴（苏斯）。蒙古族人民最喜欢、最名贵的酒宴，一般只有在祭祀、婚嫁喜事、老人过寿和迎接贵宾时才设此大宴。制作方法是先将整羊按一定的规矩分割成七大件煮熟后，用大木盘或大铜盘按羊的原形摆放好，上席时羊头要面向主客。主客先在羊头上用刀划过，再依次将羊头转向各宾客说请食用，而后拿去羊头分享全羊。食用时有一定的传统礼仪。这道菜羊形完整、礼仪严谨，极具民族风格，是蒙古族饮食文化的典型。

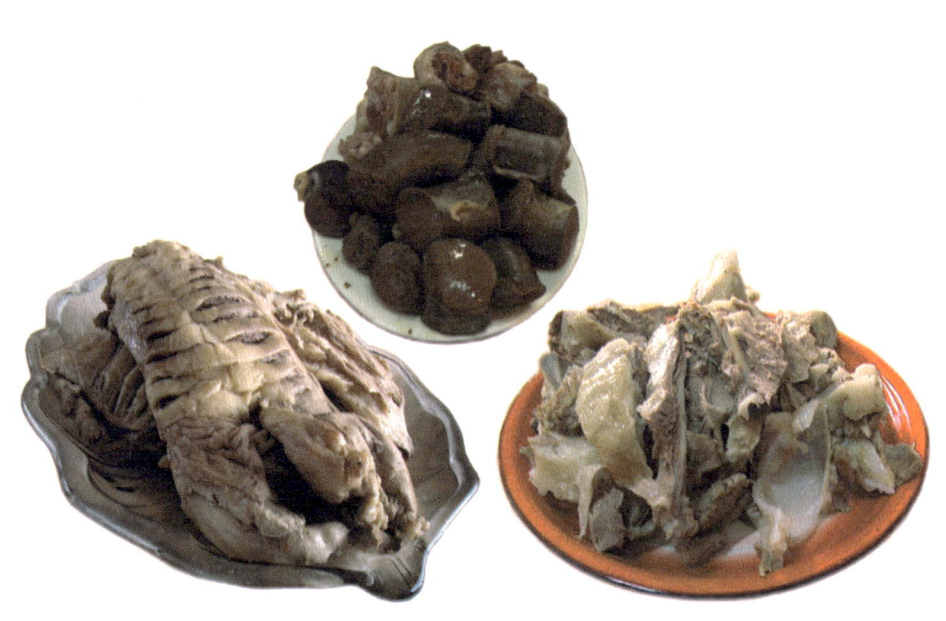

手把肉和血肠

涮羊肉。源于元代，原为宫廷菜肴。后来开始流传到民间。制作时选用绵羊的外脊、后腿、羊尾等部位的肉，切成适度薄片，放在火锅中轻涮，在备好的麻酱、腐乳、韭菜花等调味佐料中蘸食。肉质鲜嫩，不膻不腻，味道鲜美。

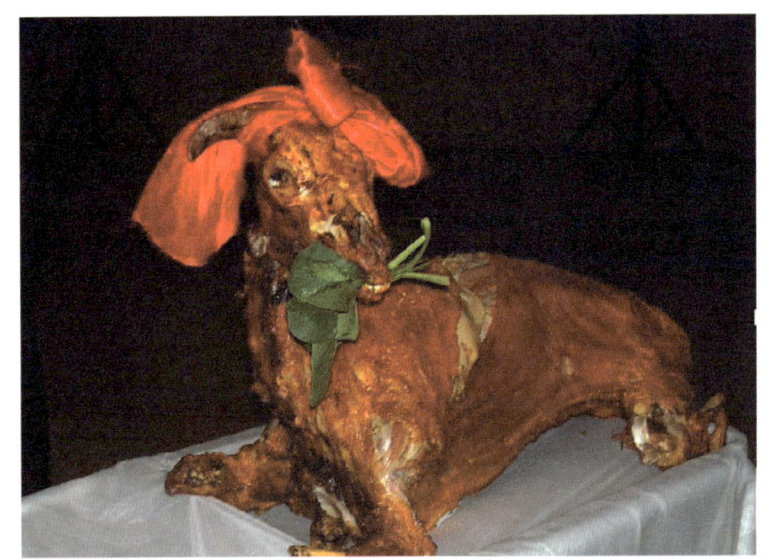

烤全羊

烤全羊(蒙语称"昭木")。烤全羊在蒙古族习俗中是接待尊贵客人的名菜。用煺毛带皮的整羊用慢火烧烤而成,此菜羊形完整,色泽金黄皮肉酥脆嫩香,可称色味形俱佳。

羊背子。羊背子由整羊背胸椎、肩胛、胫骨、髋骨及长肋等组成。用整羊背下锅后煮熟(同手把肉),这道菜是在较大宴会和招待贵客时食用,是仅次于全羊宴的蒙古族传统菜肴。

灌血肠。将洗净的绵羊小肠、肥肠、瘤胃灌入切碎的羊肉、羊油、羊血、面粉、盐、佐料,扎口煮熟食用。味道别具一格。

杂碎汤。将羊心、肝、肺、肾、肠切成小块,放适量盐、葱花、酸奶子熬制而成。

烧烤鲜羊肝。宰杀羊后,将新鲜羊肝一块用护肚油包好,置火上烧烤,火灼油煎,乘热而食,鲜嫩可口,另具风味。

野生食用植物菜:

沙葱包子。将草原盛产的沙葱洗净切碎拌鲜奶渣子或碎羊肉,加盐等佐料拌成馅后包包子,其味鲜美可口,比种植的蔬菜更别具风味。

蘑菇汤。将新鲜草原白蘑菇洗净切成块和瘦羊肉一同熬汤食用,味道极佳。

凉拌哈拉盖(野生荨麻菜)。将野生哈拉盖在春夏之际发芽时采回洗净煮熟,拌适量盐面,可作凉菜食用。切记在采摘哈拉盖时要戴手套摘取,否则会由刺状叶蜇伤皮肤。

粮食类食品:

奶油（卓亥）拌炒米。将炒米、卓亥和白糖拌食，味道香甜、耐饥，食用方便，是蒙古族最普遍的日常食品。

炸奶果子。将面粉加入热羊油、鲜奶、糖和好后，切成细条放入烧热的牛油或羊油中炸熟，色泽金黄、鲜脆可口，是牧区蒙古族牧民最具特色的日常油炸食品。

黄油烙饼。将面粉发酵掺碱和好后擀成烙饼，在锅内烙熟，并在上面均匀地涂上黄油。为喝茶时的食品。

酸奶面条。将制好的面条，以羊肉丁和适量酸奶、盐、葱花做汤，下面食用，开胃，健脾，为蒙古族牧民常用的主食。

野生植物类食品蘑菇汤和沙葱

粮食类食品炸果子和包子

鲜奶子粥。把大米、小米或糜子米与鲜牛、羊奶熬粥。营养丰富，味道鲜美。

奶豆腐饺子。将新鲜奶豆腐切碎加适量酸奶或肉馅，再加葱花、盐拌馅，用面粉做皮包饺子煮食或做蒸食,味道可口。

(4)礼节

蒙古民族是一个古老而文明的民族,是礼仪之民族。各部落都用自己独特的礼俗点掇着蒙古民族礼仪文化的发扬光大。

问候礼节:

问候礼节是最常用的礼节。当人与人见面时,相互一定要请安问好,尤其是对长辈和贵宾。否则,就被认为没有礼貌和轻视他人。当有客人到来时,必须迎出蒙古包门外问候。如果是骑马而来,必须要等客人下马后问好,而且来客时,家中的所有人都要依次问好。问候时,男子曲右膝,右手下垂至膝;女子两手相握,曲双膝,上下伸动。见面问候语是"他赛音努"?(您好吗)。客人亦向主人一一问好。

客人进蒙古包时,要掀毡门帘的左边,不能踩门槛。客人进包后坐右边(即西边)。上首即北面多为尊长者所坐。就座后,双方取出鼻烟壶,鞠躬互换,各自举到鼻端一嗅即可送还。此后,彼此问候"身体好"、"牲畜膘情好"等。也可按季节问询"气候冷(暖)"、"雪(雨)大小"、"雨水草场好"等,主人一一

敬献哈达

回答，彼此表示敬意。

主人用双手献奶茶（蒙古民族历来讲究饮餐用具每人都要分开使用，到别人家做客时自带碗、筷），客人也用双手接。给客人的茶碗不能倒满。然后将茶壶、奶食品都放在客人面前，客人自己随便倒茶吃食品。对主人备好的茶饭客人不能不吃。其后主人给客人敬酒。如果客人是自己家亲属的话是绝不会空手来的，给主人家每人都会带一份礼物。如果在野外见面时，一方若是老者或长辈，晚辈必须下马向长辈问好请安。

家庭成员必须问候的情景有以下几种：一是过年时，家庭成员依次坐好，按辈分、岁数大小依次献哈达、换鼻烟壶相互问候请安。但夫妻之间是忌讳献哈达、换鼻烟壶的。二是出门回来时，必须请安问候，如果是长辈出门回来，晚辈必须向他请安问好。

如果家里在丧葬期间是不向别人问好的，别人问好不予回答也不被视为失礼。

敬献哈达、交换鼻烟壶的礼节：

这个礼节一般在重大活动、节日或欢迎尊贵客人时进行。哈达以丝绸为料，一般为白色或浅蓝色。长度通常为5尺左右，宽度不等，绣有"云林"、"八宝"等民间花纹图案。献

尊老爱幼和睦的家庭（源于《吉祥内蒙古》）

香炉（源自《MONGOLIAN ARTS AND CRAFTS》）

哈达时，必须伸出双手，手心朝上，腰腿弯下来把哈达高高举过头，献给对方。对长辈献哈达时，要把哈达对折起来，折缝要向着长者，否则，为失礼。交换鼻烟壶时，要拿在右手上递过去，用左手接过对方的鼻烟壶，闻一闻再用右手送过去。鼻烟壶一般用玉石、象牙、水晶、玛瑙、翡翠、琥珀和陶瓷等材料制成。

敬酒礼节：

蒙古民族是一个习惯用酒待客的民族。用酒待客，恰恰反映出蒙古民族豪爽、质朴、好客的美好品德。每当过年过节、办喜事，招待客人以及举办比较重要活动的时候，都要用酒。并且主客之间相互敬酒。人们在重大活动、节日或迎接尊贵客人时，一般是用哈达和银碗敬酒，这是比较高的礼节。平常性的酒宴一般不用银碗。过去给客人敬的酒都是牧民自制的奶酒，这种酒的度数不大，所以一般人都能喝几银碗。现在如果敬高度数酒，就要适可而止。

给客人敬酒时，首先要整好衣冠，扣好纽扣，斟满酒盅，右手高举酒杯，左手托起，身体向前微倾，递出酒杯后，双膝微屈，双手仍抬起，向前躬身。接酒者亦用右手接杯，左手托着，身体略前躬。接酒者喝过酒后，通常有回敬之说，一般回敬一杯方可。晚辈向长辈敬酒时有磕头的习惯，长辈接过酒后出于礼节，一般地将酒一饮而尽。席间常以赞美之歌、友谊之曲来劝酒助兴，主客举杯畅饮。

(5)哈撒儿祭奠仪式

哈撒儿是科尔沁及其分支部落的始祖，因此各部都采用不同的方法来纪念共同始祖哈撒儿，其中茂明安部在北元时期是科尔沁大汗的直属部落，是科尔沁宗长之部。所以对科尔

坐落在达尔罕茂明安联合旗新宝力格苏木的哈撒儿祭奠堂

沁的始祖哈撒儿的祭奠活动一直保留在该部。1633年，茂明安部首领车根与其叔父固穆巴特鲁率所部归附后金时，就把哈撒儿的祭奠欧日戈（堂），随部迁移到章京南边（今包头地区），后来随着清朝政府放垦蒙地牧场，哈撒儿祭祀欧日戈也一再向北迁徙。"文革"中欧日戈遭到严重破坏，"文革"后又在达尔罕茂明安联合旗新宝力格苏木重建了哈撒儿祭奠欧日戈。

茂明安部把祭祀先祖哈撒儿的殿堂称为宝罕欧日戈，原来是由五个哈那的纯白色蒙古包组成。蒙古包的盖毡，是由无杂色和印记的白羊绒制作而成，但它与我们常见的蒙古包有所不同，没有扣绳、箍带，称无扣绳、箍带的纯白色蒙古包。蒙古包的陶那（天窗）上有金顶，包前的平石上放着祭祀用的铁香炉，平石旁码放着已用旧的围毡（围毡三年更换一次）。欧日戈左面丘陵上扣着原茂明安旗四个苏木煮"苏斯"、敬祖而用的四口大铣锅，举行祭祀仪式时在此处支撑起三块石头，放上锅煮"苏斯"（整羊肉），用于祭奠活动。

在欧日戈内，铺满白色的毡垫。五尺高的木制佛龛内悬挂着在白布上面用红颜色绘制的"愤怒的哈撒儿像"和"慈祥的哈撒儿像"。传说此像是用哈撒儿的心脏鲜血绘制而成。哈撒儿使用过的弓箭和箭囊悬挂在佛

哈撒儿祭奠堂中厅

龛的右边。这两处悬挂的哈撒儿像和弓箭,就是祭奠哈撒儿仪式的希图根(祭奠偶像)。主希图根前摆着卓恩德尔(长期供奉的面人)、其莫尔(大麦面和黄油制成的供品)和8个供奉圣水的银盅。在此下方小桌子上摆放着铜质香炉,希图根前垂悬着各种颜色的彩绸和哈达,场面庄严肃穆。佛龛的左侧长木盒内装着五、六十盏黄铜佛灯碗。木盒上面放着用金粉书写的蒙文《圣主成吉思汗的祭奠经》和《成吉思汗黄金家族世谱》。欧日戈的东南和西南角各摆放着盛祭奠"苏斯"用的两个大木盘。藏传喇嘛教在蒙古地区盛行后,在祭奠仪式上要请两位喇嘛诵经,因此,在佛龛的两侧增设了喇嘛念经时就座的专用座位。

哈撒儿的祭奠活动每年举行五次。即农历二月二十七日、五月二十七日、七月二十七日、十月二十七日和除夕之夜。其中,五月二十七日和十月二十七日的祭奠活动为大型祭奠活动,共用四个"苏斯"供奉祭祀。茂明安部每个苏木都奉献一只"苏斯"羊。二月二十七日和七月二十七日的祭祀为小型祭奠活动,各供奉两个"苏斯"。除夕之夜用一个"苏斯"祭祀。

原茂明安扎萨克旗下设四个苏木,哈撒儿的祭奠活动由四个苏木的章京和昆都轮流负责。并从四个苏木中选出一个羊群多的查干额如何(白色家族),让其专门负责祭奠欧日戈的围毡,点燃酥油佛灯的黄油并准备祭奠用的"苏斯"羊。这户人家担任此项任务以外,不再向旗府衙门缴纳任何税赋。到解放之前,诺日吉玛、强佩勒等家族担任着此项工作。

主持哈撒儿祭奠仪式的人被称之为呼呼格。而且他们必须是哈撒儿的后代嫡孙。呼呼格不但完成四季的祭奠仪式,而且还负责每天的烧香、看管酥油佛灯等供奉事项。他的手下有各苏木查干额如何(白色家族)选派的四个宝日其(伙夫)和两个诵经喇嘛,完成每年五次的祭奠活动。

祭奠活动由当值苏木的章京全

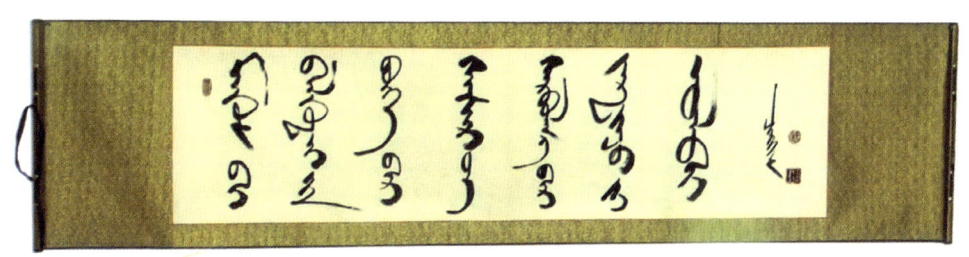

哈撒儿祭奠堂内"有别里古台之力,哈撒儿之射,此朕之所以取天下也"的蒙文横幅

面负责。祭奠活动开始前,宝日其制作"苏斯"的程序是把羊的左前腿煺了毛,连同下颌、口条、喉咙、五脏一起煮熟后,由查干额如何供奉在哈撒儿的弓箭、箭囊前,其余的"苏斯"剥皮后按关节、肢、背部分解煮熟后盛在四个大木盘内供在哈撒儿画像前,称之为"四桑"。这时还需要有一个蒙古武士拉满哈撒儿弓箭,坐在挂弓箭处,以示哈撒儿箭筒士的威武。

当祭奠活动开始时,呼呼格庄严地站在哈撒儿像前,宣布祭奠仪式开始。以旗札萨克王爷为首的大小官吏及众多的朝拜者在欧日戈前依次跪下祈祷。官吏和诵经喇嘛前放着供奉斟满美酒的木盅。紧接着诵经喇嘛诵颂成吉思汗桑、哈日苏力德桑、那木德格桑和道尔吉召都巴桑等经文。呼呼格牵来一匹视为当年哈撒儿坐骑的白马,经过诵经、颂赞、洒圣水洗礼、系上绸带等仪式后放生,让白色骏马自由地奔驰在茂明安

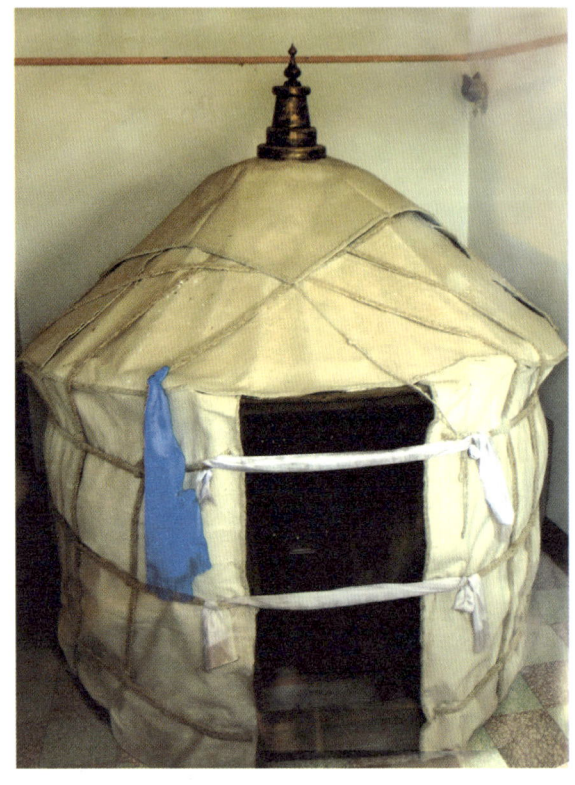

哈撒儿祭奠堂内的"欧日嘎"

草原上,让哈撒儿在天之灵体察民情和遨游蒙古草原。

其后,呼呼格根据扎萨克王爷的口谕向哈撒儿像祈祷。祈祷英武哈撒儿保佑其属民平安吉祥,诉说当前全旗面临的问题、任务,祈求哈撒儿给予恩赐。其祈祷词是:"英勇的圣主,请您把众民拥在宽襟下、容在宽宏之中,闻在您的万聪中,睹在您的千目里,保佑我们永远前程无量、所向披靡、安居乐业吧!"

祈祷完毕,接着呼呼格跪在哈撒儿像前诉说感谢哈撒儿的恩德之语:"苍天的太阳,尊于父母双亲!有威武的身板,善良的

心灵，尊贵的玉体，敏捷的记忆，低下俾首，屈膝下跪。"

该仪式结束后，呼呼格提议："请诸官臣们举杯，请诸位品尝'苏斯'"，诸位官吏及诵经喇嘛们举起面前的木盅酒敬向天空。宝日其进入欧日

哈撒儿祭奠堂前的蒙古包

戈将"苏斯"分解开，端出屋外，直接递到每一位朝拜者手中，或扔到其衣襟上。吃"苏斯"时从不用刀，而是用手扒开吃或直接用牙啃着吃。

各种祭奠仪式结束后，还要举行追赶敌人的仪式。这时，呼呼格宣布："请上马追赶，击马镫！"这时一位台吉骑上一匹好马扮作敌方人士奔驰而去。呼呼格骑上白马从其后追赶。如果赶上，碰其马镫，抽打其坐骑后凯旋。如果没有赶上，就返回来，但这种情况一般被视为"不吉利"。

每年除夕之夜的祭奠仪式是：呼呼格在家里把祭奠的"苏斯"煮好并拿来祭供，选择正月十几的一个吉日，由喇嘛诵经，并献鲜奶，除夕之夜的祭奠即宣告结束。平日，酥油佛灯是长明的，呼呼格早晚各检查一次酥油佛灯燃烧情况并烧香，每月初一、十五各换一次供奉的圣水。

哈撒儿祭奠仪式是一种非常神

哈撒儿祭奠堂后山上的敖包

圣庄严的祭奠活动，它的戒律非常严格。首先讲究"洁净"二字。妇女、刑期未满的罪犯、百天以内的非洁身者、家里有人生孩子没有过百天的、妇女坐月子不足百天的家庭所有男人或未满十周岁的扎萨克诺颜是不准参加祭奠仪式的。

哈撒儿祭奠仪式的戒律如此严格，给传统祭奠活动披上神秘庄严的色彩和诸多的神奇传说。如果鸟从欧日戈的上空飞过就会当即摔死，牛用角蹭欧日戈，牛角就会自然断落，有些不守戒律的人参加完祭奠仪式会疯或得重病的事时常发生，这些虽属传闻，却说明了蒙古族人民对先祖的尊重和先祖灵魂的神圣。

祭奠哈撒儿点燃的酥油佛灯至1966年从未熄灭过。1966年，"文化大革命"中祭奠活动被迫停止，祭奠圣具毁于一旦。文革以后，达尔罕茂明安联合旗政府出于对民族风俗的尊重，根据广大人民的要求和哈撒儿后裔的愿望，在1988年重建了哈撒儿祭奠堂。

新殿堂坐落在达尔罕茂明安联合旗新宝力格苏木哈日查干少荣山深处，使哈撒儿祭奠欧日戈（堂）继续着茂明安部几百年对哈撒儿的祭奠活动。重新修建的祭奠堂是平顶藏式建筑与蒙古建筑的完美结合。沿石阶而上，门柱上两只雕塑威严的石狮，正厅门前两根朱红柱子支撑前檐，上面蓝底金字用蒙汉两种文字书写着"哈布图哈撒儿祭奠堂"，平项之上左右镶置兵器，左面是张开的弓箭，右面是苏鲁锭。祭奠堂占地面积60多平方米，极具蒙古民族特色。正厅正中是一尊高约2米的哈撒儿汉白玉雕像；右侧耳房里正中是哈撒儿的大哥蒙古圣主成吉思汗的画像，左右摆放着火炮、苏鲁锭、战刀、长矛、弯刀、腰刀、铁菱（锚）等古代兵器；左侧耳房里是供奉着欧日戈（白色蒙古包），内有哈撒儿画像、马鞭、经卷、弓箭等。今天，祭奠堂已成为蒙古族民间的一个重要活动场所，也成为达尔罕茂明安联合旗的重要旅游景点。

本书作者在哈撒儿祭奠堂附近与当地牧民合影

元上都博物馆蒙元时期精品文物

元上都博物馆位于内蒙古锡林郭勒盟正蓝旗政府所在地上都镇，是目前内蒙古自治区规模最大的蒙元文化专题博物馆。博物馆占地面积14000平方米，建筑面积3900平方米，馆藏文物近万件。其展览内容以元上都为主题，完整系统地展现出中国元朝蒙古民族历史的传奇画卷。 元上都博物馆于2008年开馆，荣获国家AAA级旅游景区、内蒙古"十佳"旅游景区、内蒙古质监局等11部委评定的"2011年全国质量月用户满意单位"称号，受到国内外各界人士一致好评。

在人类历史上，蒙古民族创立了世界上疆域最大的国家——蒙古帝国，从而有力地推动了东西方文明交流，改变了人类历史的走向。13世纪初，元世祖忽必烈在锡林郭勒大草原上继承了汗位，建立了大元王朝，并在金莲川草原上（正蓝旗上都镇东南约20公里处），建成世界著名的元上都。

忽必烈称汗之后，元朝先后有六位皇帝在元上都即位。随着元朝建立，中国结束了自唐末以来364年的分裂局面。元朝成为当时世界上最为发达的封建王朝。而元上都也成为了元王朝的"龙兴之地"。 此时，欧亚大陆也由战争转为和平，长期的封建壁垒被打破，东西方的交流空前频繁。元上都成为中国的政治、经济、文化、军事、交通中心，是与古罗马、巴黎齐名的国际大都会。

元上都是蒙古民族建立在大草原上的一座都城，是世界罕见的唯一草原都市。至今，在世界各国人民的心目中仍具有神秘而辉煌的影响。可谓"元上都使草原文明、欧洲文明和东方文明互相交流，形成了独具特色的蒙元文化。如果没有元上都蒙古历史，那亚洲乃至欧洲历史则是一部不完整的历史。"

目前，国务院将元上都遗址列入向联合国申请世界文化遗产项目，已获得了联合国专家组的初评。因此，为弘扬蒙元文化，为落实中央关于推动社会主义文化大发展大繁荣以及为我们内蒙古自治区文化大区建设做出贡献，自治区各级政府和文化行政管理部门及各界人士都在为"申遗工作"努力做出贡献。

元上都博物馆是民营企业家周宝祯先生筹资建立起来的。他十分热爱内蒙古的历史文化，积极奉献社会，把企业的利润毫不吝惜地投

周宝祯先生及其投资兴建的元上都博物馆

入到文化公益事业中去，投资建设了元上都博物馆，并任馆长。周宝祯先生从工人做起，后从事共青团工作，历任团委书记、国营企业总经理等职。后创办民营企业内蒙古吉泰实业集团公司，任党委书记、董事长。由于工作出色，荣获全国百佳新闻模范人物、内蒙古自治区劳动模范、内蒙古自治区"五一劳动奖"获得者、内蒙古自治区优秀企业家等称号，现在兼任文化部中国传统文化艺术委员会委员一职。

周宝祯先生十几年倾全力收集蒙元历史题材的文物。为了防止这些文物的失散和流失，他不遗余力地投入精力和资金，广泛收集民间散失的文物，最后把文物集中投入到元上都博物馆展览来回报社会，以实际行动投入元上都的申遗工作。他的博物馆集中了蒙元文物的精品。据文物专家鉴定，很多文物属于国家级文物，这在其它博物馆很难一见，这些文物是研究蒙元文化和蒙古历史的第一手资料。现征得周宝祯先生同意，在本书中将一些珍贵的文物展现在读者面前，以提高我们对蒙元文物的鉴赏品味，作为我们研究蒙古族历史的第一手资料。

元代铜鎏金"东路蒙古侍卫亲军"腰牌(左汉文、右巴思八蒙文、长75mm、宽30mm)

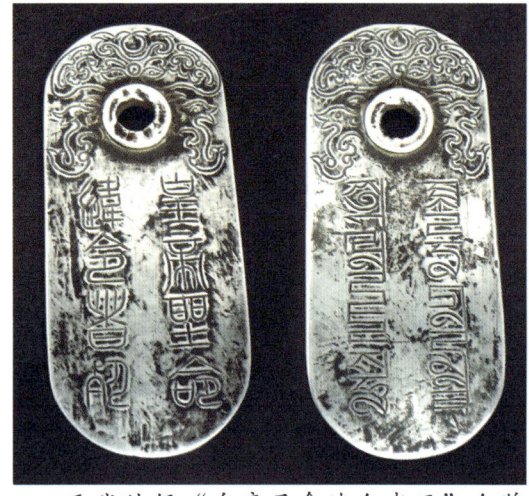

元代纯银"皇帝圣命违令者死"令牌（左汉文、右巴思八蒙文、长102mm、宽55mm）

元代纯银鎏金"左路将军"令牌（左正面："左路将军"、右："上都万户圣令，至元元年"款，长102mm、宽55mm）

元代铜"王府"令牌（巴思八文、汉文、蒙文，长168mm、牌身宽69mm、牌头宽92mm）

元代纯银"千户"令牌（左汉文、右巴思八文、长83mm、宽44mm）

元代铜鎏金"千户"令牌（长98mm、宽53mm）

元代青铜古叙利亚文牌（长59mm、宽19mm）

西夏纯银"内宿待命"令牌（西夏文、直径60mm）

蒙元时期铜鎏金錾花嵌银酒壶（高380mm、口径100mm、底径163mm）

西夏纯银"防守待命"令牌（西夏文、长78mm、宽36mm）

西夏铜"防守"令牌（西夏文、长75mm、宽45mm）

西夏铜鎏金"敕燃"马牌（西夏文、长85mm、宽42mm）

西夏铜错银"内宿待命"令牌（西夏文、长70mm、宽34mm）

元代黑釉刻花玉壶春瓶（高293mm、口径77mm）

元代建窑黑釉油滴碗（高52mm、口径137mm、底径44mm）

元代"仁和馆"款酒壶（高121mm、口径26mm）

元代铜彩绘鸡冠壶（高276mm）

元青花玉春壶（高293mm、口径77mm、底径75mm）

蒙元时期铜鎏金熏炉（高290mm、最宽处直径240mm）

元代彩绘兔纹碗（高38.5、口径134mm、底径48mm）

元代黑釉内府梅瓶（高215mm、口径38mm、底径60mm）

蒙元时期铜鎏金渣斗（高167mm、口径213mm、底径116mm）

元代凤纹鎏金银碗（高38mm、口径103mm、底径46mm）

元代锡嵌金酒壶（高180mm）

元代花口银鎏金尊（高86mm、口径58mm、底径19mm）

元代银鎏金镶嵌松石御用酒壶（高180mm）

元代铜鎏金錾花盘（直径225mm）

元代铜鎏金扁壶（高458mm、口径75mm）

元代错银鎏金兽面奶酒壶（高382mm）

铜鎏金藏传佛教护法头盔（高338mm、宽261mm）

铁错金银铜大威德唐卡（长895mm、宽638mm）

铜鎏金宗喀巴像（高220mm、宽173mm）

铜鎏金藏传佛教吉祥马宝（高275mm、宽310mm）

铜鎏金藏传佛教吉祥金翅鸟（高345mm、宽390mm）

铜鎏金藏传佛教吉祥象宝（高345mm、宽485mm）

铜鎏金藏传佛教金刚杵（长58mm、宽40mm）

铜鎏金藏传佛教十字杵（长300mm、宽295mm）

藏传佛教铜鎏金面具（高334mm、宽312mm）

元代画押印，印文为九叠篆文"印"字（长40mm、宽20mm、高6mm）

元代巴思八文："使司之印"（长56mm、宽56mm、高10mm）

元代景教墓顶石（通长932mm、宽235mm、高180mm）

元代铜百户印，左："东路蒙古侍卫亲军"，中：巴思八文"百户"，右："中书礼部泰定二年二月"款（长720mm、宽720mm、高800mm、印厚15mm）

元代铜鎏金马鞍（长500 mm、宽300 mm、高250 mm）

纯银藏传佛教护法头盔（高300mm、宽180mm）

元代铁犁（长276mm、宽222mm）

元代铜权，巴思八文、蒙文、汉文、四体文字（高90 mm×宽520mm）

元代丝绢衣（长108mm）

元代青铜"神飞"款火铳（长420mm、直径52mm）

元代巴思八文大德十年铜镜（直径82mm、厚3mm）

元代铜人件（高80mm）

蒙元时期银鎏金花丝冠饰（高100mm、宽85mm）

蒙元时期银鎏金耳环（长115mm）

蒙元时期铜鎏金盔顶（高90mm、直径80mm）

鲜卑铜鎏金双鹿纹饰牌（长98mm、宽59mm）

元代纯金凤钗（320克）

元代纯金龙形发簪（长200mm），下：元代银鎏金发簪（长185mm）

公元五世纪罗马铸金币，宋元时期改为耳坠（直径18mm、厚1.5mm）

上：元代钱币，八思巴文"大元通宝"，元武宗至大年间铸（直径40mm、厚2mm），下左：元代钱币，八思巴文"至元通宝"，元世祖忽必烈至元年间铸，折二钱（直径39mm、厚2mm），下右：元代钱币，元顺帝至正年间铸，铁质，背上八思巴"亥"，为干支纪年，下"五"，为纪值钱，此品为铁制，十为罕见（直径37mm、厚2mm）

青铜匈奴首领头带（长515mm、宽65mm）

蒙元时期银鎏金步摇（高185mm、宽125mm）

上左："五行大布"，元代在其背后铸龟、蛇、剑及七星北斗，用以辟邪（直径32mm、厚2mm），上右：元代供养钱，钱文"香花供养"（直径14mm、厚1mm），下左：元代供养钱，钱文"致和元宝"，元致和年间铸（直径16mm、厚1mm），下右：西域突骑施汗钱，公元八世纪西域突骑施铸币，文字为粟特字母的突厥文（直径24mm、厚2mm）

蒙元时期银鎏金栉（长115mm、宽95mm）

本书参考资料

《新译简注〈蒙古秘史〉》，道润梯步 著，内蒙古人民出版社，1978年。
《世界征服者史》，[伊朗] 志费尼，内蒙古人民出版社，1980年。
《蒙古民族简史》，编写组，内蒙古人民出版社，1985年。
《蒙古人远征记》，[法] 德阿·托隆，上海科学院出版社，2003年。
《蒙古族通史》，泰亦赤兀惕·满昌，辽宁民族出版社，2004年。
《多桑蒙古史》，[瑞典] 多桑，中华书局，1962年。
《拉施特史集》，余人钧 周建奇，商务印书馆，1995年。
《新泽校注〈蒙古源流〉》，道润梯步 译校，内蒙古人民出版社，2007年。
《蒙元帝国》，朱耀廷 著，人民出版社，2010年。
《察哈尔历史研究相关问题简论》，宝音初古拉著，《内蒙古大学学报》，2006年第5期。
《察哈尔蒙古族史话》，金巴扎布 主编，乌兰察布盟政协文史委员会，1989年。
《清代蒙古志》，金海 等著，内蒙古人民出版社，2009年
《林丹汗的一生及其时代》，〔日〕萩原淳平著 涛海 编译，《蒙古学信息》，2000年第2期。
《清代八旗察哈尔考》，达力扎布 著，《第三届国际满学研讨会论文集》，2002年。
《关于察哈尔史的若干问题》，薄音湖，《蒙古史研究》第五辑，1997年。
《新疆察哈尔蒙古历史与文化》，加·奥其尔巴特 吐娜 著，新疆人民出版社，2001年。
《清初"察哈尔国"游牧地考》，乌云毕力格，《蒙古史研究》第9辑，2007年。
《察哈尔部布尔尼亲王之乱》，〔日〕森川哲雄 著、叶新民 翻译，《蒙古学信息》，1998年第4期。
《蒙古世系》，高文德 蔡志纯 编著，中国社会科学出版社，1979年。
《清代察哈尔札萨克旗考》，达力扎布，《历史研究》，2005年第5期。
《土默特史》，晓克 主编，内蒙古教育出版社，2008年。
《满官贞—土默特部的变迁》，宝音德力根，《蒙古史研究》，第5辑。
《阿勒坦汗》，云广 晓克 主编，内蒙古大学出版社，2008年。
《16-17世纪蒙古土默特驻地变迁探讨》，晓克，《内蒙古社会科学》，2008年第6期。

《阿勒坦汗与藏传佛教》，李虹，《内蒙古文物考古》，2000年第1期。

《清代归化城设立都统问题研究》，王义夫，《沧桑》，2008年第5期。

《卓索图盟土默特右旗宝氏家族简述》，莎仁，《蒙古学信息》，2004年第4期。

《明代蒙古顺义王的册封与嗣封》，于默颖，《内蒙古社会科学》，2008年第5期。

《归化城土默特二旗的内属问题》，王玉海，《蒙古史研究》，第5辑。

《清代归化城土默特旗制的演替》，那日苏，《蒙古史研究》，第8辑。

《明清时代土默川地区与内地间的交通史迹》，李逸友，《内蒙古文物考古》，1994年第2期。

《从室韦文化源流谈及蒙古族科尔沁文化形态》，塔娜，《内蒙古民族大学学报》，2006年第3期。

《蒙古科尔沁部源流初探》，徐艺峰，《佳木斯大学社会科学学报》，2000年第2期。

《蒙元时期哈撒儿家族兴盛原因初探》，梁丽霞，《内蒙古社会科学》（汉文版），2002年第6期。

《试论哈撒儿的历史地位》，包•赛吉拉夫，《内蒙古民族大学学报》（社会科学版），2009年第3期。

《科尔沁历史勾沉》，塔娜 岱钦 著，内蒙古人民出版社，2007年。

《试论元代科尔沁蒙古族社会经济的发展》，吴柏春 阿古拉，《蒙古社会科学》，1996年第3期。

《清史稿、卷五百十八 列传三百五 藩部一》，柯劭忞，中华书局，1976年版。

《关于〈旧满洲档〉载天命年间科尔沁部的几件事》，敖拉，《蒙古史研究》，第9辑。

《17世纪蒙古史家笔下的成吉思汗诸弟及其后裔》，希都日古，《内蒙古大学学报》，2005年第2期。

《蒙古科尔沁部的迁徙、分化》，塔娜，《黑龙江民族丛刊》，1994年第4期。

《土谢图汗-奥巴评传》，乌云毕力格 巴拉吉尼玛 主编，内蒙古教育出版社，2009年8月。

《四子部落迁徙考》，齐木德道尔吉，《蒙古史研究》，第7辑。

《乌喇忒部迁徙考》，齐木德道尔古，《中央民族大学学报》（哲学社会科学版），2006年第3期。

《科尔沁蒙古在清初的军事贡献》，宋立恒，《内蒙古民族大学学报》（社会科学版），2003年第6期。

后 记

当我的第一部处女作《成吉思汗蒙古帝国的后人》出版以后，在社会上产生了很大的反响。在短短的两年多时间里，就三次印刷以满足图书市场和读者的需求，我深感欣慰。我也因此结交了很多国内外的专家学者和读者朋友。

蒙古族是横跨欧亚大陆的世界性民族，中国是蒙古族主要居住国，很多朋友提议我写中国的蒙古族。我决定编著《中国蒙古族系列丛书》。现在首卷《蒙古三大部》终于完成；《散居在祖国内地的蒙古族及后裔》亦将面世。在以后的几年时间里，还要陆续出版《蒙古八部》（鄂尔多斯、内喀尔喀、外喀尔喀、喀喇沁、巴尔虎、布里亚特、翁牛特、阿巴嘎），《卫拉特三大汗国的后人》（准噶尔、和硕特、土尔扈特），《各具特色的蒙古族群体》（新疆蒙古族图瓦人、阿拉善穆斯林蒙古族、青海蒙古族托茂人、青海河南蒙古族自治县蒙古族、四川凉山州四个民族乡的蒙古族、云南通海县兴蒙民族乡蒙古族）等。

《中国蒙古族系列丛书》的写作是以蒙古族各部落和群体为切入点，而蒙古族部落史在蒙古学中基本是一个空白。因为蒙古族主要部落大多是在"北元"时期以后形成的，蒙古族退居漠北以后颠沛流离，各种史料散失殆尽，只能从明朝的一些史籍和蒙古族一些传说和只言片语来追寻各种线索。入清以后，才有一些学者整理出一些文献，不免有误。当然蒙古学是社会科学中一个重要分支，蒙古族开拓了世界东西方文化交流的新纪元，因此蒙古学受到了各国学者的热烈追捧。我国的蒙古学者在近百年时间里做了大量的工作。我是踩在前人开拓的道路上来完成这一工作的。

在近几年的时间里，我跑遍了内蒙古从东部呼伦贝尔到西部阿拉善的山山水水，广泛收集整理资料。为了写好后续

著作，我还准备在今后的几年里逐步走遍蒙古族居住的八省区和散居在二十多个省市的蒙古族同胞家乡。在今后还要争取得到一些热爱历史文化、有责任感的企业家和政府部门的鼎力赞助，否则根据自己的财力很难达到这一目的。

我以书交友结识了河南郑州的蒙古族同胞王建华先生。他祖籍河南省南阳，十分热心于民族事业。几年来走遍了河南省蒙古族居住地区，又整理出内地二十几个省市的蒙古族历史文化资料。建华与我结识以后我们一拍即合，决定以他的资料为蓝本合作写出《散居在祖国内地的蒙古族及后裔》，该书随《蒙古三大部》之后即将出版。

在写作过程中，得到了内蒙古民族事务委员会全方位的支持和赞助。民委主任阿迪雅先生亲自担任本书编委会主任，并在百忙中抽出时间全面指导图书的编撰工作。著名企业家，元上都博物馆馆长周宝祯先生对本书提供了多种帮助。同时，得到了内蒙古著名蒙古学家金锋教授、内蒙古文化厅原厅长高延青先生、内蒙古社会科学院历史研究所所长晓克研究员、内蒙古师范大学历史文化学院胡格吉勒博士、内蒙古著名作家郭雨桥先生等专家的指导。内蒙古师范大学图书馆、内蒙古师范大学科技处也大力支持本书的写作。在出版过程中，得到了内蒙古新闻出版局副局长王东生先生、内蒙古出版集团总经理、内蒙古人民出版社社长吉日木图先生、内蒙古出版集团监事会主席陈平先生，以及内蒙古人民出版社总编室、电子读物编辑部、装帧设计室各位同志的大力支持。在此一并感谢。

由于本书内容多元化，难免有误，衷心希望得到专家和广大读者的指正。另外，书中插入了大量图片，这些图片大部分是作者拍摄和制作的，但也有部分图片来源于其他渠道，由于客观条件所限，无法与原作者取得联系，在此致以感谢和歉意。若对个别图片知识产权有争议，请与作者联系。本人的电子信箱地址是sh299500@126.com。

孛儿只斤·苏和
2011年10月1日